U0089522

# 古代歷史文化 研究輯刊

## 四 編

王 明 蓀 主編

## 第 19 冊

## 唐 妓 探 微（上）

鄭 志 敏 著

國家圖書館出版品預行編目資料

唐妓探微（上）／鄭志敏 著 — 初版 — 台北縣永和市：花木
蘭文化出版社，2010〔民 99〕
目 4+200 面；19×26 公分
（古代歷史文化研究輯刊 四編：第 19 冊）
ISBN：978-986-254-239-2（精裝）
1. 娼妓 2. 唐代
544.7692                                                    99012982

ISBN - 978-986-254-239-2

9 789862 542392

古代歷史文化研究輯刊
四 編 第十九冊                           ISBN：978-986-254-239-2

## 唐妓探微（上）

作　　者　鄭志敏
主　　編　王明蓀
總 編 輯　杜潔祥
印　　刷　普羅文化出版廣告事業
出　　版　花木蘭文化出版社
發 行 所　花木蘭文化出版社
發 行 人　高小娟
聯絡地址　台北縣永和市中正路五九五號七樓之三
　　　　　電話：02-2923-1455／傳真：02-2923-1452
電子信箱　sut81518@ms59.hinet.net
初　　版　2010 年 9 月
定　　價　四編 35 冊（精裝）新台幣 55,000 元

# 唐 妓 探 微 （上）

鄭志敏　著

## 作者簡介

鄭志敏，1966 年出生於臺灣西海岸雲林縣臺台西鄉的偏遠漁村，在嚴酷海風與熾熱豔陽中成長。1986 年自臺北工專電子工程科畢業後，因本身志趣，決定轉換人生跑道，插班考進中興大學歷史系就讀。1996 年自中興大學歷史研究所碩士班畢業，2001 年取得臺灣師範大學歷史學博士學位，目前任教於高雄縣私立輔英科技大學共同教育中心。重要著作有《Hello！臺灣史》、《杜聰明與臺灣醫療史之研究》等書及〈二二八事件前高屏地區的傳染病防治——以霍亂、天花為中心的探討〉、〈日治時期高雄地區臺籍醫師的政治與社會參與（1920-1945）〉等多篇論文。

## 提　　要

　　有唐一代，狎妓風盛，固是因為經濟繁榮富裕後的自然現象，同時也是社會上流階層的引導所致。在上位的帝王，坐擁龐大的宮妓隊伍，王公大臣、富貴豪門也有專屬的官妓與家妓，長安、洛陽等大城市，營業的民妓，更是許多文人士子流連忘返、甚至為之傾家蕩產的風流淵藪。唐末孫棨《北里志》的撰就，堪稱是中國歷史上第一本「狎妓指南」，更標示出女妓在唐代具體的社會角色轉變。

　　本書先就唐代狎妓風氣形成的歷史背景因素入手，繼而敘述唐妓的分類。最深入的探究，在於理出唐代女妓之所以成為文人墨客留戀對象的內在成因。她們不是僅能薦枕席的皮肉之軀，而是能精通琴棋詩書、講談幽默、歌喉出眾、多才多藝的不凡女子，她們提供士人制式婚姻之外的不同選擇與歡愉，更直入士人的心靈深處，讓他們的詩學創作，藉其歌藝而迅速對外傳播、名聞天下。士人與女妓的合作，交響出唐代宏偉動人的詩歌樂曲，震撼千年，迄今不墜。

　　唐代女妓並非全是拜金主義者，她們之中也有人重情重義，與士人以死生相許，士人與女妓之間，更非全是遊戲人間、露水姻緣，也有士人真愛女妓、至死不渝。在不允許自由愛戀的時代中，唐代士人與女妓的愛情，交織出絢爛豔麗的異樣光彩，深值後人回味，願本書帶給您對於有唐女妓全然不同的認識與感受。

# 目

# 次

# 第一章　唐妓約論

## 第一節　問題的提出

### 一、寫作動機

　　妓女之存在，與人類文明的歷史幾乎同樣久遠，長時期來，各國政府均曾試圖以政治手段減少娼妓，卻都不得要領，最後終歸失敗。似乎證明所謂「食色性也」是複雜人性中少數不變的定律，只要人類存在一天，飲食男女之事終難禁絕。在中國古代，這種情況更形普遍，帝王後宮坐擁成千上萬的嬪妃，官僚士人蓄妾亦為禮法所容，至於狎妓的風流豔事，更是文人士子的家常便飯，尤以唐宋兩代為盛。林語堂先生在〈妓女與妾〉一文中即曾說道：「（中國）男子實不甚受性壓迫，尤其那些較為富裕的階級。大多數著名的學者，像詩人蘇東坡、秦少游、杜牧、白居易之輩，都曾逛過妓院，或將妓女娶歸，納為小星，固堂而皇之，無容諱言。」〔註1〕而唐朝又因時代風氣較為開放，文人士子狎妓冶遊之盛，睥睨前朝，也讓宋代以後的文人為之妒羨不已。〔註2〕

　　唐代的妓女，並非僅供侍寢之歡，她們還堂而皇之進入文人士子的心靈，成為整個時代社會文化的一部分。即以唐代最稱壯觀的文學──詩而言，

---

〔註1〕見《林語堂文選》，頁41。
〔註2〕參宋代龔明之《中吳紀聞》卷一〈白樂天〉條及清代趙翼《甌北詩話》卷四〈白香山詩〉條。

據統計「囊括四萬九千四百零三首的《全唐詩》中，有關妓女的篇章就有兩千餘首，《全唐詩》還收錄妓女作者二十一人的詩篇共一百三十六首⋯⋯這些數字實際上已足夠構成唐代文學中一個不容忽視的專門領域。」〔註3〕另外，唐代幾部膾炙人口的小說，如蔣防的〈霍小玉傳〉、白行簡的《李娃傳》等，也都是以妓女和士子間的愛情故事為主題，這在唐以前是極少見的事，即使跟唐以後相比也絲毫不遜色，甚至有人直稱唐代文學為「倡妓文學」、唐代文學史為「進士與倡妓的文學史」，〔註4〕由此可見出唐妓在歷史與文學上均不容忽視。即使純就娼妓發展史而言，據王書奴先生的考證，認為「近代式的娼妓實始於唐，而且自唐以後倡妓俱以女性為大宗」，〔註5〕也顯示出唐妓承先啟後的關鍵地位。而向來懷「君子不言娼」心態的中國士大夫們，也在晚唐時由中書舍人孫棨首開其端，寫下了第一部古代娼妓專書《北里志》，書中記載孫棨本人與當時部份朝官同僚在妓館的所見所聞，當時妓女與士人關係之深與對社會影響之大，於此可見。

　　除了文人士子的生花妙筆為之揄揚外，唐妓本身的才華表現也頗為可觀。現代人一談到妓女二字，心中浮現的往往是出賣色相、憑女性原始本錢交易的卑賤印象，但是如果以此膚淺印象來看待唐代的妓女，恐怕就不免要犯下先入為主的謬誤。純以肉體掙錢的女妓固然也不乏其人，不過，在唐代，她們並非妓女的主流，真正讓文人士子感念不已的，是那群身懷才藝、出俗不凡的女妓，她們之中或長於歌唱，如許永新的歌聲能令「喜者聞之氣勇、愁者聞之腸絕」；〔註6〕或長於舞蹈，如謝阿蠻舞時竟能贏得唐明皇打羯鼓、楊貴妃彈琵琶為之伴奏的殊榮，〔註7〕其舞藝之精妙可以想見。而像成都官妓薛濤，更是集詩才、辯才與書法、手工藝於一身，連才子元稹都曾大感歎服。〔註8〕其他各擅一技

---

〔註3〕參陶慕寧《青樓文學與中國文化》，頁7。不過據筆者初步統計，與陶氏所言略有差異，就本文附錄一、二所見，《全唐詩》中與娼妓直接相關的詩篇總數尚不及一千，陶氏可能是將部份意象較晦澀難解者一併計入，才會有「兩千餘首」之說。至於妓女作者則明顯有誤，應是三十三人而非二十一，女妓詩的總數則是一百四十七首而非一百三十六（詳參本書附錄三）；雖稍有出入，但無妨陶氏所謂妓女及妓詩在唐詩中所佔份量不容忽視之說。

〔註4〕參陳寅恪《元白詩箋證稿》第四章〈豔詩及悼亡詩〉、〈附：讀鶯鶯傳〉，頁81～116，以及劉開榮《唐代小說研究》第四章〈進士與倡妓文學〉，頁74。

〔註5〕見氏著《中國娼妓史》，頁2。

〔註6〕見《樂府雜錄・歌》條。

〔註7〕見《楊太真外史》卷上。

〔註8〕據《唐名媛詩》薛濤小傳中云：「元（稹）矜持筆墨，（薛）濤走筆作〈四友

的女妓，如琵琶妓、柘枝妓、酒妓、繩妓等等，數量之多實難一一殫述。從這一點來看，唐妓眞可稱是唐代女性藝術的創造與發揚者，且她們不受傳統禮法、門第觀念等的約束，勇於追尋理想愛情，有時甚至不惜犧牲性命與物質享受，則又展現其追求人格自由與解放的唐代婦女先驅者角色。

據史料上的考察，平心而論，唐代妓女確非僅止於以色事人者，其在文學、藝術上的貢獻，實值得吾人加以肯定，如果一昧抱持固陋的鄙夷心態，將其視如都市中的陰溝不予聞問，則對這群曾在唐代文學藝術舞臺上，綻放過耀眼光芒的女性而言，毋寧說是極度不公平的。歷史研究首重眞實，如果說是還唐妓一個公道似嫌矯情，但追求歷史背後的眞貌，卻是任何一位從事史學工作者所應孜孜不休的努力目標。正是這樣一個簡單而有力的理念，才促使筆者步上這趟唐妓研究之旅。

## 二、研究史之回顧與檢討

首先將古代娼妓當作是歷史與社會課題而非茶餘飯後消遣，並且進行大規模研究的，當推王書奴的《中國娼妓史》。〔註9〕這部開路先鋒之作，成書於民風封閉的二〇年代，僅以其著書的遠見與魄力，即足以令後學欽佩。更難能可貴的是，王氏在方法學尚未普及的時代，即已知道將娼妓視作一個「社會問題」（見書序），從政治、經濟、藝術等各個層面來加以探討，復佐以其本人對典籍的嫻熟，益增此書的可讀性，原本被王氏自嘲爲可能連拿來「覆醬瓿」都嫌腐臭的著作，卻成了六十多年來再版、盜印不斷的長銷書籍，〔註10〕幾乎已成爲今日研討中娼妓問題之必讀經典。王氏在此書中，獨具慧見地摒除了傳統以朝代爲分期標準的缺失，改以文獻所見娼妓特色而將中國歷代娼妓分爲「巫娼時代」、「奴隸娼及官娼發生時代」、「家妓及奴隸娼妓幷進時代」、「官妓鼎盛時代」

---

贊〉，其略曰：『磨捫蝨先生之腹，濡藏鋒都尉之頭，引書媒而默默，入文歈以休休。』元大驚服。」

〔註 9〕 王書奴之前，在民國 18 年，王桐齡先生另有〈唐宋時代妓女考〉一文（見《史學年報》一卷一期）。不過，此文內容較簡略，似爲課堂指導學生如何以韻文史料治史之習作，在整體架構上不如王書奴所著書之完整，雖發表在前，卻也難掠其美。

〔註10〕據筆者所知，中國大陸的上海書店、中國書店近年均曾重印該書，而在臺灣的出版界，坊間所見之非授權版本至少在三種以上，其耐讀程度可見一斑，而另一個造成此書長銷之原因，可能也是因爲幾十年來，學界在中國妓女通史之研究上，尚無出其右者之故。

以及「私人經營娼妓時代」等五個時期，觀念上可謂進步而科學。雖然在某些論點上，仍如部份民初學者般，不免偏重於唯物主義式的解釋，但在史料引用上的廣博程度，同時代的相關著作幾乎無人能出其右。在唐妓部份，王氏將其與宋、元、明三朝同歸於官妓鼎盛時代，應該說是準確且合於史實的，而他對唐妓的討論觸及了「進士與娼妓」、「官吏的冶遊」、「娼妓與詩」等幾大主題，對家妓、女尼女冠及唐妓妝飾等也有作探討，甚至還從中唐以後經濟重心南移的觀點來看「南妓」的興起，可謂將唐妓問題的幾個大面向均已含括在內。雖然可能因成書時匆促，〔註11〕而且通貫整部中國史，頗難面面俱到，所以在唐妓部份有些史料的蒐集多過於史文的討論，但這並不減損該書在唐妓研究方面的開創之功。

王書奴之後至國民政府遷臺前，有關唐妓的研究雖未被遺忘，但是在質與量上均難相匹擬。二○年代陳東原的《中國婦女生活史》中，也有一節（第五章第四節）談及唐代官妓之盛，可惜只是驚鴻一瞥，未有太大建樹。陳寅恪的《元白詩箋證稿》則以其過人的史識，藉由詩文史料再次點出唐代進士與娼妓間的關係，有云：

> 此種社會階級重詞賦而不重經學（原註略），尚才華而不尚禮法，以故唐代進士科，爲浮薄放蕩之徒所歸聚，與倡妓文學殊有關聯，觀孫棨《北里志》及韓偓《香奩集》，即其例證。〔註12〕

令人遺憾的是，陳氏雖然提出了這個問題，卻未再作進一步的論述。

稍後劉開榮在三○年代抗日戰爭的漫天烽火中，寫成了《唐代小說研究》。該書第四章即以「進士與倡妓文學」爲題，對此一問題的意義、產生的原因及唐代的娼妓生活與社會地位等，作了較廣泛的論述，惟因其探討對象偏重在唐代以倡妓爲主題的幾部小說上，格局略嫌不足。不過劉氏這本書，似乎開啓了中文學界研究唐代倡妓文學的風氣，西元 1949 年以後的中文學界，繼踵劉氏足跡者，可謂絡繹不絕。如祝秀俠的《唐代傳奇研究》、劉瑛的同名著作等，以及數十年來有關唐代文學或婦女研究的碩博士學位論文十多篇，其中皆有部份章節討論到唐妓的某一個面向，惟因囿於文學視野，所論不深，讀後往往予人蜻蜓點水之感，成果並未能超越劉開榮等前輩學者。

中文學界對唐妓問題研究稍嫌簡略的缺失，至 1995 年時，終由廖美雲所

---

〔註11〕據該書序文自言，成書前後僅「六閱月」，可謂快筆。
〔註12〕見氏著《元白詩箋證稿》，頁86。

撰《唐伎研究》一書加以彌補，這也是在本書完成前，台灣學界唯一一本專論唐代倡妓問題的著作。作者在全書中展現其力求文史合流的企圖心，頗有異於其前純以小說或詩等文學材料立論者，用功之深殊堪嘉許。惟可訾議者為，該書對史文之掌握略顯不夠紮實，頗多張冠李戴之處，如該書頁 54 將《資治通鑑》卷二五○所記懿宗咸通年間事，誤繫為玄宗時事，又如對唐妓才藝之論述，也太過倚重單一史料而未能多方參照比對，以致屢現謬誤，如頁 285 中將曹文姬當作唐代能書之娼妓（文姬實乃宋妓，此乃襲《全唐詩》之誤，請詳參本書第五章第二節之考證）。又如關盼盼怨白居易事，許多中文學界之前輩學者如朱金城、邱燮友等人，早有著作指出此實為好事者捏造之事蹟（參本書第四章第二節），但作者仍僅據《全唐詩》所記，逕予採信論列，委實令人不敢苟同。另外在史料的判讀上，亦不乏草率之處，如該書頁 254 引《綠窗新話》卷下述楊素娥善羯鼓之事，原文並未言明其時代，而作者在無任何相關考證的情況下，直接將其歸為唐代時事，是否妥當實深值商權。文史合流固屬美事，但對史料的掌握及解讀，必須尊重史實，不應單憑主觀臆測，很可惜廖氏此一唐妓專著，卻未能遵守此一基本法則。

　　1949 年以前的著作中，另一本值得一提的是黃現璠的《唐代社會概略》，書中將娼妓劃歸為唐代社會不同於官、私賤民的另一階級，確是獨樹一格。可惜黃氏並未能深入歷史文獻，去驗證何以娼妓可自成一階級？其法律的、社會的地位與官私賤民又有何差異？且其在議論的要點及史料的運用上，仍不脫王書奴稍早的研究範疇，令人感到美中不足。

　　國民政府遷臺後，由於學科分割的細密化，使得學界一向文史不分的傳統，逐漸轉為文史分流，其結果則是導致學文學的多半對事件的歷史背景不甚了了，在史料的引用上常犯不夠專精或者張冠李戴的弊端。而歷史學者，更少將唐妓這樣一個看起來文學味較濃的問題，作深入的歷史探討，因此在臺灣的這幾十年來，大部的唐妓研究都交給了文學界。史學界在這方面做有系統且大規模研究者，可謂鳳毛麟角。早年只有傳樂成在〈唐人的生活〉（收入氏著《漢唐史論集》）一文中，探討唐人娛樂時略有提及，可惜也只是點到為止。另外嚴耕望在〈唐代荊襄道與大堤曲〉（收入《中央研究院成立五十週年紀念論文集》）一文中，對唐代襄陽大堤的聲妓之盛，也曾有精采之論述，可惜僅限於襄陽一隅，未能再普遍論及其他地方之妓樂情況。直到七○年代，才由宋師德熹以一篇〈唐代的妓女〉，填補了史學界在唐妓研究上的長年空

白。宋師此一論文之可貴處，在於一方面能承繼前人的研究成果，消融其菁華，二方面又能跳脫前人窠臼，另闢研究蹊徑，在史料的開拓與史文的解釋上，均能有超越前賢之處。尤其是運用了不少當代社會學、婦女學及文化學的觀點，來輔助說明唐代的妓女問題，使研究的觸角能更爲廣泛深入，實爲史學界對唐妓研究少見的佳作之一。

　　海峽兩岸各成政治實體後，大陸學者對古代娼妓的研究似較兩岸分治前更加蓬勃，尤其在相關古籍的校箋上，所作努力十分值得嘉許。其中任半塘的《教坊記箋訂》，使我們對唐代宮妓的生活及當時流行的燕樂，能有更廣泛且深刻的瞭解。陳文華校注的《唐女詩人集三種》（指薛濤、魚玄機與李冶），將有唐名妓的詩作、傳記與歷代評述，作了頗有系統的蒐集與整理，使研究者在翻閱相關資料時方便不少。傅璇琮主編的《唐才子傳校箋》及王仲鏞的《唐詩紀事校箋》中，旁徵博引歷代史料與近人著作，考訂詳密確實，雖非專論，卻是作唐妓研究者的重要參考資料。除古籍的校箋外，在研究論文方面，高世瑜的《唐代婦女》中，自不乏論及妓女的章節，可惜的是，全書行文嚴謹度不足。嚴明的《中國名妓藝術史》，堪稱是繼《中國娼妓史》之後的另一本中國古代妓女通史，雖然全書側重在有關歷代名妓的藝術成就方面，不過也對各個時代之所以產生名妓的歷史沿革、社會背景及其與政治、經濟等的關係，作了相當程度的論述。唯一令人遺憾的是，嚴氏仍如同王書奴般，將唐宋合成一個時期同時敘述，弱化了唐妓的時代特色，復因其只是全書中的一章，份量上也稍嫌不足。陶慕寧的《青樓文學與中國文化》，是少數能夠把古代娼妓文學與中國文化相縎合的作品，書中陶氏將娼妓文學的發端指向唐代，而以唐代爲中國青樓文學的起點，這樣的觀點可謂慧眼獨具。因爲在唐代以前的娼妓，有些屬於傳說（如巫娼），有些則是妓妾難分，魏晉南北朝時的家妓雖盛，到底不是真正的娼妓，且當時所謂名妓如蘇小小者，也缺乏充份史料可稽，反而多見於唐人的吟詠詩中。至於宋代的娼妓，其產生背景與經營型態，皆與唐代有風格上的差異，唐宋併論實非妥當。陶氏能將唐妓獨立討論，雖然所論多以文學史料爲主，仍可看出其對唐妓認識之深刻。

　　另外，我們也不能忽略了外國學者在唐妓研究方面所作的貢獻。如荷蘭的高羅佩在 1960 年寫的《中國古代房內考》第七章唐代的部份，對唐的藝妓與藝妓制度，就有相當多的描述。可惜的是全書行文稍嫌鬆散，雖然通俗卻令人感到深度不足，很多論點似乎都來自他個人對於中國古籍的粗略印象，

缺乏有力的史料可供佐證。例如其認爲唐代藝妓（按唐無藝妓之名，高氏可能是附會日本藝妓而成的說法，指的是有藝文才華的名妓）是被社會認可的一種正當職業、並無不光彩之處（見該書中譯本，頁 190～191）。但只要看看〈霍小玉傳〉中李益對小玉的薄情及《北里志・王團兒》條中孫棨婉拒王福娘請求贖身，就可知道即使是在風氣開放的唐代，一般人對妓女仍是相當拒斥的。比起西方，日本的漢學家就顯然嚴謹得多，其中對唐妓作有計劃的大規模研究且成就斐然者，當屬岸邊成雄，他從 1935 年起即著手進行唐代音樂史的專題研究，歷經二十餘年的努力，發表論文十多篇，日後集結出版《唐代音樂史の研究》約五十萬字的鉅構（本文參其中譯本），對唐代的教坊宮妓及妓館民妓，均有詳實而深入的論述與考證。見解精闢入裏，一掃過去中國學者見林不見樹的通代研究缺陷，將唐妓問題獨立提出作精緻化的探討，爲日後的唐妓研究立下堅實的基礎。不過美中不足的是，岸邊氏只從研究唐代燕樂的角度切入，精則精矣，但未能再從政治、經濟、社會等各個層面來探討唐妓的形成與發展，總予人廣度不足的感覺。另一位比岸邊氏更早從事唐妓研究但成果較有限的當是石田幹之助，在其《增訂長安の春》論文集中，收有〈唐代風俗史鈔〉一文，其中第五、六則即「長安の歌妓（上）（下）」，石田氏此文側重在長安妓女的整體敘述，架構較爲鬆散，不如岸邊考據之精密，但從岸邊在其書中屢次引及石田說法的情形來判斷，應該受其不少影響。岸邊成雄之後，日本學者似乎就少有再在唐妓問題上作鉅型研究者，據筆者所知，大阪市立大學的齋藤茂曾有〈關於《北里志》──唐代文學與妓館〉一文的發表，但除了在《北里志》一書的版本及作者孫棨的生平略多探討外，關於唐妓本身的研究不多，並未能超越岸邊與石田二氏既有的研究水平。

## 第二節　唐妓釋義

　　歷來外國學者對所謂「娼妓」（Prostitute）一詞所下的定義，內容大概都不外如下的敘述：

> 娼妓指爲了得到直接支付的金錢及值錢物品，而與任何人從事性活動的人。〔註13〕

---

〔註13〕見《簡明大英百科全書》中文版第十五冊，頁75。另外在王書奴《中國娼奴史》
　　　　頁 4～5 中尚引有伊凡布羅和、青柳有美、佩羅爾等外籍學者的定義；又嚴明

這大概是近代資本主義興起後，西方人對於娼妓的代表性看法，隨著西風東漸的結果，多數中國人對娼妓的觀點自然也頗受影響。又因爲中國古代傳統娼妓的痕跡，於今日社會已蕩然無存，遂使一般國人一看到「娼」或「妓」等字眼，立即聯想到「賣淫」、「性亂交」、「墮落」、「罪惡」等等負面意涵，似乎娼妓本質自古即然。殊不如外國人對娼妓的定義，其實只能適用於近代以後資本主義化的東西方社會，在中國近代以前，尤其是唐代的妓女，如此解釋並不完全合適。

「娼」字在漢代以前，一般均書爲「倡」，後漢許愼的《說文解字》中有倡字而無娼字。至於其意義，據許愼自注云「倡，樂也。」，顯然在東漢以前，倡指的應該是音樂歌舞或是從事相關工作的人。在清代丁福保所編的《說文解字詁林》（以下簡稱《詁林》）中，曾引《說文解字義證》道：

> 倡，樂者也。李善注古詩及弔屈原文引同，又云謂作妓人也。《後漢書‧郭皇后紀》注引同本書：「優，倡也。」顏注《急就篇》：「倡，樂人也。」……《漢書‧佞幸傳》：「身及父母兄弟皆故倡也。」顏注：「倡，樂人也。」（冊八，頁 3590）

其中最值得吾人注意者乃所謂「顏注」，注解《急就篇》及《漢書》的都是唐代的經學大師顏師古，他的注解，可看作是唐人對倡字的一般意見。基本上他說的和漢代並無太大差異，指的都是從事音樂歌舞等相關工作的人，不一定就是賣淫的妓女，《新唐書》卷八十二〈十一宗諸子‧李瑛傳〉中稱「瑛母以倡進，善歌舞」（頁 3607），所指即此。然而，爲倡者雖不一定從事賣淫，但終究是以色相才藝娛人耳目者，而這些身懷歌舞才藝的人，本不分男女，所以一直到唐朝，人們仍習慣書娼爲倡，如李嶠有〈倡婦行〉詩，[註 14] 喬知之有〈倡女行〉詩，[註 15] 柳宗元撰〈太府李卿外婦馬淑誌〉云「氏曰馬，字曰淑，生廣陵，母曰劉，客倡也」，[註 16] 以及白行簡〈李娃傳〉言「汧國夫人李娃，長安之倡女也」等等，雖所指之倡爲女性，但並不書爲「娼」。而根據王書奴的考證，倡字之衍生爲娼，其轉變時期應該是在唐代。[註 17] 因

---

《中國名妓藝術史》頁 2～3 中還有馬羅等人的看法，意見皆與引文所述相去不遠。

[註 14] 《全唐詩》卷六十一，頁 725。

[註 15] 《全唐詩》卷八十一，頁 876。

[註 16] 《柳河東全集‧外集》卷上，頁 533。

[註 17] 王書奴，《中國娼妓史》，頁 2。

爲在唐以前的文獻中，迄今尚未發現有娼字者，而在唐代文獻中則是倡、娼夾雜，這其中的轉變緣由已難稽考，可能是因爲唐人風尚好遊宴，遊宴則須歌舞相助爲歡，文人雅士莫不好求紅粉知己，歌舞表演遂以女性擔任爲主流，於是娼字逐漸取代傳統的倡字而爲人所習用。其中有一著例乃是房千里的《楊娼傳》，依傳中所言，此楊姓娼人必是娼妓無疑，而作者在傳末對「娼」的意義釋爲「夫娼，以色事人者也，非其利則不合矣。」如果說顏師古解倡爲樂人可視作是唐人對傳統倡字的看法，則房千里對娼字的解釋，也未嘗不可爲倡字逐漸轉變爲娼字後，唐人對「娼」的新看法，即娼乃專用以指「以色事人，非利不合」的女妓。如此則與後世對娼妓的認知實已無太大差異，所以王書奴稱「近代式的娼妓實始於唐，而且自唐以後娼妓俱以女性爲大宗。」〔註18〕應屬可信。

　　至於妓字的原始意涵，與現代人的認知間也有頗大差距。妓亦爲衍生字，在古代其原型應書爲「伎」，《詁林》冊八頁 3587 釋此字時引段玉裁注曰：「伎，與也……，與者，當與也，此伎之本義也。《廣韻》曰：『侶也』，不違本義，俗用爲技巧之技。」，同書同冊同頁又引《說文解字義證》云：「伎，與也……趙宧光曰：『伎，同及』。」可見伎字的本義原爲及、與二字，但因其形與技似，所以一般習慣借伎爲技，事實上，伎字本身與技藝並無直接關聯，類似的情形也發生在伎與妓的關係上。《說文解字》訓「妓，婦人小物。」而對另外一個「婓」字訓義亦同，段玉裁注稱「今俗用爲女伎字」，《詁林》冊十二頁 5606 引《證疑》解釋所謂「婦人小物」乃「婦人履下複著之物」，可見妓字的本義應是指女子鞋下附著的小飾物。那又爲甚麼會被引申爲女妓呢？據《詁林》同冊同頁引《讀書叢錄》言：「妓，婦人小物也……一曰女輕薄善走也，一曰技藝也，皆與婓、妓義近，古人妓取歌舞，故以俏弱爲能。」又引《通訓定義》曰：「妓，婦人小物也……與婓、篆同訓，其誼未詳，疑物爲巧字之誤，或曰弱之誤。」（冊、頁同上）依以上清代訓詁學者的考據，妓字之衍變成爲女伎代稱，可能原因有二：

　　第一，「妓」本是古代歌舞女子所穿舞鞋上的小裝飾品或附屬物，因其在歌舞動作中頗爲顯眼，後世逐用以代稱此類歌舞女子。中國人自古極重衣冠飾履，以歌舞者履上特徵來代稱其人應屬合理推斷。

　　第二，是訓「婦人小物」之物字爲「巧」或「弱」的誤書，如此則是以

<hr />

〔註18〕王書奴，《中國娼妓史》，頁2。

小巧或小弱之婦人爲妓，此說論情論理均稍嫌牽強。

至於妓字眞正與妓女一詞畫上等號，恐怕要遲至魏晉南北朝時。〔註 19〕據三國時魏人張揖所作《埤蒼》訓「妓，美女也。」又隋代陸法言所編《切韻》釋「妓，女樂也。」〔註 20〕其所釋妓字含義已與妓女相當接近。再如三國時魏人劉劭〈趙都賦〉有云「進中山名倡，襄國妓女」。〔註 21〕以名倡對妓女，可見彼時對妓的理解大體上已與後世無異。關於此一轉變之內在成因，據宋師德熹考證，認爲是由於魏晉六朝時家妓十分盛行，士大夫爲爲求明確分辨性別並免去在詩文中稱「女伎」、「女倡」之煩，娼與妓二字遂爲眾人所習用，唐宋以後沿襲至今。〔註 22〕

在此要特別說明的是，原本對唐妓的研究，主要對象應限於有近代商業化性格的民妓，亦即孫棨《北里志》中私人經營、不受官府或豪主控制的商業妓女。因爲她們不管在內涵或外在形式上，均符合今人對娼妓的定義。至於其他幾類女妓，如宮妓、官妓、營妓或家妓等，雖然名義上稱妓，但嚴格說來並不是眞正的妓女。以宮妓而言，事實上是在宮中以色藝服伺皇帝者，其身份與角色均非坊間女妓可比，《教坊記》中所說的宮妓，與其稱之爲妓女，倒不如說是皇宮專屬的歌舞團要來得更正確些。她們或有侍寢的義務，但僅服務皇室親貴又不收取交易報酬，此與房千里所謂「以色事人，非利不合」的娼妓，誠難相提並論。家妓的情形也頗類似，唐代的妾與奴婢，法律明文規定其權利義務關係，至於家妓部份則付之闕如，這恐怕也是因爲只要豢養的主人意之所向，家妓、妾及奴婢間的角色差異幾乎泯沒不存，史文之所以經常妓妾連稱，其原因當亦在此。而家妓聽命於主人，或歌舞助歡，或陪侍枕席，她們是主人專屬的歌舞藝人，也是主人家中的動產之一，既不對外公開賣淫也不另向主人收取報酬，似乎也不能視其爲娼妓。至於官妓（包含營妓），在唐代屬於較爲特殊的情況，據呂思勉先生的意見認爲：

倡伎者，俗所稱爲賣淫者也。必賣淫乃可稱爲倡伎，則即官以政令，

〔註 19〕此說乃王書奴所倡，另外宋師德熹在〈唐代的妓女〉一文中亦持相同看法。
〔註 20〕分見唐代僧人釋慧琳所編《一切經音義》卷二十一「妓樂」條及卷二十五「作倡妓樂」條，慧琳乃太宗貞觀時人，其所引書代表的應該是自六朝至唐初，人們對「妓」字的看法，足見漢代以前所謂「妓者婦人小物」之義，至六朝時其意義已全然不同。
〔註 21〕參梁在平《中國古代音樂史料輯要》，頁 36，引自《北堂書鈔》。
〔註 22〕參宋師德熹〈唐代的妓女〉，頁 68～69。

使婦女與男子亂，亦與所謂倡伎者無涉。〔註23〕

所謂官妓或營妓，正是因入身樂籍，在官府控制之下不得不爲官兵服務者，與一般娼妓的自主性賣淫又有內涵上的不同。

　　質言之，根據吾人對娼妓的理解，研究唐妓似應僅止於對民妓的探討。不過，我們也不能不考量到史料上的先天限制，因唐代史文中稱妓通常未明言其性質，究屬宮妓、家妓或官妓、民妓殊難判別，尤其後二者混淆的情形最嚴重，此其一。再則，若硬將宮妓、家妓與官妓的部份略而不談，則唐妓堪供研究的材料恐十不存二三，此其二。爲免解讀史料與寫作時徒增無謂之困擾，也爲求能一窺唐妓的全豹，所以研究的涵蓋面必須擴及其實並不等同於倡妓的宮妓、家妓與官妓。

　　另外要說明的是，對於部份學者將唐代某些道教女冠也視同娼妓。〔註24〕本文並不表苟同。如最以風流著稱的女冠魚玄機，據皇甫枚《三水小牘》卷下〈魚玄機笞斃綠翹致戮〉條云：

　　　……魚玄機，字幼微，長安倡家女也。色既傾國，思乃入神……蕙蘭弱質，不能自持，復爲豪俠所調，乃從遊處焉。於是風流之士爭修飾以求狎……

這應是有關魚玄機事蹟最原始的記載，宋以後以迄近世學者，皆據此而稱魚玄機爲「娼妓式女冠」，是否合宜，值得商榷。蓋唐代社會對男女交往本無太多限制，身具才學的娼妓、女冠或比丘尼，與文人士子交遊、詩文往來原非異事，魚玄機之流算是屬於比較浪漫的例子。正如爲其所斃的侍女綠翹批評她：「鍊師欲求三清長生之道，而未能忘解佩薦枕之歡」，顯然魚玄機在與士人狎遊的過程中，不乏發生靈肉交歡的曖昧關係，然其究屬兩情相悅下的自願行爲，與娼妓之公開賣淫並索取金錢報酬，實未可相提並論。若以此標準認定其爲娼妓，則面首甚眾的武則天豈不成爲「娼妓式女皇」？又如襄陽公主，據《舊唐書》卷一四二本傳云：

　　　（襄陽公）主縱恣不法，常遊行市里，有士族子薛樞、薛渾者，俱得幸於主。尤愛渾……渾與（李）元本皆少年，遂相誘挸，元本亦得幸於主，出入主第。（頁3871）

〔註23〕見氏著《中國制度史》，頁364。
〔註24〕陳寅恪《元白詩箋證稿》，另傅樂成在〈唐人的生活〉一文頁135中，論及唐人娛樂的部份亦有此種看法。

以襄陽如此行徑觀之，若參照魚玄機之模式，亦當稱之爲「娼妓式公主」，天下寧有此事理乎？前面我們談過，事實上以宮妓、官妓、家妓等爲娼妓，已屬勉強，然因史文稱其爲妓，故仍循例與民伎一併論之。至於行爲佚蕩之婦人，如魚玄機、李季蘭之輩，言其風流則可，若歸其爲娼妓，則在男女關係開放之唐代，娼妓豈不比比皆是？如此定義實稍嫌籠統浮夸，爲求嚴謹起見，本書皆所不取。

## 第三節　唐妓、妓館稱謂及其地理分佈

唐人對於妓女，並無統一的稱謂，各式名目可說五花八門，爲便於討論，以下謹就筆者耳目所及，作「唐妓稱謂一覽表」如下：

表一　唐妓稱謂一覽表

| 稱　謂 | 文　獻　出　處 |
|---|---|
| 1. 倡　婦 | 盧照鄰〈長安古意〉（全詩・41・519）、韋承慶〈折楊柳〉（全詩・46・556）、李嶠〈倡婦行〉（全詩・61・725）、駱賓王〈帝京篇〉（全詩・77・834）、白居易〈東南行一百韻寄通州元九侍御澧州李十一舍人果州崔二十二使君開州韋大員外庾三十二補闕杜十四拾遺李二十助教員外竇七校書〉（全詩・439・4877）、曹鄴〈怨歌行〉（全詩・593・6875）、白行簡〈李娃傳〉、李義山《雜纂・不達時宜》條、《北夢瑣言》卷七、卷八及卷九、駱賓王〈蕩子從軍賦〉（全文・197・2519・上）、高適〈陳渫關敗亡形勢書〉（全文・357・4587・上） |
| 2. 倡　女 | 李端〈春遊樂二首之一〉（全詩・26・371）、喬知之〈倡女行〉（全詩・81・876）、張籍〈倡女詞〉（全詩・386・4389）、任生〈投曹文姬書〉（全詩・783・8844）、于鄴〈揚州夢記〉、《龍城錄・李林甫以毒虐弄政權》條 |
| 3. 娼　妓 | 《雲仙雜記》卷一〈鳳窠群女〉條、《廣異記・李捎雲》條、《北夢瑣言》卷十一、《鑑誡錄》卷八〈錢塘秀〉條、白居易〈與元九書〉（《白居易集》卷四十五，頁963） |
| 4. 妓　女 | 李白〈少年行三首之三〉（全詩・165・1712）、張南史〈殷卿宅夜宴〉（全詩・296・3358）、李君房〈石季倫金谷園〉（全詩・319・3601）、元稹〈酬鄭從事四年九月宴望海亭次用舊韻〉（全詩・421・4634）、白居易〈有感三首之二〉（全詩・444・4977）、〈和春深二十首之二十〉（全詩・449・5065）、〈聞樂感鄰〉（全詩・449・5072）、邵謁〈妓女〉（全詩・605・6995）、李中〈柴司徒宅牡丹〉（全詩・ |

| | |
|---|---|
| | 748・8519）、徐鉉〈正初答鍾郎中見招〉（全詩・752・8557）、《雲仙雜記》卷四〈粉指印青編〉條、卷十五〈金牌盈座〉條、陳鴻《長恨歌傳》、《雜纂・必不來》條、《酉陽雜俎》前集卷十二、《教坊記》、《開元天寶遺事》〈風流藪澤〉條、〈隔障歌〉條、《杜陽雜編》卷中、李德裕《次柳氏舊聞》、白行簡《天地陰陽交歡大樂賦》 |
| 5. 妓　人 | 張說〈傷妓人董氏四首〉（全詩・89・980）、楊郇伯〈送妓人出家〉（全詩・272・3061）、楊巨源〈觀妓人入道二首〉（全詩・333・3738）、白居易〈醉歌〉（全詩・435・4823）、〈微之到通州日授館未安見塵壁間有數行字讀之即僕舊詩其落句云淥水紅蓮一朵開千花百草無顏色然不知題者何人也微之吟歎不足因綴一章兼錄僕詩本同寄省其詩乃十五年前初及第時贈長安妓人阿軟絕句緬思往事杳若夢中懷舊感今因酬長句〉（全詩・438・4868）、〈聽崔七妓人箏〉（全詩・438・4876）、施肩吾〈妓人殘妝詞〉（全詩・494・5597）、何扶〈送閬州妓人歸老〉（全詩・516・5900）、許渾〈聽歌鷓鴣辭〉（全詩・534・6097）、李群玉〈贈妓人〉（全詩・570・6612）、溫庭筠〈嘉策歌〉（全詩・575・6698）、裴鉶《傳奇・崑崙奴》條、張鷟《朝野僉載》、《才鬼記・孟氏》條、錢易《南部新書・庚》 |
| 6. 女　妓 | 司空曙〈病中嫁女妓〉（全詩・292・3324）、劉禹錫〈白舍人自杭州寄新詩有柳色春藏蘇小家之句因戲酬兼寄浙東元相公〉（全詩・360・4060）、李咸用〈銅雀臺〉（全詩・644・7383）、《北夢瑣言》卷五、《國史補》卷下、《揚州夢記》 |
| 7. 歌　妓 | 楊炎〈贈元載歌妓〉（全詩・121・1213）、孟浩然〈春中喜王九相尋〉（全詩・160・1651）、杜甫〈宴戎州楊使君東樓〉（全詩・229・2488）、白居易〈聞歌妓唱嚴郎中詩因以絕句寄之〉（全詩・446・5006）、劉眞〈七老會詩〉（全詩・463・5264）、長孫佐輔〈傷故人歌妓〉（全詩・469・5333）、李商隱〈贈歌妓二首〉（全詩・539・6155）、吳融〈還俗尼〉（全詩・684・7859）、張蠙〈錢塘夜宴留別郡守〉（全詩・702・8082）、韓熙載〈書歌妓金泥帶〉（全詩・738・8416）、楊玢〈遣歌妓〉（全詩・760・8633）、崔膺〈歌妓〉（全詩逸・上・10180）、《廣異記》〈李捎雲〉條、〈汝陰人〉條、《傳奇・崑崙奴》條 |
| 8. 舞　妓 | 溫庭筠〈觀舞妓〉（全詩・577・6711）、白居易〈西樓喜雪命宴〉（全詩・447・5025）、皮日休〈鴛鴦二首之二〉（全詩・614・7092）、鄭谷〈貧女吟〉（全詩・675・7729）、毛熙震〈後庭花三首之二〉（全詩・895・10115）、《唐語林》卷七〈補遺〉 |
| 9. 歌舞妓 | 白居易〈鸚鵡〉（全詩・447・5035） |
| 10. 聲　妓 | 白居易〈對酒閒吟贈同老者〉（全詩・459・5222）、《本事詩・高逸第三》、《朝野僉載》 |
| 11. 柘枝妓 | 白居易〈柘枝妓〉（全詩・446・5006）、殷堯藩〈潭州席上贈舞柘枝妓〉（全詩・492・5577）、張祜〈感王將軍柘枝妓歿〉（全詩・511・5827）、李群玉〈傷柘枝妓〉（全詩・570・6613） |

| 12. 琵琶妓 | 白居易〈聽琵琶妓彈略略〉（全詩・447・5035）、李群玉〈贈琵琶妓〉（全詩・570・6612） |
|---|---|
| 13. 箏　妓 | 李遠〈贈箏妓伍卿〉（全詩・519・5936）、李商隱〈和鄭愚贈汝陽王孫家箏妓二十韻〉（全詩・541・6237）、《太平廣記》卷四二二〈韋宥〉條 |
| 14. 吹簫妓 | 杜牧〈傷友人悼吹簫妓〉（全詩・525・6009） |
| 15. 笙　妓 | 李群玉〈和吳中丞悼笙妓〉（全詩・569・6599） |
| 16. 胡琴妓 | 王仁裕〈荊南席上詠胡琴妓二首〉（全詩・736・8401） |
| 17. 吹笛妓 | 王維〈過崔駙馬山池〉（全詩・126・1274） |
| 18. 樂　妓 | 劉禹錫〈夢揚州樂妓和詩〉（全詩・868・9830）、《國史補》卷下、《雲溪友議》卷中〈中山誨〉條、《開元天寶遺事・隔障歌》條、〈幽閒鼓吹〉 |
| 19. 樂　人 | 元稹〈重贈〉（全詩・417・4598） |
| 20. 蠻　妓 | 王建〈觀蠻妓〉（全詩・301・3434） |
| 21. 繩　妓 | 《封氏聞見記》卷六〈繩妓〉條 |
| 22. 校　書 | 王建〈寄蜀中薛濤校書〉（全詩・301・3434）、《鑒誡錄》卷十〈蜀才婦〉條 |
| 23. 仙　倡 | 李白〈上雲樂〉（全詩・162・1687）、白居易〈渭村退居寄禮部崔侍郎翰林錢舍人詩一百韻〉（全詩・438・4860） |
| 24. 仙　妓 | 王維〈奉和聖製上巳於望春亭觀禊飲應制〉（全詩・127・1285）、錢起〈陪郭常侍令公東亭宴集〉（全詩・238・2664）、劉禹錫〈三月三日與樂天及河南李尹奉陪裴令公泛洛禊飲各賦詩十二韻〉（全詩・362・4092）、杜牧〈中丞姊夫儔自大理卿出鎮江西敘事書懷因成十二韻〉（全詩・524・5991） |
| 25. 仙　人 | 蔣防〈霍小玉傳〉 |
| 26. 御　妓 | 李頎〈送康洽入京進樂府歌〉（全詩・133・1351） |
| 27. 妙　妓 | 孟浩然〈宴崔明府宅夜觀妓〉（全詩・160・1662）、韓偓〈錫宴日作〉（全詩・680・7788）、尹鶚〈清平樂二首之二〉（全詩・895・10112）、薛用弱《集異記・王渙之》條、弘執恭〈和平涼公觀趙郡王妓〉（《唐詩紀事》卷五〈弘執恭〉條）、《開元天寶遺事・香肌暖手》條 |
| 28. 妖　妓 | 孫魴〈題梅嶺泉〉（全詩・886・10014）、《開元天寶遺事・顛飲》條 |
| 29. 綵　妓 | 李德裕〈述夢詩四十韻〉（全詩・475・5391）、皎然〈賦得燈心送李侍御萼〉（全詩・820・9243） |
| 30. 貢　妓 | 《鑒誡錄》卷十〈蜀才婦〉條 |
| 31. 村　妓 | 白居易〈酬思黯相公見過弊居戲贈〉（全詩・452・5109）、〈令公南莊花柳正盛欲偷一賞先寄二篇〉（全詩・456・5177） |

| 32. 青樓倡 | 王建〈當窗織〉（全詩‧298‧3380） |
|---|---|
| 33. 青樓妓 | 李白〈在水軍宴韋司馬樓船觀妓〉（全詩‧179‧1829） |
| 34. 平康小婦 | 施肩吾〈金吾詞〉（全詩‧494‧5600） |
| 35. 風聲婦（賤）人 | 《唐語林》卷七〈補遺〉、《金華子雜編》卷上 |
| 36. 兩頭娘子 | 《唐摭言》卷三 |
| 37. 狹邪女 | 白行簡〈李娃傳〉 |

說明：（1）宮妓、官妓、營妓與家妓等固定稱呼不在表列之中。
（2）「文獻出處」欄之書名，除全部照錄者外，「全詩」代表《全唐詩》，「全文」代表《全唐文》，其下的文字或數字依序爲卷、頁、欄，如「全詩‧61‧725」代表出自《全唐詩》第六十一卷第725頁，餘類推。

　　在三十多種稱謂中，以妓女的才藝專長來稱呼爲最常見者，如歌妓、舞妓、酒妓、箏妓等等，足見唐人對女妓才藝之重視。其次才是普遍性的稱呼，如倡婦、倡女、妓人、女妓等等，從這類稱謂可以看出，古代倡伎男女不分的情形，至唐代已逐漸轉變爲專稱女性。另外，唐人還習慣因地名言妓，如稱蜀妓、池州妓等等，〔註25〕然因其非屬對妓女的普遍稱謂，僅是行文時因地制宜的稱呼而已，因此在表中不予錄列。

　　唐人詩文中另外有些名詞，其字面或與倡字及妓字無涉、時而稱妓時非稱妓者，爲免造成誤讀，故表一中未予錄列，然仍有在此一論之必要。首先是「美人」與「美女」，有些情況下是明言講妓的，如王琚〈美女篇〉：「東鄰美女實名倡，絕代容華無比方」（《全唐詩》卷九八，頁1061）、皎然〈觀李中丞洪二美人唱歌軋箏歌〉：「時議名齊謝太傅，更看攜妓似東山」（《全唐詩》卷八二一，頁9262）、李白〈秋獵孟諸夜歸置酒單父東樓觀妓〉：「出舞兩美人，飄飄若雲仙」、〈邯鄲南亭觀妓〉：「把酒顧美人，請歌邯鄲詞」（分別見《全唐詩》卷一七九，頁1823、1825）等等。詩句中所稱之「美人」，由詩題及詩意可明確判定爲歌舞女妓，在唐人詩歌中其例甚多。但呼妓爲美人者雖眾，卻不能將其視爲通用代稱，因爲也有很多詩題或詩句中所稱的美人，很難遽爾判明確指妓或普通的美麗女子，如顧況〈悲歌六首之四〉：「美人二八面如花」

〔註25〕如白居易〈寒食日寄楊東川〉詩有「蜀妓如花坐遠身」之句（《全唐詩》卷四五七頁5187）、杜牧有〈見劉秀才與池州妓別〉、〈代吳興妓春初寄薛軍事〉等詩（分見《全唐詩》卷五二二頁5967及頁5971），此種稱呼可能多係指當地州府的官妓。

（《全唐詩》卷二六五，頁 2943）、戴叔倫〈白苧詞〉：「美人不眠憐夜永」（《全唐詩》卷二七三，頁 3071）等，所詠者究係何指，實在難以解讀。同樣的情形也出現在「麗人」、「佳人」等稱謂上，有些一望即知其所指爲妓，如李嶠〈舞〉：「妙伎遊仙谷，佳人滿石城」（《全唐詩》卷五十九，頁 710）、張柬之〈大堤曲〉：「南國多佳人，莫若大堤女」（《全唐詩》卷九十九，頁 1067）以及白居易〈武丘寺路〉：「銀勒牽驕馬，花船載麗人」（《全唐詩》卷四四七，頁 5033）等等。但是也有含意模糊者，如韋皋〈憶玉簫〉：「別時留解贈佳人」（《全唐詩》卷三一四，頁 3535），所云佳人實指其年少時愛戀的一名青衣侍女。其他如「歌人」、「歌者」等稱謂，也不時有此等模稜兩可的情形。這些容易混淆的名稱，本文均持保留態度，暫不將其列入唐妓稱謂表中。

　　另外，唐人好以仙稱妓，也是一個值得注意的問題。早年陳寅恪在《元白詩箋證稿》第四章〈豔詩及悼亡詩〉與〈附讀鶯鶯傳〉中，即曾指出唐人詩歌中好以仙名妓之事，日後宋師德熹及李豐楙對此均有作進一步之分析，〔註26〕此處謹再略作補充。稱妓爲仙最早應溯自初唐張鷟的〈遊仙窟〉，此一豔情傳奇經許多學者抉其幽微後，大抵已有一致的看法，認爲文中所稱「神仙窟」實指妓館，「神仙」自然指的是妓女，而張鷟此文實係以隱晦的筆法，暢論個人妓館狎遊之風流豔事。〔註27〕不過由於當時社會狎妓風氣尚未普遍，因此在張鷟同時人的詩文中，此等擬仙式的稱呼並不多見。但到盛、中唐以後，這種以仙擬妓的情形便相當普遍，如上舉「唐妓稱謂一覽表」中，王維、錢起、白居易、劉禹錫及杜牧等人的詩中，均有「仙倡」、「仙妓」的美稱。李豐楙先生在他的文章中，還揭示更多含意晦澀、一般人不易解讀的詩句，並稱「中唐社會流行以仙擬妓，蔚爲風尚，就常成爲夜宴、贈妓詩的新鮮意象」。〔註28〕這種風氣一直流行到北宋初年，成爲一種相當奇特的文學現象，亦顯現出唐妓對中晚唐文學影響之深刻。我們且從晚唐孫棨所撰的《北里志》，來看看唐代文人以仙名妓情形之一斑，如以北里女妓的名字言，有「天水僊哥（字洛眞）」（按：依陳寅恪在〈讀鶯鶯傳〉中的考據，眞字其實即仙字之代稱，仙、眞二字字異義同）、

---

〔註26〕參宋師〈唐代的妓女〉及李豐楙〈仙、妓與洞窟——從唐到北宋初的娼妓文學與道教〉。

〔註27〕參前註所引李豐楙文，以及日籍學者波多野太郎〈遊仙窟新考〉（《東方宗教》第 10 期，1942 年 3 月）、内山知也《隋唐小説研究》第三章第一節，頁 195～236。

〔註28〕李豐楙，〈仙、妓與洞窟——從唐到北宋初的娼妓文學與道教〉，頁 110～111。

「楊萊兒，字逢僊」、「俞洛眞」、「王小僊」等等，皆是以仙自喻。而在女妓與士人相酬答的詩句中也屢見仙字，如〈顏令賓〉條有女妓顏令賓臨終遺詩曰「昨日尋仙子，輀車忽在門」，〈王團兒〉條有孫棨贈王福娘詩云「綵翠僊衣紅玉膚，輕盈年在破瓜初」，〈俞洛眞〉條有孫棨戲贈李文遠詩云「引君來訪洞中僊，新月如眉拂戶前」，又〈王蘇蘇〉條李標題詩於妓館壁窗云「王孫尋勝引塵衣，洞中仙子多情態」等等，由其稱妓女爲仙子、妓館爲仙洞的情形來看，顯然頗受張鷟〈遊仙窟〉的影響。不過，稱妓爲仙到底是文人爲求提升詩文品味，所加諸女妓的美麗修辭，應非唐代一般人對妓女的通稱，像〈霍小玉傳〉中鮑十一娘向李益介紹小玉時稱「有一仙人，謫在下界」，直接在口語中以仙人代稱妓女，這種情形是比較少見的。

在對妓館的稱呼方面，雖不若妓女般的繁雜，卻也多達十幾種，請詳見表二：

### 表二　唐代妓館稱謂一覽表

| 稱　謂 | 文　獻　出　處 |
|---|---|
| 1. 妓　館 | 呂巖〈題東都妓館壁〉（全詩・858・9703） |
| 2. 倡（娼）樓 | 溫庭筠〈懊惱曲〉（全詩・21・266）、盧照鄰〈折楊柳〉（全詩・42・523）、駱賓王〈櫂歌行〉（全詩・79・853）、劉方平〈擬娼樓節怨〉（全詩・251・2839）、陳羽〈廣陵秋夜對月即事〉（全詩・348・3895）、張籍〈少年行〉（全詩・382・4286）、〈江南行〉（全詩・382・4288）、李賀〈夜來樂〉（全詩・394・4439）、元稹〈代曲江老人百韻〉（全詩・405・4517）、〈春六十韻〉（全詩・408・4538）、白居易〈悲哉行〉（全詩・424・4667）、杜牧〈倡樓戲贈〉（全詩・524・5990）、魏承班〈滿宮花二首之二〉（全詩・895・10109）、《北夢瑣言》卷三、〈揚州夢記〉 |
| 3. 倡　家 | 盧照鄰〈行路難〉（全詩・41・518）、〈長安古意〉（全詩・41・519）、王勃〈臨高臺〉（全詩・55・672）、〈採蓮曲〉（全詩・55・672）、李嶠〈倡婦行〉（全詩・61・725）、駱賓王〈帝京篇〉（全詩・77・834）、〈代女道士王靈妃贈道士李榮〉（全詩・77・839）、喬知之〈定情篇〉（全詩・81・875）、劉希夷〈公子行〉（全詩・82・885）、李廓〈長安少年行十首之九〉（全詩・479・5456）、曹鄴〈趙城懷古〉（全詩・593・6877）、司空圖〈洛中三首之三〉（全詩・633・7270）、陳陶〈續古二十九首之二十二〉（全詩・746・8486） |
| 4. 倡　市 | 李益〈漢宮少年行〉（全詩・282・3213） |

| 5. 倡　門 | 儲光羲〈長安道〉（全詩・139・1418） |
|---|---|
| 6. 倡　肆 | 《雲溪友議》卷中〈辭雍氏〉條 |
| 7. 妓　家 | 《雲溪友議》卷中〈弘農恣〉條 |
| 8. 妓　舍 | 《唐語林》卷七〈補遺〉 |
| 9. 嬈　舍 | 《雲溪友議》卷下〈金仙指〉條 |
| 10. 歌妓院 | 《傳奇・崑崙奴》、《北夢瑣言》卷六 |
| 11. 妓　樓 | 宋之問〈奉和幸韋嗣立山莊侍宴應制〉（全詩・53・649）、沈佺期〈同李舍人多日集安樂公主山池〉（全詩・97・1046）、孫逖〈同和詠樓前海石榴二首之一〉（全詩・118・1194）、武元衡〈和楊弘微春日曲江南望〉（全詩・317・3565）、羊士諤〈遊郭駙馬大安山池〉（全詩・332・3697）、白居易〈兩朱閣〉（全詩・427・4701）、〈題周皓大夫新亭子二十二韻〉（全詩・438・4864）、李商隱〈贈趙協律晳〉（全詩・541・6221） |
| 12. 妓　堂 | 孟浩然〈宴張記室宅〉（全詩・160・1661）、錢起〈奉陪郭常侍宴滻川山池〉（全詩・238・2654）、白居易〈題故曹王宅〉（全詩・436・4828）、〈過高將軍墓〉（全詩・436・4837）、〈宴周皓大夫光福宅〉（全詩・437・4847） |
| 13. 妓　房 | 白居易〈長句呈謝〉（全詩・455・5160）、〈老病憂獨偶吟所懷〉（全詩・458・5206） |

說明：「文獻出處」欄之書名簡稱同表一。

　　由表二可以見出，唐人詩文中較常使用的是「娼樓」、「倡家」這兩個名詞。「妓院」一詞並未見獨立使用之例，所謂「歌妓院」是否即後世認知的妓院，尚有待考證。至於「妓館」一詞則僅見於晚唐呂巖的詩中，可能也非唐人所習用者。不過，本文仍以妓館來統稱民妓之營業場所，主要原因在於此一名稱已爲歷來史家所習用，也頗能明確表達妓女營業處的基本意涵，另立新詞並不見得更好，可能反易徒增紛擾。表中尚須注意者爲「妓樓」、「妓堂」、「妓房」這幾個名稱，其稱謂中雖合妓字，不過筆者贊同宋師德熹在〈唐代的妓女〉文中的意見，認爲這幾個名詞所指並非一般的民營的妓館，而是官宦豪富蓄養家妓的所在。這大概也就是爲甚麼這些名詞所出現的詩句，多是在宦豪之家的宴會上贈答作品的主要原因。

　　接著要討論的是，在唐代，「青樓」一詞是否可用以專稱妓館？今人因受宋代以後文獻之影響，每見青樓一詞即認爲其所指乃娼樓妓館等風月場所，但在唐人的用詞習慣中，其實並不盡然。據辭書解釋，「青樓」本有兩

種意義，除指妓館外，一般顯貴人家的閨閣亦可稱為青樓。〔註29〕在唐人詩文中，青樓的意涵也很複雜，可作多種解釋，如崔國輔〈古意〉詩云「悔不盛年時，嫁與青樓家」（《全唐詩》卷一一九，頁 1199）、王昌齡〈青樓曲二首之二〉詩云「馳到楊花滿御溝，紅妝縵綰上青樓」（《全唐詩》卷一四三，頁 1445）及段成式〈戲高侍御七首之五〉詩云「別起青樓作幾層，碧瓦千家日未曛」（《全唐詩》卷五八四，頁 6770）等等，詩句中的青樓所指即官豪人家的高樓巨宅，與風月場所無涉。另外如張籍〈望人行〉：「獨閉青樓暮，煙深鳥雀稀」（《全唐詩》卷三八四，頁 4305）及耿湋〈關山月〉：「今夜青樓上，還應照所思」（《全唐詩》卷二六八，頁 2979）等詩中之青樓，所指則是普通人家的房子。而像崔灝〈渭城少年行〉云「章臺帝城稱貴里，青樓日晚歌鐘起」（《全唐詩》卷一三〇，頁 1324），則用青樓代稱帝王居處。當然，用青樓一詞言妓館風月場所者亦不少見，如李廓〈長安少年行十首之二〉云「青樓無晝夜，歌舞歇時稀」（《全唐詩》卷四七九，頁 5455）與溫庭筠〈懊惱曲〉：「玉白蘭芳不相顧，青樓一笑輕千金」（《全唐詩》卷五七六，頁 6707）等等，其中最為世人熟悉且津津樂道者，當是杜牧〈遣懷〉詩中的名句：「十（一作三）年一覺揚州夢，贏得青樓薄倖名」（《全唐詩》卷五二四，頁 5988）。杜牧一生風流豔事不斷，屢見於唐宋人的筆記小說中，他的這首〈遣懷〉詩，更是千百年來騰播眾人之口，宋師德熹即認為宋元以後專以青樓代稱妓館，實是源於杜牧此一名詩的影響。〔註30〕為便於判讀，筆者謹將《全唐詩》中有「青樓」一詞的詩題與詩句蒐羅成表三（見本章末），讀者可自行參考。

另外還有一個未列於表二，但也時常出現在唐人詩文中用以代稱妓館的，即「狹邪（斜）」一詞。狹斜者，依其字面本意自是彎曲之巷弄，如楊續〈安德山池宴集〉有「狹斜通鳳闕」之句（《全唐詩》卷三三，頁 453），而因娼妓的營業場所常在窄巷曲弄中，所以也襲用以代稱狎妓之處。唐人詩文中有時一語雙關，如盧照鄰〈長安古意〉云「長安大道連狹斜，青牛白馬七香車」（《全唐詩》卷四一，頁 518），就有窄巷與妓曲之雙重含意。而用以專稱妓曲者亦不乏其例，如《雲溪友議》巷中〈弘農忿〉條云：「東川處士柳全節，……開成二年上第，後歸東川，歷旬，但於狹斜舊遊之處，不謁府

〔註29〕見遠流出版公司《大陸版辭源》單卷本，「青部・青樓」條，頁 1825。
〔註30〕參宋師德熹〈唐代的妓女〉文中註13。

主楊尚書汝士。」致使楊汝士在宴會上公開對賓客揶揄他「前柳棠秀才，多於妓家飲酒」。又如「趙光遠……恃才不拘小節，常將領子弟，恣遊俠（狹）斜，著《北里志》頗述其事。」〔註31〕另外晚唐時以作豔詞著稱於世的「花間鼻祖」溫庭筠，據《玉泉子》言其少年時，「所得錢帛，多為狹邪所費」。而最寫實的例子，當是〈李娃傳〉中，當鄭生向長安友人探聽李娃事時，友人答曰：「此狹邪女李氏宅也！」由此觀之，在唐人的口語中，也是有用狹邪一詞來代稱妓館的。至於稱妓曲為「北里」一事，宋師德熹在〈唐代的妓女〉一文中已有詳細考論，毋庸在此贅述，本文僅就《全唐詩》中言及北里者製成表四（見本章末），以供讀者作為進一步瞭解唐人對北里一詞的使用習慣之參考。

關於唐妓之地理分佈情形，亦為吾人所當注意者。因女妓常是政治、文化、經濟、社會習俗之綜合產物，中國地大物博，不同地區之人文、經濟與社會環境，亦當蘊育出各地不同特色之女妓，正如司空圖詩云「蜀妓輕成妙，吳娃狎共纖」〔註32〕、五代何光遠所謂「吳越饒營妓，燕趙多美姝，宋產歌姬，蜀出才婦」，〔註33〕多因其風土人情之差異所致。本書在第二章中將詳細討論史料較為充足的長安、洛陽、揚州、成都、蘇州、杭州及襄陽等地妓樂狎歡的景況。這幾個地方多屬商業經濟較發達之城市，其妓樂史料因文人之筆而得以流傳人間。事實上，其他地區的妓樂盛況未必不如，然因史料欠缺，以致無法詳論，誠屬遺憾。為求能對唐妓有一較宏觀之認識，筆者不揣淺陋，爰就聞見所及，製成表五：「史料所見唐妓地理分佈表」於下，以供參考。此處要特別說明的是，此地理分佈基本上是以史料中有關官妓與民妓之記載者為主，官妓因只存在西京與東都固不待論，至於家妓之分佈，則幾乎是遍佈全國、無處無之，若欲全部納入，則此分佈表恐將失去意義。另外關於女妓人數此處不擬估計，蓋史料常未明言其確切人數，即有言及，鄙意以為單據某一史文遽以斷定某地之女妓數量，亦非合理，故僅列出女妓分佈之地名及相關資料之出處，以供參考。

---

〔註31〕趙光遠恣遊狹邪之事另詳於孫棨《北里志‧楊妙兒》條。此處依文意看來似乎趙光遠亦著有《北里志》，周祖譔、吳在慶二先生在《唐才子傳校箋》第四冊卷九〈趙光遠〉條（頁100）中已詳辯其誤，可能是「著」字上漏「孫棨」二字。

〔註32〕見〈偶書五首之三〉，《全唐詩》卷六三二，頁7256。

〔註33〕見《鑒誡錄》卷十〈蜀才婦〉條。

表三 《全唐詩》涉及「青樓」一詞之詩句一覽表

| 詩　句 | 詩　題 | 作　者 | 冊／卷／頁 |
|---|---|---|---|
| 1. 今日美人棄我去，青樓珠箔天之涯。 | 有所思 | 盧　仝 | 1/17/172 又 12/388/4378 |
| 2. 疊樹層楹相對起，復有青樓大道中。 | 臨高臺 | 王　勃 | 1/17/174 又 3/55/672 |
| 3. 紅粉青樓曙，垂楊仲月春。 | 折楊柳 | 張　祜 | 1/18/190 |
| 4. 獨閉青樓暮，煙深鳥雀稀。 | 望行人 | 張　籍 | 1/18/192 又 12/384/4305 |
| 5. 今夜青樓上，還應照所思。 | 關山月 | 耿　湋 | 1/18/193 又 8/268/2979 |
| 6. 花枝缺處青樓開，豔歌一曲酒一杯。 | 長安道 | 白居易 | 1/18/196 |
| 7. 相逢不相識，歸去夢青樓。 | 采桑 | 劉希夷 | 1/19/209 又 3/82/882 |
| 8. 青樓月夜長寂寞，碧雲日暮空裴回。 | 銅雀臺 | 劉長卿（一作王建） | 1/19/218 又 9/298/3387 |
| 9. 歸來邯鄲市，百尺青樓梯。 | 從軍行 | 戎　昱 | 1/19/228 |
| 10. 別時各有淚，零落青樓前。 | 雜怨三首之二 | 聶夷中 | 1/20/262 又 19/636/7300 |
| 11. 青樓含日光，綠池起風色。 | 子夜春歌二首之一 | 郭元振 | 1/21/264 又 3/66/758 |
| 12. 君愛龍城爭戰功，妾願青樓歡樂同。 | 妾薄命 | 張　籍 | 2/24/315 又 12/382/4288 |
| 13. 青樓無晝夜，歌舞歇時稀。 | 長安少年行十首之二 | 李　廓 | 2/24/328 又 14/479/5455 |
| 14. 章臺帝城稱貴里，青樓日晚歌鐘起。 | 渭城少年行 | 崔　顥 | 2/24/329 又 4/130/1324 |
| 15. 歸來青樓曲未半，美人玉色當金尊。 | 輕薄篇 | 李　益 | 2/25/331 又 9/282/3212 |
| 16. 青樓鄰里歸，終年畫長眉。 | 古別離二首之一 | 于　濆 | 2/26/352 又 18/599/6932 |
| 17. 人坐青樓晚，鶯語百花時。 | 山鷓鴣（一作羽調曲） | 不　詳（或作蘇頲） | 2/27/390 又 3/74/814 |
| 18. 青樓一樹無人見，正是女郎眠覺時。 | 楊柳枝十首之五 | 薛　能 | 2/28/401 又 17/561/6518 |

| | | | |
|---|---|---|---|
| 19. 鸚鵡洲頭浪颭沙，青樓春望日將斜。 | 浪陶沙九首之四 | 劉禹錫 | 2/28/403<br>又 11/365/4113 |
| 20. 綠樹聞歌鳥，青樓見舞人。 | 宮中行樂詞八首之五 | 李　白 | 2/28/409 |
| 21. 狹斜通鳳闕，上路抵青樓。 | 安德山池宴集 | 楊　續 | 2/33/453 |
| 22. 青樓綺閣已含春，凝妝豔粉復如神。 | 樂府新歌應教 | 謝　偃 | 2/38/492 |
| 23. 紅塵正起浮橋路，青樓遙敞御溝前。 | 和太尉戲贈高湯公 | 上官儀 | 2/40/507 |
| 24. 青樓明鏡晝無光，紅帳羅花徒自香。 | 代春閨 | 崔　液 | 2/54/667 |
| 25. 紫徽三千里，青樓十二重。 | 道 | 李　嶠 | 3/59/703 |
| 26. 荷花嬌綠水，楊葉暖青樓。 | 擬古三首之三 | 徐彥伯 | 3/76/821 |
| 27. 小堂綺帳三千戶，大道青樓十二重。 | 帝京篇 | 駱賓王 | 3/77/834 |
| 28. 朝雲旭日照青樓，遲暉麗色滿皇州。 | 代女道士王靈妃贈道士李榮 | 駱賓王 | 3/77/838 |
| 29. 舊國有年代，青樓思豔妝。 | 蜀城懷古 | 劉希夷 | 3/82/883 |
| 30. 青樓挂明鏡，臨照不勝悲。 | 覽鏡 | 劉希夷 | 3/82/887 |
| 31. 南陌青樓十二重，春風桃李爲誰容。 | 望人家桃李花 | 賀知章 | 4/112/1146 |
| 32. 悔不盛年時，嫁與青樓家。 | 古意 | 崔國輔 | 4/119/1199 |
| 33. 淇上桑葉青，青樓含日白。 | 衛豔詞 | 崔國輔 | 4/119/1204 |
| 34. 十五青樓學歌舞，我家青樓臨道旁。 | 邯鄲宮人怨 | 崔　顥 | 4/130/1325 |
| 35. 馳道楊花滿御溝，紅妝縵綰上青樓。 | 青樓曲二首之二 | 王昌齡 | 4/143/1445 |
| 36. | 青樓怨 | 王昌齡 | 4/143/1445 |
| 37. 一時渡海望不見，曉上青樓十二重。 | 古意 | 常　建 | 4/144/1461 |
| 38. 玉勒留將久，青樓夢不成。 | 柳陌聽早鶯 | 陶　翰 | 4/146/1477 |
| 39. 紅粉邀君在何處，青樓苦夜長難曉。 | 長樂宮 | 孟浩然 | 5/159/1631 |
| 40. 夫婿久離別，青樓空望歸。 | 賦得盈盈樓上女 | 孟浩然 | 5/160/1656 |
| 41. 青樓曉日珠簾映，紅粉春妝寶鏡催。 | 春情（一作晴） | 孟浩然 | 5/160/1658 |
| 42. 青樓夾兩岸，萬室宣歌鐘。 | 魏郡別蘇明府因北遊 | 李　白 | 5/174/1781 |

| | | | |
|---|---|---|---|
| 43. 對舞青樓妓，雙鬟白玉童。 | 在水軍宴韋司馬樓船觀妓 | 李　白 | 5/179/1829 |
| 44. 五月入五洲，碧山對青樓。 | 楚江黃龍磯南宴楊執戟治樓 | 李　白 | 5/179/1830 |
| 45. 青樓何所在，乃在碧雲中。 | 寄遠十一首之二 | 李　白 | 6/184/1878 |
| 46. 瑤臺有黃鶴，為報青樓人。 | 寄遠十一首之三 | 李　白 | 6/184/1878 |
| 47. 碧窗紛紛下落花，青樓寂寂空明月。 | 寄遠十一首之八 | 李　白 | 6/184/1879 |
| 48. 夜欲寢兮愁人心，朝馳余馬於青樓。 | 代寄情楚詞體 | 李　白 | 6/184/1882 |
| 49. 可嗟青樓月，流影君帷中。 | 擬古詩十二首之八 | 韋應物 | 6/186/1895 |
| 50. 垂楊拂白馬，曉日上青樓。 | 貴遊行 | 韋應物 | 6/194/1999 |
| 51. 別有佳期處，青樓客夜來。 | 狷氏子 | 梁　鍠 | 6/202/2114 |
| 52. 金戈玉劍十年征，紅粉青樓多怨情。 | 燕歌行 | 屈同仙 | 6/203/2123 |
| 53. 花間昔日黃鸝囀，妾向青樓已生怨。 | 雜興 | 李嘉祐 | 6/206/2145 |
| 54. 金鐙下山紅粉晚，牙檣捩柁青樓遠。 | 清明 | 杜　甫 | 7/223/2379 |
| 55. 金丸落飛鳥，乘興醉青樓。 | 洛陽陌二首之二 | 顧　況 | 8/267/2962 |
| 56. 柳拂青樓花滿衣，能歌婉轉世應稀。 | 王郎中妓席五詠之三：歌（一作王郎中席歌妓） | 顧　況 | 8/267/2968 |
| 57. 歸來邯鄲市，百尺青樓梯。 | 從軍行 | 戎　昱 | 8/270/3010 |
| 58. 青樓昨夜東風轉，錦帳凝寒覺春淺。 | 早春曲 | 戴叔倫 | 9/273/3071 |
| 59. 當窗欲羨青樓倡，十指不動衣盈箱。 | 當窗織 | 王　建 | 9/298/3380 |
| 60. 青樓小婦砑裙長，總被抄名入教坊。 | 宮詞百首之八十四 | 王　建 | 10/302/3445 |
| 61. 青樓旭日映，綠野春風晴。 | 廣陵詩 | 權德輿 | 10/328/3670 |
| 62. 青樓碧紗大道邊，綠楊日暮風裊裊。 | 薄命篇 | 權德輿 | 10/328/3672 |
| 63. 夢覺青樓最可憐，嬋娟素魄滿寒天。 | 旅館雪晴又睹新月眾興所感因成雜言 | 權德輿 | 10/328/3673 |

| 64. | 試問佳期不肯道，落花深處指青樓。 | 玉臺體十二首之二 | 權德輿 | 10/328/3673 |
|---|---|---|---|---|
| 65. | 別時各有淚，零落青樓前。 | 征婦怨 | 孟　郊 | 11/372/4184 |
| 66. | 再入朱門行，一傍青樓哭。 | 和夢遊春詩一百韻 | 白居易 | 13/437/4857 |
| 67. | 誰家紅樹先花發，何處青樓在酒酣。 | 早春聞提壺鳥因題鄰家 | 白居易 | 13/439/4882 |
| 68. | 青樓曈曨曙光蚤，梨花滿巷鶯新啼。 | 寄荊娘寫眞 | 李　涉 | 14/477/5424 |
| 69. | 大道青樓夾翠煙，瓊墀繡帳開明月。 | 醉中贈崔膺 | 李　涉 | 14/477/5427 |
| 70. | 繡衣少年朝欲歸，美人猶在青樓夢。 | 冬日觀早朝 | 施肩吾 | 15/494/5593 |
| 71. | 紅粉青樓曙，垂楊仲月春。 | 折楊柳 | 張　祜 | 15/510/5824 |
| 72. | 十年一覺揚州夢，贏得青樓薄倖名。 | 遣懷 | 杜　牧 | 16/524/5998 |
| 73. | 忍放花如雪，青樓撲酒旗。 | 贈柳 | 李商隱 | 16/539/6152 |
| 74. | 黃葉仍風雨，青樓自管弦。 | 風雨 | 李商隱 | 16/539/6155 |
| 75. | 蝶銜紅蕊蜂銜粉，共助青樓一日忙。 | 春日 | 李商隱 | 16/539/6162 |
| 76. | 朱實鳥含盡，青樓人未歸。 | 嘲櫻桃 | 李商隱 | 16/540/6201 |
| 77. | 青樓有美人，顏色如玫瑰。 | 戲題樞言草閣三十二韻 | 李商隱 | 16/541/6241 |
| 78. | 居然自是前賢事，何必青樓倚翠空。 | 今年新先輩以遏密之際每有讌集必資清談書此奉賀 | 趙　嘏 | 17/549/6353 |
| 79. | 活色生香第一流，手中移得近青樓。 | 杏花 | 薛　能 | 17/561/6515 |
| 80. | 玉白蘭芳不相顧，青樓一笑輕千金。 | 懊惱曲 | 溫庭筠 | 17/576/6707 |
| 81. | 所嗟故里曲，不及青樓宴。 | 獵騎辭 | 溫庭筠 | 17/577/6708 |
| 82. | 白社已蕭索，青樓空豔陽。 | 經李處士杜城別業 | 溫庭筠 | 17/581/6741 |
| 83. | 青樓二月春將半，碧瓦千家日未曛。 | 博山 | 溫庭筠 | 17/582/6748 |
| 84. | 別起青樓作幾層，斜陽幔卷鹿盧繩。 | 戲高侍御七首之五 | 段成式 | 17/584/6770 |
| 85. | 四鄰無去伴，醉臥青樓曉。 | 桑婦 | 劉　篤 | 17/585/6776 |

| | | | |
|---|---|---|---|
| 86. 青樓月色桂花冷，碧落簫聲雲葉愁。 | 題秦女樓 | 劉　滄 | 18/586/6798 |
| 87. 停車綺陌傍楊柳，片月青樓落未央。 | 洛神怨 | 劉　滄 | 18/586/6799 |
| 88. 白馬遊何處，青樓日正長。 | 古意 | 李　頻 | 18/588/827 |
| 89. 關河正黃葉，消息斷青樓。 | 孤雁 | 儲嗣宗 | 18/594/6886 |
| 90. 下馬青樓前，華裾獨煌煌。 | 獵客 | 司馬扎 | 18/596/6899 |
| 91. 遙羨青樓人，錦衾方遠夢。 | 道中早發 | 司馬扎 | 18/596/6902 |
| 92. 青樓臨大道，一上一回老。 | 青樓曲 | 于　濆 | 18/599/6925 |
| 93. 青樓富家女，纔生便有主。 | 寒女行 | 邵　謁 | 18/605/6996 |
| 94. 繡鳳不教金縷暗，青樓何處有寒砧。 | 洛中三首之一 | 司空圖 | 19/633/7270 |
| 95. 種花滿西園，花發青樓道。 | 公子家 | 聶夷中 | 19/636/7300 |
| 96. 緱山碧樹青樓月，腸斷春風爲玉簫。 | 蕭史攜弄玉上昇 | 曹　唐 | 19/640/7340 |
| 97. 青樓一別戍金微，力盡秋來破虜圍。 | 征人 | 羅　鄴 | 19/654/7507 |
| 98. 何處青樓方　檻，半江斜日認歸人。 | 江帆 | 羅　鄴 | 19/654/7525 |
| 99. 若無紫塞煙塵事，誰識青樓歌舞人。 | 邊將 | 羅　鄴（一作張蠙） | 19/654/7527 又 20/702/8079 |
| 100. 青樓君去後，明月爲誰圓。 | 秋別 | 羅　鄴 | 19/654/7530 |
| 101. 野雲芳草繞離鞭，敢對青樓倚少年。 | 黃鶴驛寓題 | 羅　隱 | 19/660/7578 |
| 102. 青樓枕路隅，壁　復椒塗。 | 仿玉臺體 | 羅　隱 | 19/661/7586 |
| 103. 出來無暇更還家，且上青樓醉明月。 | 李周彈箏歌 | 吳　融 | 20/687/7899 |
| 104. 大道青樓御苑東，玉欄仙杏壓枝紅。 | 貴公子 | 韋　莊 | 20/695/8000 |
| 105. 當年人未識兵戈，處處青樓夜夜歌。 | 過揚州 | 韋　莊 | 20/697/8021 |
| 106. 月華吐豔明爥爥，青樓婦唱擣衣曲。 | 擣練篇 | 韋　莊 | 20/700/8052 |
| 107. 青樓阿監應相笑，書記登壇又卻回。 | 句 | 馮延巳 | 21/738/8416 |
| 108. 青樓人罷夢，紫陌騎將行。 | 太清宮聞滴漏 | 嚴巨川 | 22/781/8829 |
| 109. 豔陽灼灼河洛神，珠簾繡戶青樓春。 | 贈鄭女郎 | 薛　媼 | 23/799/8989 |

| 詩　句 | 詩　題 | 作　者 | 冊／卷／頁 |
|---|---|---|---|
| 110. 肱被當年僅禦寒，青樓慣染血猩紈。 | 鮫紅被 | 史　鳳 | 23/802/9031 |
| 111. 帝鄉青樓倚霄漢，歌吹掀天對花月。 | 古塞下曲四首之三 | 貫　休 | 23/827/9321 |
| 112. 成縑猶自陪錢納，未直青樓一曲歌。 | 織婦 | 處　默 | 24/849/9615 |
| 113. 青樓遠。 | 怨王孫 | 韋　莊 | 25/892/10078 |
| 114. 今宵求夢想，難到青樓上。 | 菩薩蠻七首之二 | 牛　嶠 | 25/892/10081 |
| 115. 寂寞青樓。 | 酒泉子四首之一 | 李　珣 | 25/896/10120 |
| 116. 豔冶青樓女，風流似楚真。 | 南歌子 | 孫光憲 | 25/897/10144 |

## 表四　《全唐詩》涉及「北里」一詞之詩句一覽表

| 詩　句 | 詩　題 | 作　者 | 冊／卷／頁 |
|---|---|---|---|
| 1. 北里有賢兄，東鄰有小姑。 | 箜篌引 | 李　賀 | 1/19/201 又 12/393/4427 |
| 2. 既接南鄰磬，還隨北里笙。 | 詠鐘（一作鐘） | 宋之問（一作李嶠） | 2/52/644 又 3/59/710 |
| 3. 歡娛分北里，純孝即南陔。 | 笙 | 李　嶠 | 3/59/710 |
| 4. 歌鐘盛北里，車馬沸南鄰。 | 上元夜效小庾體 | 韓仲宣 | 3/72/786 |
| 5. 寂寞東坡叟，傳呼北里人。 | 先是新昌小園期京兆尹一訪兼郎官數子自頃沈痾年復一年茲願不果率然成章 | 蘇　頲 | 3/74/811 |
| 6. 西園讌公子，北里召王侯。 | 夜遊曲 | 鄭　愔 | 4/106/1104 |
| 7. 厭見千門萬戶，經過北里南鄰。 | 田園樂七首之一 | 王　維 | 4/128/1305 |
| 8. 北里富熏天，高樓夜吹笛。 | 遣興五首之一 | 杜　甫 | 7/218/2290 |
| 9. 南鄰北里日經過，處處淹留樂事多。 | 贈康老人洽 | 戴叔倫 | 9/274/3112 |
| 10. 繡戶紗窗北里深，香風暗動鳳凰簪。 | 古意贈王常侍 | 楊巨源 | 10/333/3725 |
| 11. 鼓鼙喧北里，珪玉映東床。 | 上劉侍中 | 楊巨源 | 10/333/3732 |
| 12. 荀令歌鐘北里亭，翠娥粉紅敞雲屏。 | 觀妓人入道二首之一 | 楊巨源 | 10/333/3739 |
| 13. 今朝北里哭，哭聲又何切。 | 聞哭者 | 白居易 | 13/429/4731 |

| 14. 南鄰北里歌吹時，獨倚柴門月中立。 | 寒食月夜 | 白居易 | 13/436/4837 |
|---|---|---|---|
| 15. 冠蓋西園夜，笙歌北里春。 | 贈王處士 | 許　渾 | 16/531/6071 |
| 16. 楊子可曾過北里，魯人何必敬東家。 | 贈鄭處士 | 許　渾 | 16/535/6104 |
| 17. 南鄰送女初鳴珮，北里迎妻已夢蘭。 | 貧女吟 | 薛　逢 | 16/548/6325 |
| 18. 南村與北里，日日見父母。 | 子從軍 | 于　濆 | 18/599/6930 |
| 19. 南鄰北里皆孀婦，誰解堅心繼此來。 | 杞梁墓 | 汪　遵 | 18/602/6955 |
| 20. 最愛笙調聞北里，漸看星澹失其箕。 | 中秋待月 | 陸龜蒙 | 18/624/7173 |
| 21. 北里祕穠豔，東園鎖名花。 | 效陳拾遺子昂感遇二首之二 | 司空圖 | 19/632/7245 |
| 22. 鳳笙追北里，鶴馭訪南眞。 | 和韓致光侍郎無題三首十四韻 | | |

## 表五　史料所見唐妓地理分佈表

| 地　名 | 資　料　出　處 | 屬道別 |
|---|---|---|
| 1. 長　安 | 略 | 西　京 |
| 2. 洛　陽 | 略 | 東　都 |
| 3. 陝　州 | 許渾〈聽歌鷓鴣辭・序〉（全詩・534・6097）、雲溪・中・澧陽讌、杜牧〈嘲妓・注〉（全詩・870・9859） | 都畿道 |
| 4. 鄭　州 | 胡令能〈觀鄭州崔郎中諸妓繡樣〉（全詩・727・8325）、雲溪・下・祝墳應 | 都畿道 |
| 5. 河　陽（今河南省孟縣西） | 任希古〈和長孫祕監七夕〉（全詩・44・544） | 都畿道 |
| 6. 單　父（今山東省單縣） | 李白〈秋獵孟諸夜歸置酒單父東樓觀妓〉（全詩・179・1823） | 河南道 |
| 7. 徐　州 | 張仲素〈燕子樓詩三首〉（全詩・367・4139）、白居易〈燕子樓三首・序〉（白集・十五・311）、雲仙・四・粉指印青編、紀事・七十八・張建封妓 | 河南道 |
| 8. 汝　陽（今河南省汝南縣） | 李商隱〈和鄭愚贈汝陽王孫家箏妓二十韻〉（全詩・541・6237） | 河南道 |

| 9. 青　州 | 薛宜僚〈別青州妓段東美〉（全詩・547・6314）、太平・二七四・薛宜僚、紀事・四十八・薛宜僚、南部・庚 | 河南道 |
|---|---|---|
| 10. 下　蔡（今安徽省鳳臺縣） | 李商隱〈夜思〉（全詩・541・6248） | 河南道 |
| 11. 汴　州 | 舊書・一四五・3938・陸長源傳、太平・一七七・董晉 | 河南道 |
| 12. 宿　州 | 北夢・十・76 | 河南道 |
| 13. 亳　州 | 雲溪・下・雜嘲戲 | 河南道 |
| 14. 鄜　州（雕陰） | 摭言・十・113、太平・二七三・羅虬、才子・九・羅虬、羅虬〈比紅兒詩一百首〉（全詩・666・7625） | 關內道 |
| 15. 鳳　翔 | 姚合〈題鳳翔西郭新亭〉（全詩・499・5672）、舊書・二十上・751・昭宗紀乾寧元年春正月乙丑朔 | 關內道 |
| 16. 朔　方 | 傳奇・崑崙奴、太平・一九四・崑崙奴 | 關內道 |
| 17. 太　原 | 歐陽詹〈初發太原途中寄太原所思〉（全詩・349・3903）、太原妓〈寄歐陽詹〉（全詩・802・9024）、太平・二七四・歐陽詹 | 河東道 |
| 18. 河中府（蒲州） | 元稹〈崔徽歌・注〉（全詩・423・4652）、麗情・卷中人、綠窗・上・崔徽私會裴敬中 | 河東道 |
| 19. 虢　州 | 韓翃〈寄贈虢州張參軍〉（全詩・245・2756） | 河東道 |
| 20. 大　梁 | 資治・二三九・7718・唐紀五憲宗元和十年九月癸酉、舊書・一六一・4220・李光進傳 | 河東道 |
| 21. 潞　州 | 舊書・一〇七・3259・玄宗諸子傳、新書・八十二・3607・十一宗諸子傳 | 河東道 |
| 22. 晉　州 | 北夢・八・64 | 河東道 |
| 23. 邯　鄲 | 吳少微〈古意〉（全詩・94・1013）、王維〈濟上四賢詠三首之二：成文學〉（全詩・125・1252）、崔顥〈邯鄲宮人怨〉（全詩・130・1325）、李白〈邯鄲南亭觀妓〉（全詩・179・1825）、李賀〈榮華樂〉（全詩・393・4427）、白居易〈續古詩十首之五〉（全詩・425・4672）、溫庭筠〈邯鄲郭公詞〉（全詩・577・6712）、〈鴻臚寺有開元中錫宴堂樓臺池沼雅爲勝絕荒涼遺址僅有存者偶成四十韻〉（全詩・583・6758） | 河北道 |
| 24. 趙　城 | 曹鄴〈趙城懷古〉（全詩・593・6877） | 河北道 |
| 25. 魏　郡 | 李白〈魏郡別蘇明府因北遊〉（全詩・174・1781） | 河北道 |
| 26. 滄　州 | 舊書・一四三・3907・李全略傳 | 河北道 |
| 27. 惠　州（今河北省磁縣） | 龍城・李林甫以獨虐弄政權 | 河北道 |

| 28. 襄陽 | 略 | 山南東道 |
|---|---|---|
| 29. 夔州 | 劉禹錫〈夔州竇員外使君見示悼妓詩顧余嘗識之因命同作〉（全詩・359・4056）、〈竇夔州見寄寒食日懷故姬小紅吹笙因和之〉（全詩・359・4056） | 山南東道 |
| 30. 江陵 | 元稹〈和樂天示楊瓊・注〉（全詩・422・4639）、王仁裕〈荊南席上詠胡琴妓二首〉（全詩・736・8401） | 山南東道 |
| 31. 漢南（宜城） | 韓襄客〈句〉（全詩・802・9034）、舊書・一六六・4349・白居易傳 | 山南東道 |
| 32. 南鄭 | 劉長卿〈過李將軍南鄭林園觀妓〉（全詩・147・1496） | 山南西道 |
| 33. 閬州 | 何扶〈送閬州妓人歸老〉（全詩・516・5900） | 山南西道 |
| 34. 渠州 | 羊士諤〈客有自渠州來說常諫議使君故事悵然成詠〉（全詩・332・3710） | 山南西道 |
| 35. 揚州 | 略 | 淮南道 |
| 36. 石城（郢州） | 舊書・二十九・1065・音樂志二、李商隱〈石城〉（全詩・539・6153） | 淮南道 |
| 37. 白沙（今江西省鄱陽縣西） | 劉商〈白沙宿竇常宅觀妓〉（全詩・304・3462） | 淮南道 |
| 38. 舒州 | 趙嘏〈迴於道中寄舒州李鈺相公〉（全詩・549・6359） | 淮南道 |
| 39. 壽春 | 孟氏〈獨遊花園〉（全詩・800・9005）、才鬼・孟氏 | 淮南道 |
| 40. 蘇州 | 略 | 江南東道 |
| 41. 杭州 | 略 | 江南東道 |
| 42. 山陰（今浙江省紹興縣） | 李頎〈送山陰姚丞攜妓之任兼寄蘇少府〉（全詩・133・1357）、韓翃〈送山陰姚丞攜妓之任兼寄山陰蘇少府〉（全詩・243・2728） | 江南東道 |
| 43. 會稽 | 李白〈送姪良攜二妓赴會稽戲有此贈〉（全詩・176・1797）、〈攜妓登梁王棲霞山孟氏桃園中〉（全詩・179・1824） | 江南東道 |
| 44. 金陵 | 李白〈山妓金陵子呈盧六四首〉（全詩・184・1885）、杜牧〈杜秋娘詩〉（樊詩・一・351） | 江南東道 |
| 45. 湖州 | 李涉〈遇湖州妓宋態宜二首〉（全詩・477・5433）、闕史・上・杜舍人牧湖州 | 江南東道 |
| 46. 吳興 | 杜牧〈代吳興妓春初寄薛軍事〉（全詩・522・5971） | 江南東道 |
| 47. 歙州 | 趙嘏〈贈歙州妓〉（全詩・550・6369） | 江南東道 |
| 48. 越州 | 元稹〈酬樂天早春開遊西湖頗多野趣恨不得與微之同賞因思在越官重事殷鏡湖之遊或恐未暇因成十八韻見寄樂天前篇到時適會予亦宴鏡湖南亭因述目前所睹以成酬答末章亦 | 江南東道 |

| | | | |
|---|---|---|---|
| | 示遐誠則勢使之然亦欲粗爲恬養之贈耳〉（全詩・408・4536）、盛小蘗〈突厥三臺〉（全詩・802・9032）、雲溪・上・餞歌序、雲溪・下・豔陽詞、雲溪・下・溫裴黜 | |
| 49. 常　州 | 張祐〈投常州從兄中丞〉（全詩・511・5831） | 江南東道 |
| 50. 臺　城<br>（今江蘇省江寧縣北） | 臺城妓〈詩〉（全詩・866・9808）、類說・十三・吳神樂部 | 江南東道 |
| 51. 福　州 | 幽閒鼓吹 | 江南東道 |
| 52. 零　陵 | 戎昱〈送零陵妓〉（全詩・270・3022）、雲溪・上・襄陽傑 | 江南西道 |
| 53. 池　州 | 白居易〈池上送考功崔郎中兼別房竇二妓〉（全詩・454・5140）、杜牧〈見劉秀才與池州妓別〉（全詩・522・5967）、〈見吳秀才與池妓別因成絕句〉（全詩・522・5975）、雲溪・下・雜嘲戲 | 江南西道 |
| 54. 潭　州 | 殷堯藩〈潭州席上贈舞柘枝妓〉（全詩・492・5577）、雲溪・上・舞娥異 | 江南西道 |
| 55. 宣　城<br>（今安徽省蕪湖東南） | 杜牧〈張好好詩・序〉（全詩・520・5940）、張祐〈陪范宣城北樓夜讌〉（全詩・510・5806）、雲仙・一・迷香洞 | 江南西道 |
| 56. 武　昌 | 太平・二七三・武昌妓、紀事・五十八・韋蟾、武昌妓〈續韋蟾句〉（全詩・802・9024） | 江南西道 |
| 57. 澧　陽 | 雲溪・中・澧陽讌 | 江南西道 |
| 58. 鍾　陵<br>（今江西省進賢縣東北） | 鑒誡・八・錢塘秀、羅隱〈嘲鍾陵妓雲英〉（全詩・662・7593） | 江南西道 |
| 59. 廣　州 | 宋之問〈廣州朱長史座觀妓〉（全詩・53・658）、雲溪・下・雜嘲戲、新書・九十・3769・劉崇龜傳、張保胤〈示妓膀子・序〉（全詩・870・9868） | 嶺南道 |
| 60. 桂　州 | 李商隱〈席上作・注〉（全詩・539・6166） | 嶺南道 |
| 61. 南　昌<br>（今廣西省博白縣） | 北夢・五・41 | 嶺南道 |
| 62. 賀　州 | 南部・庚 | 嶺南道 |
| 63. 梓　州 | 杜甫〈數陪李梓州泛江有女樂在諸舫戲爲豔曲二首贈李〉（全詩・227・2462） | 劍南西道 |
| 64. 成　都 | 略 | 劍南西道 |
| 65. 彭　州 | 羊士諤〈彭州蕭使君出妓夜宴見送〉（全詩・332・3710） | 劍南西道 |
| 66. 戎　州 | 杜甫〈宴戎州楊使君東樓〉（全詩・229・2488） | 劍南西道 |

| 67. 姑　臧 （涼州） | 雲仙·一鳳窠群女 | 隴右道 |
|---|---|---|
| 68. 金　城 （蘭州） | 雲仙·六·奪釵·遊仙窟 | 隴右道 |

說明：①長安、洛陽、揚州、成都、蘇州、杭州、襄陽等七地之妓女分佈，因已
　　　詳論於第四章第二節，此處不再錄其資料出處。
　　　②「資料出處」欄之書名縮寫其詳如下，書名之後依序為卷、頁及條名：
　　　（1）全詩：《全唐詩》（2）雲溪：《雲溪友議》（3）雲仙：《雲仙雜記》
　　　（4）太平：《太平廣記》（5）舊書：《舊唐書》（6）新書：《新唐書》（7）
　　　才鬼：《才鬼記》（8）摭言：《唐摭言》（9）北夢：《北夢瑣言》（10）紀
　　　事：《唐詩紀事》（11）語林：《唐語林》（12）傳奇：裴鉶《傳奇》（13）
　　　龍城：《龍城錄》（14）鑒誡：《鑒誡錄》（15）白集：《白居易集》（16）
　　　南部：《南部新書》（17）樊詩：《樊川詩集注》（18）才子：《唐才子傳》
　　　（19）通鑑：《資治通鑑》（20）麗情《麗情集》（21）綠窗：《綠窗新話》

# 第二章　唐代狎妓風盛之背景

　　狎妓尋歡之習，六朝以前，猶限於上層社會之皇親貴族，士人及平民狎妓之事，少有見載於文獻者。至唐代則不同，一方面承襲自六朝以來功利與淫逸之遺風，再加上李唐皇室源出於夷狄，「閨門失禮之事不以爲異」，[註1]宮廷中不倫之事屢見於史文，公主再嫁、三嫁形同兒戲。至開元、天寶年間，復因天下長年無事，過度安逸導致帝王權貴競逐聲色犬馬，此後唐代社會風氣即一轉而爲奢靡浮華，直迄唐亡而不能改。本章將以唐朝上層社會所帶動的奢靡風尚爲起點，探討狎妓風氣之所以能在唐代盛極一時的種種因素，除政治方面的影響外，經濟繁榮、民生富裕所帶來安定進步的社會景況，也爲唐人狎妓所需的高額消費，提供豐厚的物質基礎。幾個政治、經濟的重心城市，如長安、洛陽、揚州、成都、蘇州、杭州等，其城市經濟的繁華，也正是媒介聲色的最佳溫床。另外唐代文人好以狎妓爲人生風流雅事，藉與名妓交往提升個人在文壇與社交界的地位。尤其唐人特重進士所導致的流弊，多數進士自外於傳統禮教之約束，士風逐漸淪於澆薄，自中唐以後，狎妓冶遊幾與士人生活形影相隨，成爲普遍化的社會習尚。

## 第一節　帝王權貴狎遊聲色

　　無論古今，主政者的嗜尚，常是影響一時代風氣之重要因素，唐代亦不例

---

〔註1〕見《朱子語類》卷一一六〈歷代類・三〉，又章炳麟在《章氏叢書》下冊正編《太炎文錄初編》卷一〈五朝學〉之按語中稱：「唐代荒淫累代獨絕，播在記載，文不可誣。又其浮競慕勢，尤南朝所未有，南朝疵點專在帝室，唐乃延及士民。」（頁61）

外。一般論者言及唐代社會風氣之敗壞，都不免要將責難的箭指向唐玄宗，認
為他是始作俑的罪魁禍首。其實聲色之追求乃人之大欲，尤其是坐擁天下之帝
王，只要主客觀條許可，很少人會輕言自我節制。唐初高祖、太宗時期，因天
下粗定，民生凋敝、百廢待舉，客觀條件實較不利於聲色之追求。然而閨門失
禮之事仍時有所聞，李世民雖號稱一代明君，但好聲色之心仍存，史云：

> 太宗嘗閒居與（王）珪宴語，時有美人侍側，本盧江王（李）瑗之
> 姬，瑗敗，籍沒入宮，太宗指示之曰：「盧江不道，賊殺其夫納其室，
> 暴虐之甚，何有不亡者乎？」珪避席曰：「陛下以盧江取此婦為是耶，
> 為非耶？」……（珪）對曰：「……今此婦人尚在左右，竊以聖心為
> 是之，陛下若以為非，此謂知惡而不去也。」太宗雖不出美人，而
> 甚重甚言。〔註2〕

盧江王之姬本賈人妻，李瑗殺其夫而強納之，〔註3〕李世民在責人之餘，似乎
忘了自己所作所為正是五十步笑百步，王珪建議他知惡務去，他雖雅於納諫，
卻認為好女色乃君王「必然之惡」，是不可或缺的享受，即使自知理虧亦不願
輕言捨棄。但到底李世民尚屬較能自我約束之帝王，例如，他曾拒受新羅國
所獻二美人，〔註4〕還嚴懲過「好聲色、慢遊無度」的太子李承乾，並誅殺承
乾所褻狎的太常樂人。〔註5〕創業之君自知守成匪易，稍一放縱即可能前功盡
棄，李世民君臣常以隋煬帝淫逸致亡之事為誡，即使稍事聲色亦不致過度放
蕩，這使得唐初的社會風氣尚能保有純樸面貌。

可是太宗以後，情形即大幅改觀，在貞觀盛世之餘蔭下，君王對宴遊享
樂之需求，猶過於治國安民，皇族失禮之事更是史不絕書。高宗李治以武則
天為后，實乃與太宗共聚一麀，此事為世人所詬知，毋庸多言。而李治本人
雖資質昏庸，宴遊之事卻不落人後，如「永徽三年二月甲辰宴三品於百福殿，
帝舉酒極歡，賜以錦綵……相率宴樂兼奏倡優百戲，帝御安福樓門以觀之。」

〔註2〕見《舊唐書》卷七十〈王珪傳〉，頁 2528。
〔註3〕據宋代吳曾《能改齋漫錄》卷七〈盧江王姬〉條云「盧江王瑗寵姬亭亭，本
賈人妻，有殊色，瑗殺其夫而納之，瑗敗入宮，復侍太宗。」注出《亭亭敘
謝（按：當為錄）》，另明代陳耀文《天中記》卷十九〈亭亭〉條亦作如是云，
筆記所言雖未確信，無妨聊供一參。
〔註4〕參《新唐書》卷二二〇〈東夷‧新羅〉傳，頁 6194，另見《冊府元龜》卷一
六八〈帝王部‧卻貢獻〉條，頁 2024 欄下。
〔註5〕參《舊唐書》卷七十六〈太宗諸子‧恆山王李承乾傳〉，頁 2648，另見《冊
府元龜》卷二五八〈儲宮部‧失德〉條，頁 3075 欄下。

〔註6〕武后主政期間，宮廷穢淫之事更屢見不鮮，如張易之、昌宗兄弟「俱侍宮中，皆傅粉施朱，衣錦繡服，俱承辟陽之寵」，又：

> 令選美少年為左右奉宸供奉，右補闕朱敬則諫曰：「……陛下內寵，已有薛懷義、張易之、昌宗，近聞尚舍奉御柳模自言子良賓潔白美鬚眉，左監門衛長史侯祥云陽道壯偉，過於薛懷義，專欲自進堪奉宸內供奉……」。〔註7〕

平心而論，若以帝王標準衡之，武后設「控鶴府」（後改為「奉宸府」）置面首一事，其實難以荒淫責之，但終究因為有違長時期來男尊女卑之傳統觀念，以致遭受不少當時及後世知識份子之諫責。某些論點認為，武后掌權時期，由於女權高漲，所以唐妓的發展受到相當阻礙。不過，本文以為少數上階層婦女參政，並不代表大多數婦女皆有所覺醒，且妓業發展除非政治權力強行干涉，否則在經濟條件日趨成熟、社會風氣也逐漸轉變的交互刺激下，其成為都市人民或文人士子普遍娛樂的大勢，不致有太大的影響。例如張鷟寫其狎妓經歷的名作〈遊仙窟〉，就成文於高宗、武后時期。且自武德之初設立用以娛樂皇室的妓樂機構內教坊，武后時也並未將其廢除，只是換了個招牌，改稱「雲韶府」而已。〔註8〕武后本人與諸面首的淫佚事蹟，對兩性關係尚屬保守的初唐社會所帶來的衝擊，恐怕也是負面多於正面，玄宗時期社會風氣之轉變，長安之所以成為人間風流窟，其淵源亦當始於此際。

　　武后之後的中宗、睿宗，在位期間雖短，卻仍有不少風流韻事。中宗因曾在武后主政時的政治迫害中，與韋后共患難，登基之後，為求補償，遂任令韋后放誕胡為，「武三思入宮中，升御床，與后雙陸，帝為點籌，以為歡笑，醜聲日聞於外。」〔註9〕而韋后與太平公主、安樂公主等男女關係之放蕩，更令人震愕，如「（武）三思既與韋庶人及上官昭容私通」〔註10〕、「（太平）公主由是滋驕……有胡僧惠範，家富於財寶，善事權貴，公主與之私。」〔註11〕、「（武）崇訓死，（安樂公）主素與武延秀亂，即嫁之。」〔註12〕至於唐睿宗，

---

〔註 6〕　參《冊府元龜》卷一一〇〈帝王部・宴享二〉，頁 1306 欄上。
〔註 7〕　以上引文請參《舊唐書》卷七十八〈張昌宗、易之傳〉，頁 2706～2707。
〔註 8〕　參《舊唐書》卷四十三〈職官二・內教坊〉條，頁 1854。
〔註 9〕　見《舊唐書》卷五十一〈后妃傳上〉，頁 2172。
〔註10〕　見《舊唐書》卷一八三〈外戚傳〉，頁 4736。
〔註11〕　見同上註，頁 4739。
〔註12〕　見《新唐書》卷八十三〈諸帝公主傳〉，頁 3654。

據張鷟《朝野僉載》卷三載：

> 睿宗先天二年正月十五、十六夜，於京師安福門外作燈輪，高二十
> 丈，一以錦綺，飾以金玉，燃五萬盞燈，簇之如花樹。宮女千數，
> 衣羅綺，曳錦繡，耀珠翠，施香粉，一花冠、一巾帔皆萬錢，裝束
> 一妓女皆至三百貫。妙簡長安、萬年少女婦千餘人，衣服、花釵、
> 媚子亦稱是，於燈輪下踏歌三日夜，歡樂之極，未始有之。

這是元宵節酺宴時，君民同慶的狂歡場面，也是睿宗退位為太上皇前的最後
一次大慶典。玄宗即位之後，唐代皇室宴遊與聲色犬馬之樂，更是有增無減。
究其根本原因，當是自開國以來，近百年間國家無重大戰亂，政治安定、戶
口滋繁，頗能有助農業生產活動，工商經濟也因此獲致重大發展，其所帶來
的富庶與安定，自乃意料中事，中唐時杜佑即指出：

> 至（開元）十三年，封泰山，米斗至十三文，青、齊穀斗至五文，自
> 後天下無貴物，兩京米斗不至二十文，麵三十二文，絹一疋二百一十
> 文，東至宋汴，西至歧州，夾路列店肆，待客酒饌豐溢，每店皆有驢
> 賃客乘，倏乎數十里，謂之「驛驢」，南詣荊、襄，北至太原、范陽，
> 西至蜀川、涼府，皆有店肆，以供商旅遠適，數千里不持寸刃。〔註13〕

另一位曾經目睹開元、天寶之盛，而後又歷經安史亂事，飽嘗顛沛流離之苦
的詩人杜甫，在其〈憶昔〉詩中追憶道：

> 憶昔開元全盛日，小邑猶藏萬家室，稻米流脂粟米白，公私倉廩俱
> 豐實，九州道路無豺虎，遠行不勞吉日出，齊紈魯縞車班班，男耕
> 女織不相失，宮中聖人奏雲門，天下朋友皆膠漆，百餘年間未災
> 變……〔註14〕

正因政治與經濟均達前所未有之顛峰狀態，致使玄宗誤以為天下自此無事，
遂將國家大政交付權臣，自己則竟日縱情於聲色之追逐。其對唐代社會狎妓
風氣的影響，雖不能獨責，卻仍免不了要擔下幾項責任，包括：

第一，刻意擴大宮妓組織，滿足個人狎邪情欲。高祖武德年間所置內教
坊，本是按習雅樂之所，玄宗因精通音律又愛好俗樂百戲，遂刻意以「太常
禮司，不宜典俳優雜伎」為由，〔註15〕另於宮外成立左、右教坊，以訓練宮

---

〔註13〕見《通典》卷七〈食貨·七〉，頁 41 欄中。
〔註14〕見《杜詩詳注》卷之十三，頁 1163。
〔註15〕參《教坊記·序》。

廷妓樂爲主供其個人耳目之娛，規模之龐大超越太常寺，史文中屢屢敘及他
與宮妓相狎之事，如：

> 明皇與貴妃每至酒酣，使妃子統宮妓百餘人，帝統小中貴百餘人，
> 排兩陣於掖庭中，目爲「風流陣」，以霞披錦帳張之爲旗幟，攻擊相
> 鬥，敗者罰之，巨觥以戲笑。〔註16〕

> 玄宗御勤政樓，大張樂，羅列百妓……玄宗與貴妃諸嬪御歡笑移時，
> 聲聞於外。〔註17〕

安史之亂後，這些爲數眾多的教坊宮妓四散流離，除適人爲妾外，多數在民
間以出賣色藝維生，這對中晚唐時妓館之蓬勃發展、妓女數量之急遽增加，
關係相當密切。可以說是這一群玄宗時期培訓的教坊宮妓，提升了唐代妓女
的水準，卻也因此而使唐人視狎妓爲賞心樂事，而使此一風向趨於全盛。

第二，放縱臣下蓄妓聲娛，助長士人狎妓風氣。唐代律令中，對於宿娼
狎妓之事，不像後世訂有明確之處罰規定，而這也成爲唐代士人狎妓肆無忌
憚之一因。尤有甚者，玄宗時代對此還曾大加提倡，例如他將中宗時「三品
以上聽有女樂一部，五品以上女樂不過三人」的限制，〔註18〕大幅放寬爲「五
品以上正員清官、諸道節度使及太守等，並聽當家蓄絲竹，以展歡娛，行樂
盛時覃及中外」。〔註19〕除此之外，玄宗也好以妓樂賜臣下，如對李林甫曾賜
「女樂二部」，〔註20〕而據李德裕《次柳氏舊聞》載：

> 肅宗在東宮，爲李林甫所搆，幾危者數矣！無何，鬢髮斑白，常早
> 朝，上見之愀然曰：「汝第歸院，吾當幸汝矣！」及上至，見宮中庭
> 宇不灑掃而樂器久屏，塵埃積其間，左右使用無有妓女，上爲之動
> 色……即詔（高）力士下京兆尹，亟選民間女子，頎長潔白者五人，
> 將以賜太子，……（按：後爲免民間囂然）使力士召掖庭令，按籍
> 閱視，得三人，乃以賜太子。

鼓舞臣子狎遊妓樂，或有攏絡之意，然太子乃國之儲君，本應嚴加約束，毋
使沉緬於妓樂，玄宗皇帝卻反其道而行，見太子左右無妓女，就急於爲其物
色合適之女子以爲奉侍，此與太宗誅殺太子身旁樂人之事相較，二君治國心

---

〔註16〕見《開元天寶遺事‧風流陣》條。
〔註17〕見《明皇雜錄》卷上。
〔註18〕參《唐會要》卷三十四〈論樂‧雜錄〉條，中宗神龍二年九月敕，頁733。
〔註19〕見同上註，天寶十載九月二日敕文，頁735。
〔註20〕參《舊唐書》卷一〇六〈李林甫傳〉，頁3238。

態之差異立時可見。

第三，好與臣民酺宴同歡，帶動社會淫逸靡風。玄宗除大肆提升本身聲色之娛外，其作爲中影響及當時社會最鉅者，當是他經常與臣民讌樂狂歡，如《資治通鑑》云：

> 上自選諸司長官有聲望者大理卿源光裕、尚書左丞楊承令、兵部侍郎寇泚等十一人爲刺史，命宰相、諸王及諸司長官、臺郎、御使餞於洛濱，供張甚盛，賜以御膳，太常具樂，內坊歌妓（胡三省注：內坊，內教坊也，即開元二年選置宜春院之妓女），上自書十韻詩以贈之。〔註21〕

> （開元十八年春）二月癸酉，初令百官於春月旬休，選勝尋樂（胡三省注：令尋賞勝地行遊而宴樂也）……上或御花萼樓邀其歸騎留飲，迭使起舞，盡歡而去。〔註22〕

另外在《冊府元龜》中也記有不少玄宗與臣子尋勝讌樂之事跡。〔註23〕非但如此，玄宗更常大開酺宴與百姓同歡，有時甚至要求地方官吏暫捨正務，專程趕來與其同樂，譬如：

> 唐玄宗在東洛，大酺於五鳳樓下，命三百里（內）縣令、刺史率其聲樂來赴闕者，或謂令較其勝負而賞罰焉。……每賜宴設酺會，則上御勤政樓……府、縣、教坊，大陳山車旱船，……又令宮女數百，飾以珠翠，衣以錦繡，自帷中出……每正月望夜，又御勤政樓，觀作樂，貴臣戚里，官設看樓，夜闌，即遣宮女於樓前歌舞以娛之。
> 〔註24〕

除不定期的酺宴外，玄宗也常在特定的紀念日，如上巳節、千秋節（玄宗生日）等宴賜臣民、妓樂同歡，譬如：

> （開元）二十四年，……八月壬子千秋節，帝御廣達樓宴群臣，奏九部樂，內出舞人、繩妓，頒賜有差……又召京兆父老等宴之，敕曰：「今茲節日，穀稼有成，頃年以來，不及今歲，百姓既足，朕實多歡，故於此時與父老同宴，自朝及野，福慶同之，並宜作食。」

---

〔註21〕見卷二一二〈唐紀二十八・玄宗開元十三年春二月乙亥〉條，頁6763。
〔註22〕見卷二一三〈唐紀二十九・玄宗開元十八年春二月癸酉〉條，頁6789。
〔註23〕參該書卷一一〇〈帝王部・宴享二〉有關玄宗諸條記載，頁1310～1311。
〔註24〕見《明皇雜錄》卷下。

　　食訖，樂飲兼賜少物，宴訖領取。〔註25〕

盛唐詩人目睹這些歡娛場面，描述妓樂之盛的詩句，更是紛紛出籠。如王維有「畫鷁移仙妓，金貂列上公」、「仙妓來金殿，都人遶玉堂」之句，〔註26〕王諲有「走馬入紅塵，妓雜歌偏勝」之詠。〔註27〕而這種動輒通霄達旦狂歡作樂的宴遊，自然對社會風氣容易造成某些負面影響，例如前述在洛陽五鳳樓的酺宴，即因「觀者諠隘，樂不得奏，金吾白梃如雨，不能遏，上患之。」〔註28〕最後仰仗一向執法嚴苛著稱的河南丞嚴安之以死相脅，才得以無人敢犯。另外一次在長安「賜大酺於勤政樓，觀者數千萬眾，諠譁聚語，莫得聞魚龍百戲之音。上怒，欲罷宴。」〔註29〕而這回被請出來緩和場面的，竟是籍於宜春院的宮妓許永新。

　　愚見以為，在歸納玄宗諸多影響唐人狎妓風尚的因素中，尤以第三項最值注意。因前二項因素影響所及，至多只是上流社會的文士與官吏，但好與百姓同樂卻直接影響及中下層民眾，酺宴時水陸飲食消費龐大，都城上下擾攘不安，喧天妓樂又容易引起一般人學習與模仿。君之所尚，下必效之，時常舉辦此類活動，對社會治安、純樸民心等均易帶來負作用，特別是容易養成舉國奢靡好侈及宴遊聲樂的不良風氣，關乎此，玄宗實難辭其咎也。

　　安史亂後，唐朝國力雖漸走下坡，但帝王追逐逸樂的興致卻未有稍減。肅、代二宗因忙於安史亂事的弭平與復建，較少見大型宴樂之舉。但到德宗朝時，因國勢粗安，民力稍復，遊宴風氣又起。德宗承襲玄宗的政策，在貞元四年九月下詔曰：「……今方隅無事，烝庶小康，其正月晦日、三月三日、九月九日三節日，宜任文武百僚選勝地追賞為樂。」〔註30〕又於貞元六年四月詔曰：「……登朝官有暇日遊宴者，令京兆尹不須聞奏。」〔註31〕又訂其誕辰（二月一日）為中和節，「以代正月晦日，備三令節數，內外旬官休假一日」，

〔註25〕參《冊府元龜》卷一一○〈帝王部・宴享二〉，頁1310欄下。

〔註26〕前引句見〈奉和聖製上巳於望春亭觀禊飲應制〉（《全唐詩》卷一二七頁1285），後引句見〈奉和聖製十五夜燃燈繼以酺宴應制〉（《全唐詩》卷一二七頁1286）

〔註27〕見〈十五夜觀燈〉，《全唐詩》卷一四五，頁1471。

〔註28〕見《資治通鑑》卷二一四〈唐紀三十・玄宗開元二十三年春正月乙亥〉條，頁6810。

〔註29〕見《樂府雜錄・歌》條。

〔註30〕見《舊唐書》卷十三〈德宗紀下〉，頁366。

〔註31〕見《冊府元龜》卷一一○〈帝王部・宴享二〉，頁1314。

以表普天同慶之意。〔註32〕唐代的曲江宴遊風尚也在德宗朝達到極盛，僅就
《舊唐書‧德宗記》計，其在位二十六年間，總共在曲江賜宴達十一次之多，
頻數之繁居中晚唐諸帝之首。並曾多次在麟德殿及馬璘山池宴賜群臣，其盛
況是「初奏破陣樂，奏九部樂，及宮中歌舞妓十數人列於庭」。〔註33〕其縱逸
之荒誕，連時爲太子的順宗也有所諷勸，史云：

> 後賜宴魚藻宮，張水嬉綵艦，宮人爲櫂歌，眾樂間發，德宗驩甚，
> 顧太子曰：「今日如何？」太子誦詩「好樂無荒」以爲對。〔註34〕

順宗對德宗的直言無諱，正可與李肇《國史補》卷下所謂「貞元之風尚蕩」、
「長安風俗，自貞元侈於遊宴」相映照，說明德宗之於中唐狎妓風氣之大盛，
似乎不能無責。

　　憲宗朝號稱中興，國家傾全力於勦討跋扈的藩鎮將帥，宴遊逸樂之風稍
戢。至穆宗時則又故態復萌，穆宗本人行事即甚爲放蕩，曾「以玄綃白書、
素紗墨書爲衣服，賜承幸宮人，皆淫鄙之詞，時號『諢衣』，至廣明中，猶有
存者」。〔註35〕我們也可從穆宗與朝臣時的一段對話，來考察長慶年間社會風
氣之概況：

> （長慶元年二月）丙子，上觀雜伎樂於麟德殿，歡甚，顧謂給事中
> 丁公著曰：「比聞外間公卿士庶時爲歡宴，蓋時和民安，甚慰予心。」
> 公著對曰：「誠有此事。然臣之愚見，風俗如此，亦不足嘉。百司庶
> 務，漸恐勞煩聖慮。」上曰：「何至於是？」對曰：「……國家自天
> 寶已後，風俗奢靡，宴席以謔譁沉緬爲樂，而居重位、秉大權者，
> 優雜倨肆於公吏之間，曾無愧恥。公私相效，漸以成俗，由是物務
> 多廢……陛下宜頒訓令，禁其過差，則天下幸甚。」時上荒於酒樂，
> 公著因對諷之。〔註36〕

丁公著在當時是屬於少見的「終身無妓妾聲樂之好」，〔註37〕的正直官員，他
對穆宗的勸諷，一方面隱喻穆宗本人的縱欲無當，二方面則彰顯出唐代自天
寶迄長慶間社會奢靡淫逸風氣，對於國家吏治與朝廷官員的腐蝕，已經到了

〔註32〕參《舊唐書》卷十三〈德宗紀下〉，頁367。
〔註33〕參《舊唐書》卷十三〈德宗紀下〉，頁387。
〔註34〕見《新唐書》卷七〈順宗紀〉，頁205。
〔註35〕參《雲仙雜記》卷七〈諢衣〉條，頁155，注引自《史諱錄》。
〔註36〕見《舊唐書》卷十六〈穆宗紀〉，頁485～486。
〔註37〕參《舊唐書》卷一八八〈丁公著傳〉，頁4937。

令有識之士憂心忡忡的地步。繼穆宗之後的敬宗，在位雖僅兩年，卻是唐史上有名的荒淫之君，他曾因教坊樂伎與殿中侍御史王源植在街頭發生糾紛，竟不明就裏地將王源植貶爲司馬，又曾御宣和殿賜食宮妓內人親屬千餘人，並好「觀兩軍、教坊、內園分朋驢鞠、角抵，戲酣，有碎首折臂者，至一更二更方罷。」〔註38〕最後終因逸樂過度，而在一次「打夜狐」返宮時，爲宦官弑殺身亡。

被人評爲「有帝王之道而無帝王之才」〔註39〕的唐文宗繼位後，力改敬宗朝政之弊，並曾多次放歸音聲女妓，以表勤政之意。〔註40〕可惜終在「甘露之變」誅除逆宦不成後功虧一簣，又踏上前人覆轍，一面發動神策軍修淘曲江池，準備重振德宗朝時曲江遊賞之樂，一面又「留神妓樂，教坊百人、二百人，選試未已。」〔註41〕而唐武宗雖在勘討藩鎮的武功上略有建樹，但狎邪一事仍不能免，甚至還下詔到盛產佳麗的江南選妓：

> 武宗數幸教坊作樂，優倡雜進，酒酣作技，諧謔如民間宴席，上甚
> 悅，諫官奏疏，乃不復出，遂召倡優入，敕內人習之，宦者請令揚
> 州選擇妓女，詔揚州監軍，取解酒令妓女十人進入。〔註42〕

揚州取妓一事後來雖在淮南節度使杜悰的力諫下收回成命，但不難理解中唐以後「南妓」的興起確有凌駕北方的態勢。

在晚唐諸帝中，人稱「小太宗」的唐宣宗，可說是唐帝中既有文治又好風流的一位代表：

> 帝雅好儒士，留心貢舉。有時微行人間，採聽輿論，以觀選士之得
> 失。……當時以大中之政有貞觀之風焉。又敕：「自今進士放傍後，
> 杏園任依舊宴集，有司不得禁制。」武宗好巡遊，故曲江亭禁人宴
> 聚故也。〔註43〕

---

〔註38〕以上事例請參《舊唐書》卷十七上〈敬宗紀〉，頁518～520。

〔註39〕見《舊唐書》卷十七下〈文宗紀下〉史臣曰語，頁580。

〔註40〕如《舊唐書》卷十七上〈文宗紀上〉載「（寶曆二年十二月）己酉，敕鳳翔、淮南先進女樂二十四人，並放歸本道。」（頁523），同年同月庚申又詔曰「……今年已來，諸道所進音聲女人，各賜束帛放還。」（頁524），又同書同卷「（開成二年）三月甲子朔，內出音聲女妓四十八人，令歸家。」（頁568）。

〔註41〕參《舊唐書》卷一七六〈魏謨傳〉，頁4567。

〔註42〕見《唐語林》卷三〈方正〉條，頁63，另可見《新唐書》卷一六六〈杜悰傳〉中亦云「武宗詔揚州參軍取倡家女十七人進禁中」（頁5091）。

〔註43〕見《舊唐書》卷十八下〈宣宗紀〉，頁617。

宣宗是一位作風獨特的帝王，他欽羨太宗所開創的貞觀盛世，因此在施政上處處以貞觀之政爲榜樣，太宗以進士考試誘使天下英雄進入其彀中，而宣宗則對進士舉人百般優寵，賦予其極高的社會地位。連曾被武宗下令禁止的進士可園宴，他也予以恢復。作於僖宗中和年間的娼妓專著《北里志》序文說：「自大中皇帝好儒術，特重科第，……上往往微服長安中，逢舉子則狎而與之語。」雖未言及宣宗本人是否曾到妓館狎遊，但平康妓坊乃中晚唐進士出入最頻繁的公共場所之一，宣宗微服出巡而與舉子狎語，內容恐難不涉及狎妓冶遊之事，宣宗既知而默許，顯然也不認爲狎妓於舉人道德有何大礙，如此進士狎妓自然更加肆無忌憚，無怪乎晚唐妓業會趨於大盛。

　　整體而言，唐代諸帝中，對社會狎妓風尙影響最深遠者，當推玄宗、德宗與宣宗三帝，他們分別扮演著帶頭、復起與推波助瀾的角色，把唐代的狎邪風氣由萌芽推至茁壯，最後風靡整個社會。這雖然是時代環境有以致之，但也受帝王本身個性影響，帝王乃一國之君，原本應在道德規範上作全民的表率，而唐代諸帝德行竟是如此，這大概也是爲何終唐之世，皆未有任何處份官員狎妓法令的原因所在。所謂君子之德如風，小人之德如草，國君如此，莫怪乎眾多王公貴族與富商豪賈，要如風上之草般隨之俯仰矣！

　　有唐諸帝好遊聲色，其下的王公貴臣以及地方官員，自然有樣學樣。除了投君所好、上貢妓樂以求進身之階外，更不會放過個人享樂的機會，其事不待中晚唐，自唐初即然。高祖李淵的幾個兄弟親王，均頗好聲色之娛，如河間王李孝恭「性豪奢，重遊宴，歌姬舞女百有餘人」，〔註44〕他還曾在夜宴飲酒時，命女妓當席謳歌助興，每唱一曲賞金牌一面，席終時諸妓皆金牌盈座，〔註45〕其奢靡如此。又如隴西王李博乂「有妓妾數百人，皆衣羅綺，食必粱肉，朝夕弦歌自娛，驕侈無比。」〔註46〕另外一位與太宗一起打天下而位極人臣的李勣，老時有病未肯就，「忽謂（其弟）弼曰：『我似得小差，可置酒以申宴樂。』於是堂上奏女妓，簷下列子孫。」〔註47〕顯然是把欣賞妓樂歌舞與膝下子孫滿堂，同視爲人生雖死無憾的兩大樂事。不過，唐初由於太宗君臣勵精圖治，聲色之好均能有所節制，狎妓到底只是少數人的個別行

---

〔註44〕見《舊唐書》卷六十〈宗室・李孝恭傳〉，頁2349。

〔註45〕參《雲仙雜記》卷五〈金牌盈座〉條，頁102，注引自《豐盈傳》。

〔註46〕見同註44〈宗室・李博乂傳〉，頁2357。

〔註47〕見《舊唐書》卷六十七〈李勣傳〉，頁2489。

爲，並未形成普遍的社會風氣。

　　待至盛唐時期，由於整個社會經濟大環境的變遷，以及玄宗本人的放縱，王公大臣們狎妓冶遊遂成常事。在宗室方面，如玄宗對「五王」最稱友愛，任其建豪宅、縱聲色，狎妓冶遊，不絕於歲月，雖有人稱其「天下友悌，近世無比」。〔註48〕但玄宗的眞正用心其實是希望「專以聲色蓄養娛樂之，不任以職事」，〔註49〕讓他們鎭日在聲色犬馬中追逐，減消其謀圖大位的野心。五王本身也心知肚明，樂得終日狎邪取樂：

　　寧王（李憲）好聲色，有人獻燭百炬，似臘而膩，似脂而硬，不知何物所造也。每至夜宴，賓妓間坐，酒酣作狂，其燭則昏昏然如物所掩，罷則復明矣，莫測其怪。（《開元天寶遺事・妖燭》條）

　　歧王（李範）少惑女色，每至冬寒，手冷不近於火，惟於妙妓懷中，揣其肌膚，稱爲「暖手」。（同上〈香肌暖手〉條）

　　申王（李撝）每醉，即使宮妓將錦綵結一兜子，令宮妓輦抬昇歸寢室，本宮呼曰「醉輿」。（同上〈醉輿〉條）

　　申王每至冬月，有風雪苦寒之際，使宮妓圍於坐側以禦寒氣，自呼爲「妓圍」。（同上〈妓圍〉條）

猶有甚者，有時玩弄宮中女妓尚嫌不足，還向民間尋求狎邪的對象，挾仗其親王的特權，強奪良家婦女爲寵妓，如：

　　寧王曼貴盛，寵妓數十人，皆絕藝上色，宅左有賣餅者妻，纖白明媚，王一見注目，厚遺其夫取之，寵惜逾等。環歲，因問之：「汝復憶餅師否？」默然不對，王召餅師使見之，其妻注視，雙淚垂頰，若不勝情。〔註50〕

凡事太過則禍至，所謂多行不義必自斃，玄宗放任五王縱情逸樂，導致五王肆無忌憚地追求聲色之娛，結果五王多非終壽而亡，〔註51〕其不能長壽之原

〔註48〕見《冊府元龜》卷四十七〈帝王部・友愛〉條，頁534欄上。
〔註49〕見《資治通鑑》卷二一一〈唐紀二十七・玄宗開元二年五月己酉〉條，頁6701。
〔註50〕見《本事詩・情感第一》，此處所謂「寧王曼」應有誤，因據《舊唐書》卷九十五〈睿宗諸子・讓皇帝李憲傳〉（頁3009〜3011）及《新唐書》卷八十一〈三宗諸子・讓皇帝李憲傳〉（頁3596〜3599）載，寧王史稱「讓皇帝」，爲玄宗諸兄弟中最年長者，本名李成器，後改名李憲，封寧王，是知寧王當名憲，非曼也。
〔註51〕據上註《舊唐書》卷九十五及《新唐書》卷八十一所載五王本傳云，除最年

因雖難確知，但若參以《開元天寶遺事》諸條相關記載來推斷，當與過度狎妓冶遊以致傷身不無關係。這對力求表現友愛以炫世的玄宗而言，無疑是一大諷刺，而對五王而言，則是縱欲過度所必須付出的代價。

親王之外，朝中大臣也在玄宗的鼓舞下，競相狎妓爲樂，如李林甫「晚年溺於聲妓，姬侍盈房」。〔註52〕另一權臣楊國忠在得勢前即娶蜀倡裴柔爲妻，足見其年少時也常狎遊倡肆，當權後與貴妃姊虢國夫人間的穢聲穢聞，更令當時人爲之「駭歎」。〔註53〕他也曾在冬季酷寒之際，選婢妾中身形肥大者爲其遮風，自喻爲「肉陣」，〔註54〕殆可與申王的「妓圍」相比評。除此二人，另如文翰俱美、人稱「霹靂手」的裴漼，「久居清要，頗飾妓妾，後庭有綺羅之愛，由是爲時論所譏。」〔註55〕天寶年間身兼廿餘使的權臣王鉷之子王準，倚仗其父權勢，常得地方官吏奉承聲色，如「萬年尉韋黃裳、長安尉賈季鄰常於廳事貯錢數百繩，名倡珍饌，常有備擬，以候準所適。又於宅側自有追歡之所。」〔註56〕所謂「追歡之所」，不言可喻自是狎邪之處矣！

朝中大臣如此，一般的地方官員更是天高皇帝遠，視狎邪若無事，如王琚：

> 侍兒二十人，皆居寶帳，……雖居州伯，與佐官、胥吏、酋豪連榻飲謔，或樗蒱、藏鉤以爲樂。每移一州，車馬塡路，數里不絕，攜妓從禽，恣爲歡賞，垂四十年矣！〔註57〕

又如邠王李守禮，在玄宗開元年間，「歷號、隴等六州刺史，唯弋獵妓樂飲謔而已……貪淫縱欲，不脩風教」。〔註58〕刺史乃所以察地方風教者，而像王琚、李守禮這樣的地方官，本身行爲即令人訾議，又如何能治理一州之務？

---

幼之隋王李隆悌早卒外，寧王李憲最爲年長且最長壽，他在開元二十九年（西元741年）死時年六十三，申王李撝卒於開元十二年（西元724年），歧王李範卒於開元十四年（西元726年），死時當年不滿半百，薛王李業死於開元二十二年（西元734年），大概也不過才五十出頭歲。

〔註52〕見《舊唐書》卷一〇六，〈李林甫傳〉，頁3241。
〔註53〕參《舊唐書》卷一〇六〈楊國忠傳〉，頁3245。
〔註54〕參《開元天寶遺事·肉陣》條。
〔註55〕《舊唐書》卷一百〈裴漼傳〉，頁3129。
〔註56〕見《舊唐書》卷一〇五〈王鉷傳〉，頁3230。
〔註57〕見《舊唐書》卷一〇六〈王琚傳〉，頁3251。
〔註58〕見《冊府元龜》卷二九八〈宗室部·耽溺〉條，頁3508欄上。

但他們卻在玄宗的縱容下，一個任刺史長達四十年之久，一個歷任六州刺史，對於地方士庶，自然帶來極負面之影響，盛唐政治之漸走下坡，其狀於此可徵。狎邪風氣一旦養成，即使到國家危亡之秋，一時間仍不易革除，史云：

> 祿山之亂……（高）適自駱谷西馳……謁見玄宗，因陳潼關敗亡之
> 勢曰：「……監軍李大宜與將士約爲香火，使倡婦彈箜篌、琵琶以相
> 娛樂，樗蒲飲酒，不恤軍務……」〔註59〕

安祿山之亂本起自玄宗對藩將之放縱，而潼關之敗則註定亂事不能速平，且導致長安失守、帝駕西奔及楊貴妃縊死馬嵬坡等一連串悲劇，而這實是玄宗平日縱容下屬狎遊後的自食惡果。

中唐之後，雖然朝中政事日非，但經濟仍有持續的發展，各大城市中妓業漸次成型，而朝中大臣蓄妓樂爲樂更成爲普遍風氣，如：

> （杜）佑城南樊川有佳林亭，卉木幽邃，佑每與公卿讌集其間，廣
> 陳妓樂。〔註60〕

> （王）鐸以上臺元老，功蓋群后（疑爲臣字之誤）行則肩輿，妓女
> 夾侍。〔註61〕

> （段）文昌……出入將相，洎二十年，其服飾玩好，歌童妓女，苟
> 悅於心，無所愛惜。〔註62〕

杜、王、段三人均爲中晚唐的朝廷重臣，但爲政之餘亦不忘妓樂之歡娛。再如憲宗朝的中興名臣裴度，年少時也曾有北里狎遊之行，老時任東都留守更曾與白居易等一干官員攜妓遊賞洛水。〔註63〕至於在外地的藩鎮節度使、州刺史及縣令等，狎妓之事更是史不絕書，如平安史亂事的名將郭子儀，家中據傳有十院歌妓，〔註64〕數目自然非少。又如：

> 大曆末，吐蕃寇劍南，李晟領神策軍戍之，及旋師，以成都官妓高

〔註59〕見《舊唐書》卷一一一〈高適傳〉，頁3328～3329。
〔註60〕見《舊唐書》卷一四七〈杜佑傳〉，頁3981。
〔註61〕見《舊唐書》卷一六四〈王鐸傳〉，頁4285。
〔註62〕見《舊唐書》卷一六七〈段文昌傳〉，頁4369。
〔註63〕裴度年少狎邪事，見《唐摭言》卷三〈慈恩寺題名遊賞賦詠雜記〉條，頁30，
又與白居易等人攜妓遊洛水事見白居易〈三月三日祓禊洛濱〉詩序，《全唐詩》
卷四五六，頁5178，或參《白居易集》卷三十三頁757。
〔註64〕參裴鉶《傳奇·崑崙奴》條。

氏歸。〔註65〕

劉士寧（時任宣武軍節度使）……性忍暴淫亂，或彎弓挺刃，手殺人於杯案間，悉蒸父之妓妾，又強取人之婦女，好裸觀婦人。〔註66〕

（孟）叔度（時爲宣武軍判官）苛刻，多縱聲色，數至樂營與諸婦人嬉戲，自稱孟郎，眾皆薄之。〔註67〕

路侍中巖……鎮成都日，委執政於孔目吏邊咸，日以妓樂自隨。〔註68〕

中晚唐的地方節度使，乃朝廷委以方面之重臣，中央其實只有羈縻而乏實際制裁之力，況帝王親貴與朝中要員也紛以狎妓爲樂，地方官員自然會起而效法，甚至狎遊過之，官妓制度之盛於中晚唐，其因亦在此。其間雖然也有幾位正直官員，如田布、崔從〔註69〕及前文提及的丁公著等人，因出妓樂或家中無妓樂而受人稱道，但也只是鳳毛麟爪，無助於改善整個社會的狎妓風氣。在無法令明文限制下，單憑輿論的力量，終究是抵不過人心對情欲無止境的追求，大唐帝國也就在帝王權貴與地方官吏競相狎邪、政務不理的情況下，一步一步走向衰亡的命運！

# 第二節　城市經濟繁榮之推波助瀾

據全漢昇研究，唐代經濟在盛唐開元、天寶以前，仍主要屬於以物易物的自然經濟時期，至玄宗開、天年間，由於商業的發達及貨幣鑄造額的增加，貨幣經濟（或說是商品經濟）方起而代之。〔註70〕唐代的幾類妓女中，除宮妓係由朝廷供養外，私人蓄養的家妓、地方政府所有的官妓及供一般人狎冶的民妓，均需耗費蓄養者或狎客龐大的金錢與物質代價。即使是宮妓，其存在亦須視中央政府財政狀況之良窳而定，拮据的政府自然養不起太多的宮妓供應皇室娛樂。因此，可以說，若缺乏強大的經濟力在背後支撐，妓業極難有成長之憑藉，文人士子或達官顯宦，若需終日爲求溫飽而四處奔波，想必

---

〔註65〕見《舊唐書》卷一二九〈張延賞傳〉，頁3609。

〔註66〕見《舊唐書》卷一四五〈劉士寧傳〉，頁3933。

〔註67〕見《舊唐書》卷一四五〈陸長源傳〉，頁3938。

〔註68〕見《唐語林》卷四〈容止〉條，頁103。

〔註69〕田布出妓事見《唐語林》卷六〈補遺〉，頁176，崔從事見《舊唐書》卷一七七〈崔從傳〉，頁4579。

〔註70〕參氏著《中國經濟史研究》上冊第六章〈中古自然經濟〉，頁100～110。

也不會有充足的時間和財力去狎妓。由此看來，繁榮經濟所帶來的社會富庶與生活安逸，應是促成唐代狎妓風氣大盛的極重要背景因素。而商品經濟的繁盛又較容易表現在政治、文化重心或水陸交通便利的通都大邑，城市居民在坐擁巨額財產、生活安適之餘，往往飽暖思淫慾，將狎妓視爲人生風流雅事。爲求狎妓之樂，日擲千金不以爲意，因此唐代幾個著名的都會，遂成爲妓業發展的中心。其中尤以身兼政治、經濟與文化中心的首都長安，豔名最爲響亮，留下的相關記載也最多。其他大城如東都洛陽、國際大港揚州、南北水陸樞紐襄陽、西南經濟重心成都、以及江南的富庶勝地蘇州、杭州等地，也都不乏令人流連的風月場所。唐人的狎妓風流事蹟，就在繁榮經濟力的支撐下，不斷地在各地上演。

## 一、風流藪澤：長安

長安位居關中衝要之地，土地肥沃、氣候宜人，自古即爲歷朝都城所在，有道是「長安，古都會也，自周、秦、漢、魏已降，有國者多建邦於此，所以山川之形勝、宮室之佳勝、第宅之清勝、丘陵之名勝，爲天下最」，〔註71〕駱賓王〈帝京篇〉詩稱：

> 山河千里國，城闕九重門，不睹皇居壯，安知天子尊，皇居帝里
> 崤函谷，鶉野龍山侯甸服。五緯連影集星躔，八水分流橫地軸，
> 秦塞重關一百二，漢家離宮三十六，桂殿嶔岑對玉樓，椒房窈窕
> 連金屋，三條九陌麗城隈，萬戶千門平旦開，複道斜通鳷鵲觀，
> 交衢直指鳳凰臺，劍履南宮入，簪纓北闕來，聲名冠寰宇，文物
> 象昭回……〔註72〕

將長安的形勢壯麗與街坊盛況，描繪得歷歷如目。（參圖一）在這樣一個交通便利、人文薈萃的國際大都會，商業繁榮爲必然之事。尤其以作爲交易中心的東、西二市爲最，而當時女妓聚居、豔名遠播的平康坊，就與東市西北隅相鄰接，據五代王仁裕《開元天寶遺事·風流藪澤》條稱：

> 長安有平康坊，妓女所居之地，京都俠少，萃集於此，兼每年新進
> 士以紅箋名紙，遊謁其中，時人謂此坊爲「風流藪澤」。

---

〔註71〕參元代賈馘爲駱天驤《類編長安志》所作序文。
〔註72〕見《全唐詩》卷七十七，頁834。

圖一：長安城圖

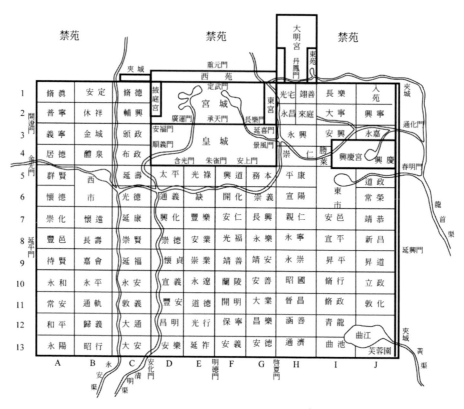

資料來源：取材自徐松《兩京城坊考‧圖》

依王仁裕所言，可以推知平康坊之所以能成爲長安的風流藪澤，應與兩個因素密切相關：

第一是平康坊的地理環境。平康坊東南與「佔盡長安繁華之半」〔註 73〕的東市爲鄰，東市中各種酒肆、販賣胡琴、錦繡以及雕版印刷書籍的商店櫛比林立，〔註74〕北側的崇仁坊，據宋敏求《長安志》卷八載：

> 與尚書選院最相近，又與東市相連，按選人京城無第宅者，多停憩此，因是一街輻湊，遂傾兩市，晝夜喧呼，燈火不絕，京中諸坊，莫與之比，大曆中設齋會，奏內坊音樂。

〔註73〕此乃日人石田幹之助語，見其所著《增訂長安の春》頁106，〈唐代風俗史抄‧長安歌妓（上）〉條。

〔註74〕參閱文儒、閻萬鈞合編《兩京城坊考補》卷三〈東市〉條閻文儒的增補意見，頁414～418。

因與尚書選院接近，所以旅宿於附近的應選士子必然眾多，各式各樣的商業活動也隨之展開，致能有「晝夜喧呼、燈火不絕」的繁榮盛況，這對相鄰的平康坊而言，自然具有相當大的感染力。尤其應選者往往會利用妓館，作為交結公卿或推銷自我的社交場所，有些自命風流者，還會在應選之前博求名妓以尋情色之歡，如〈霍小玉傳〉中的李益即其例，這都有助平康妓業的發達。至於平康坊西側的務本坊，乃國子監、孔廟、太學、四門學、律書算六學的所在地，眾多年輕學子在此出入，有旅舍及夜間經營的「鬼市」等，〔註75〕繁華自是當然。所謂「京都俠少」，其中自不乏來自務本坊的太學生，在這樣的經濟與人文環境薰陶下，平康坊成為長安著名的風化區，當是預料中事。

　　第二是每年應考的進士為平康坊帶來的充沛活力。有關唐代進士與妓女間的關係，將在本章第三節中作詳細討論，此處想先指出的是，平康坊之所以能深受進士青睞，與其靠近禮部南院不無關係，據宋敏求《長安志》卷七言：

> 承天門街之東第五橫街之北從西第一左領軍衛……次東左威衛……
> 次東吏部選院（原注：以在尚書省之南，亦曰吏部南院，選人看榜
> 之所也。）次東禮部南院（原注：四方貢舉人都會之所也。）

五代王定保《唐摭言》中也說：

> 南院放榜（原注略），張榜牆乃院東牆也……元和六年，為監生郭東
> 里決破棘籬（原注：籬在垣牆之下，南院正門外亦有之）坼裂文榜。

〔註76〕

參以圖二，可知吏部選院與禮部南院相鄰，是吏部銓試、看榜名的所在，進士放榜則在南院東牆，〔註77〕憲宗時還發生過有人推倒用以隔離看榜人與榜單間棘籬笆的意外事件，進士放榜時的盛況可知。每年為數眾多的應考進士與應選士吏，在考試、放榜之餘，無論得意失意，出了安上門，離開皇城之後，平康坊以近水樓臺之故，成為得意者狂歡慶祝的所在，也成為失意者療傷撫痛的溫柔仙鄉。正是這群文人士子、風流進士，造就了平康坊妓業的盛極一時。

---

〔註75〕參《長安志》卷七〈務本坊〉條。
〔註76〕見該書卷十五〈雜記〉條，頁159～160。
〔註77〕據研究，明經放榜應該也在同一地點，請參傅璇琮《唐代科舉與文學》第十一章〈進士放榜與宴集〉，頁303。

平康妓坊的所在地，據《北里志・海論三曲中事》條云：「平康里，入北門，東回三曲，即諸妓所居之聚也」，〔註78〕三曲者，北曲、中曲與南曲也，但這可能只是平康妓館較爲集中的三條巷弄，並非全坊僅此三曲有妓。例如〈李娃傳〉中敘鄭生「嘗遊東市還，自平康東門入，將訪友於西南，至鳴珂曲」而與與倡女李娃相逢於其宅，足見鳴珂曲亦有女妓營業。而以長安城之繁華富裕，狎妓之所自然也不限於平康一坊，其他史料中尚可見者有：

（1）勝業坊。其著例是〈霍小玉傳〉中小玉家即住勝業坊古寺曲，按勝業坊左側及南側分別是繁華的崇仁坊與東市，其東側的興慶坊則是玄宗時期所建宴遊勝地興慶宮的所在地。唐朝歷任帝王都曾在其坊西南的勤政樓、花萼樓宴會群臣，或大開酺宴與民同樂，每逢節慶時的大型歌舞表演，經常會造成附近萬人空巷、途爲之塞，如此的外圍環境實與平康坊不相上下，妓女選擇在此營業自非異事。

### 圖二：長安皇城圖

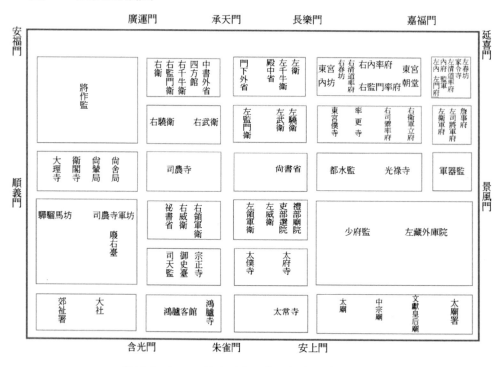

資料來源：取材自徐松《兩京城坊考・圖》

〔註78〕有關平康妓曲之內外部環境考釋，請參本文第三章第三節。

（2）靖恭坊。據段成式《酉陽雜俎》前集卷十二言：「某（太僕卿周皓自稱）少年常結豪族為花卿之遊，……時靖恭坊有姬，字夜來，稚齒巧笑，歌舞絕倫，貴公子破產迎之。」（頁 116）是知靖恭坊有妓館。按此坊西北側即東市，西側安邑坊乃李娃在詐騙鄭生後新遷居的住所，〔註79〕可能也是妓曲所在，而靖恭坊南側的新昌坊，乃〈霍小玉傳〉中男主角李益在長安的投宿之地，以其「自矜風調，思得佳偶、博求名妓」之心態來看，若非新昌坊本身有妓曲，則當是受靖恭坊妓曲所吸引，希望能在此尋得心儀佳人，難怪周皓會在少時常來此作花柳之遊。

由以上論述觀之，若再參以圖三可以看出，史料上明載有妓女營業的平康、勝業、靖恭及安邑四坊，其位置均與長安的商業重心——東市相臨，且呈環繞形狀。鄙見以為此種現象應非純粹巧合所致，蓋民妓之經營非如宮妓或官妓，有其固定財稅收入可為因應，私人蓄養家妓也或可仰其祖產庇蔭，但民妓要求生存則無此僥倖。因此東市發達的商業活動所帶來的大量客源與財源，遂為鄰近地區的妓業經營提供了充足的經濟支撐力，再加上年輕士子出入於此，好以狎妓為風雅，才使諸坊的妓業得以發展。這種因商業繁盛而帶動京城妓業發達的情形，也可從唐人的詩句中略窺一二：

> 旗亭百隧開新市，甲第千甍分戚里……銀鞍繡轂盛繁華，可憐今夜宿倡家……〔註80〕

寫的是富貴子弟的狎妓風流。又如：

> 長安大道連狹斜，青牛白馬七香車，玉輦縱橫過主第，金鞭絡繹向侯家……共宿娼家桃李蹊，娼家日暮紫羅裙，南陌北堂連北里，五劇三條控三市……羅襦寶帶為君解，燕歌趙舞為君開……〔註81〕

詩中所謂「長安大道」乃指平康坊北與崇仁坊間，西起金光門、東至春明門的橫街（參圖一），與長安城的中心街道朱雀門大街呈丁字形垂直交叉，為長安通城外各地的交通要道，人車往來十分頻繁，附近旅館驛站林立，而「狹斜」所指正是平康坊的曲弄。

〔註79〕 參〈李娃傳〉云：「（鄭生）以乞食為事，……至安邑東門，循理垣北轉第七八，有一門獨啟左扉，即娃之第也。」，由此頗令人懷疑安邑坊亦有妓曲。
〔註80〕 見王勃〈臨高臺〉，《全唐詩》卷五十五，頁 672。
〔註81〕 盧照鄰〈長安古意〉，見《全唐詩》卷四十一，頁 519。

## 圖三：長安妓館分佈圖

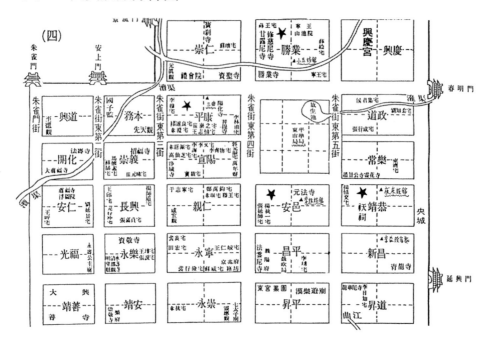

資料來源：取材自平岡武夫《唐代的長安與洛陽‧地圖》
圖版九，其中加★號者，為史料中妓館所在地

在「飽暖思淫慾」的心態影響下，住在長安的達官顯貴及富豪之家，或自蓄家妓，或冶遊妓曲，皆成為極普遍的風氣。其為官者如韋陟：

> 性侈縱，喜飾服馬，侍兒閻童列左右常數十，侔於王宮主第。窮於饌羞，擇膏腴地薪穀麥，以鳥羽擇米，每視庖中所棄，其直猶不減萬錢……常以五彩箋為書記，使侍妾主之，其裁答受意而已。〔註82〕

另有記載說「韋陟家宴，使每婢執一燭，四面行立，人呼為『燭圍』」，〔註83〕如此豪奢，真可與申王李撝的「妓圍」、楊國忠的「肉陣」相互媲美。又如：

> 周光祿諸妓，掠鬢用鬱金油，傅面用龍消粉，染衣以沉香水，月終，人賞金鳳凰一隻。〔註84〕

用如此名貴之化妝品，除心態上之驕侈外，當然也要有足夠的經濟能力才得

---

〔註82〕見《新唐書》卷一二二〈韋陟傳〉，頁4353。
〔註83〕參《雲仙雜記》卷五〈燭圍〉條，頁101，注引自《長安後記》。
〔註84〕見《雲仙雜記》卷一〈金鳳凰〉條，頁21，注引自《傳芳略記》。

以支應，而朝廷官員的奢華，連帶也影響到長安的富貴人家紛紛起而效尤：

> 長安富家子劉逸、李開、衛曠，家世巨豪……每至暑伏中，各於林亭內植畫柱，以錦綺結爲涼棚，設坐具，召長安名妓間坐，遞相延請，爲避暑之會，時人無不愛慕。（《開元天寶遺事·結棚避暑》條）

> 楊國忠子弟，恃妃族之貴，極於奢侈，每遊春之際，以大車結采帛爲樓，載女樂數十人，自私第聲樂前引，出遊圍圃中，長安豪民貴族皆效之。（同上〈樓車載樂〉條）

這些富家子弟挾妓冶遊固屬平常之事，但吾人應注意者爲，所謂「時人無不愛慕」、「豪民貴族皆效之」，其所透露出的訊息則是，豪官巨富們的狎邪行徑並非僅是個人行爲，因其位處社會上層，所作所爲極易引起一般人的注目甚至模仿學習，導致整個社會只要經濟能力許可者，莫不以狎遊爲樂。人民耗費在不具生產價值的狎妓消費一多，對社會其他生產事業可能產生不利影響，甚至波及日常生活。例如前引《酉陽雜俎》文中周皓說道有人爲狎名妓夜來而破產者，又如睦州刺史柳齊物，爲求長安名倡嬌陳，竟付出「錦帳三十重」以爲聘禮，堪稱大手筆。〔註85〕事實上，在唐代狎妓消費極其高昂，非家庭富足者根本無力負擔，據儲光羲的〈長安道〉詩云：

> 鳴鞭過酒肆，袨服遊倡門，百萬一時盡，含情無片言。〔註86〕

儲氏是玄宗時人，當時一品官的月俸不過三萬文，〔註87〕而豪家子弟狎遊倡門一次所需竟高達百萬，這自然需要有極厚實的經濟背景者方堪以支撐。在《北里志》中有能力對妓女進行買斷專寵者，也多是有錢的富豪之家，如〈楊萊兒〉條：「萊兒離亂前有闌闠豪家以金帛聘之，置於他所」、〈王團兒〉條云：「宣陽（坊）綵繒鋪張言……即宜之（王福娘）所主也」，而〈張住住〉條中買斷住住的陳小鳳即「平康富家」。可見一般人若想狎妓，先決條件是經濟能力必須豐實。在任何一個時代，狎妓均屬高消費額的聲色娛樂，誠如李商隱《義山雜纂·必不來》條所謂「窮措大喚妓女──必不來」之俚語，不是一個經濟消條的社會或貧窮人家所能承受者，因此唐代妓女的勃興，自然與社

〔註85〕見《因話錄》卷一〈宮部〉條，又見《唐語林》卷四〈賢媛〉條，頁118。

〔註86〕見《全唐詩》卷一三九，頁1418。

〔註87〕據《資治通鑑》卷二二五〈唐紀四十一·代宗大曆十二年四月己酉〉條，胡三省引《唐會要》所作注文云：「開元二十四年，敕百官料錢宜合爲一色，都以月俸爲名，各據本官，隨月給付：一品三十千，……九品一千九百一十七」（頁7243）

會經濟的繁榮富庶關係密切。

經濟繁榮、生活富裕之後，常會帶來另外兩個效應，一是人們對節日慶典的重視，一是對名勝遊覽等育樂活動的參與熱衷。長安為唐代全國首善之區，各種官方與民間的慶典、聚宴繁多，而著名的風景區則有曲江池、芙蓉園等，使得這兩個經濟繁榮後所導致的娛樂效應，在長安城得以充份揮發，進一步促進狎妓風氣的盛行。

唐代的正式節日繁多，幾乎平均隔十五天就有一種節日，〔註 88〕其他非正式者尚不在此計。其中正月十五上元節是頗受當時人重視者，長安城朝野上下莫不以妓樂徹夜狂歡慶祝：

> 千門開鎖萬燈明，正月中旬動帝京，三百內人連袖舞，一時天上著詞聲。〔註 89〕

> 暫得金吾夜，通看火樹春，停車旁明月，走馬入紅塵，妓雜歌偏勝，觴移舞更新，應須盡記取，說向不來人。〔註 90〕

前一首寫的是皇家上元之樂，內坊宮妓三百人連袖齊舞，極盡與民同歡之意。第二首寫民間為慶祝元宵的妓樂聲喧，詩人難忘之餘，還想回去分享給未能同來觀賞的親朋。除上元外，像寒食日這樣一個應禁熱食飲宴的節日，唐人也不放過狎妓冶遊的機會，李賀在其〈花遊曲〉詩序中即道：「寒食日，諸王妓遊，賀入座，因採梁簡文詩調，賦〈花遊曲〉，與妓彈唱。」〔註 91〕五月五日端午節本是萬民歡慶之時，妓樂尤不可少，萬楚有〈五日觀妓〉詩說：

> 西施謾道浣春紗，碧玉今時鬥麗華，眉黛奪將萱草色，紅裙妒殺石榴花，新歌一曲令人艷，醉舞雙眸斂鬢斜，誰道五絲能續命，卻令今日死君家。〔註 92〕

把舞妓嫵媚攝魂的姿態與觀妓舞者愛之欲死的逸樂情懷，表現得可謂淋漓盡致。

唐代節慶有一部份是和風景名勝遊覽相結合者，其中最著稱的當屬三月初三上巳節的曲江祓禊遊賞。這本是一種在春天到水濱祓禊祈求來年平安的

---

〔註 88〕詳參宋代蒲積中所編《歲時雜詠》目錄。
〔註 89〕見張說〈上元夜燈〉，收於《歲時雜詠》卷七，頁 54。
〔註 90〕見張蕭遠〈元夕觀燈〉，收於《歲時雜詠》卷七，頁 53。
〔註 91〕見《全唐詩》卷三九二，頁 4418。
〔註 92〕見《全唐詩》卷一四五，頁 1468。

祭祀儀式，〔註93〕而在唐代的長安，一方面由於人民生活富足，再則因爲曲江一帶的明媚風光，經常吸引文人士子與美妓佳人同來遊賞，例如《北里志·王團兒》條中寫作者孫棨與女妓王福娘的久別重逢之地，就在曲江的祓禊儀式後：「至春上巳日，因與親知禊於曲水，聞鄰棚絲竹，因而視之……其南二妓，乃宜之與母也。」而同書〈張住住〉條中女妓，張住住也是趁著上巳日全家出門踏青（地點應該也是曲江）時，託故不去而在家中與龐佛奴私了相思情債。可見得上巳日到曲江祓禊祈福，非僅一般民眾如此，也是妓館的一種普遍風俗，杜甫所謂「三月三日天氣新，長安水邊多麗人」中的「麗人」，除指像楊貴妃姊妹等貴婦人外，自然也不乏「態濃意遠淑且眞，肌理細膩骨肉勻」的長安美妓。〔註94〕這在唐人的許多詩作中，均可獲致旁證，如白居易〈上巳日恩賜曲江〉詩云：

> 賜歡仍許醉，此會興如何？翰苑主恩重，曲江春意多，花低羞豔妓，
>
> 鶯散讓清歌……〔註95〕

上巳日蒙皇帝恩賜在曲江畔攜妓遊賞，飲酒聽歌，好不舒暢。除上巳日外，在平常日子裏，也不乏攜妓遊賞曲江者，如曹著〈曲江亭望慈恩寺杏園花發〉詩：「……照灼瑤華散，葳蕤玉露繁，未教遊妓折，乍聽早鶯喧」，〔註96〕下面兩首同名爲〈曲江〉的詩所描繪的便是長安豪貴子弟曲江攜妓冶遊之綺麗情景：

> 曲江初碧草初青，萬轂千蹄匝岸行，傾國妖姬雲鬢重，薄徒公子雪
>
> 衫行……柳絮杏花留不得，隨風處處逐歌聲。〔註97〕
>
> ……千隊國娥輕似雪，一群公子醉如泥，斜陽怪得長安動，陌上分
>
> 飛萬馬蹄。〔註98〕

當然，新科進士傾動京城的曲江宴，攜妓遊賞的種種風流事蹟，更使曲江宴遊成爲長安人民普遍的娛樂風尚（詳參本章第三節），而妓樂則是宴遊時必備之娛樂。由此可見，首都長安因經濟繁榮而使民生富裕，因生活富裕而重視節慶與

---

〔註93〕有關唐人祓禊祈福及其與文學、民俗等之關係，可詳參日人西岡弘〈中國古代の禊ぎの文學〉，收於氏著《中國古典の民俗と文學》，頁47～70。

〔註94〕見杜甫〈麗人行〉，《杜詩詳注》卷二，頁156。

〔註95〕見《全唐詩》卷四三七，頁4848。

〔註96〕見《全唐詩》卷四六六，頁5299。

〔註97〕林寬〈曲江〉，見《全唐詩》卷六〇六，頁7003。

〔註98〕李山甫〈曲江二首之二〉，見《全唐詩》卷六四三，頁7368。

名勝宴遊，此對當時狎妓風氣均頗有推波助瀾的作用，當是不爭之事實。

## 二、社會經濟中心：洛陽

唐代的東都洛陽，是僅次於京城長安的另一政治中心，而且因其優越的地理位置，成爲當時黃河流域的重要轉輸經濟中心。〔註99〕尤其自安史亂後，北方經濟已難以自給自足，有賴江南富庶之地所運來的糧米布帛以爲彌補，便利的水陸交通，促使商品經濟在此發展，而在經濟繁榮之後，也不可避免地造成狎妓冶遊風氣的盛行。

洛陽的宮妓機構也稱左右教坊，均位於皇城外的明義坊，但詳細活動情形則不得而知。〔註100〕民營妓館位於何處也未見相關文獻提及，但從晚唐呂巖的〈題東都妓館壁〉詩〔註101〕以及司空圖〈洛中三首之三〉詩云「倡家未必肯留君」，〔註102〕可知洛陽也是有妓館存在的。至於洛陽富人蓄家妓，奢華自然也不遑多讓於長安：

> 洛陽人有妓樂者，三月三日結錢爲龍帘，作「錢龍宴」，四圍則灑眞珠，厚盈數寸，以斑螺令妓女酌之，仍各具數，得雙者爲吉，妓乃作「雙珠宴」以勞主人，又令各作「餳綏帶」，以一丸餳舒之，可長三尺者賞金菱角，不然罰酒。〔註103〕

在三月三日上巳節串錢成龍，大概也帶有祈福的意思，但卻奢侈地在其四周堆上厚達數寸的眞珠爲飾，再令女妓以斑螺酌引取樂。更匪夷所思的是，要妓女將丸狀的餳球（按餳是一種用麥芽製成的飴糖類食物）拉成長條形的綏帶，並依所拉長度定賞罰，令人難解其用意，無非是過度富貴之餘所產生的淫逸享樂現象。

除一般富豪之家外，達官顯要在洛陽的奢華生活，也是助長當地狎妓風氣的原因之一。據近人研究，對唐人而言，家在洛陽、墓在北邙、京城有家廟，此三者乃富貴人家必備之榮譽標誌。〔註104〕而相對於長安之爲全國政治

---

〔註99〕參吳美慧〈唐代的東都──洛陽轉輸經濟之研究〉，中國文化大學歷史研究所碩士論文，1986年6月。

〔註100〕請參《教坊記》及本書第三章第二節。

〔註101〕見《全唐詩》卷八五八，頁9703。

〔註102〕見《全唐詩》卷六三三，頁7270。

〔註103〕見《雲仙雜記》卷六〈錢龍宴〉條，頁134，注引自《妝樓記》。

〔註104〕參甘懷眞〈唐代官人的宦遊生活──以經濟生活爲中心〉，頁48。

中心，洛陽則具有社會中心之功能，因無朝廷直接管制，在洛陽的官宦往往擁有較大的自由生活空間，其社交活動也比較豐富多樣。尤其洛陽不似長安有夜禁，所以在夜宴中較能盡情地享受歌舞酒食之樂：

> ……江城太守鬢鬖蒼，忽然置酒開華堂，歌兒舞女亦隨後，暫醉始知天地長。頃年曾作東周掾，同舍尋春屢開宴，斗門亭上柳如絲，洛水橋邊月如練，洛陽風俗不禁街，騎馬夜歸香滿懷，坐客爭吟雲碧句，美人醉贈珊瑚釵……〔註105〕

這是作者薛逢回憶他在洛陽為掾時，夜宴無拘無束、任情歡樂的情景。這還只算是個基層吏員，若論及高級官員在洛陽的生活，則又別有一番風貌：

> 大和初，有為御史分務洛京者，……有妓善歌，時稱尤物，時太尉李逢吉留守，聞之，請一見，特說延之，不敢辭，盛妝而往，李見之，命與眾姬相面，李妓且四十餘人，皆處其下，既入，不復出。〔註106〕

分司東都一職，在唐時乃清閒優雅之差事，既可享京官之職銜與待遇，又免受朝廷之多方約束，除非皇帝東巡，否則連早朝亦可省免。〔註107〕因終日無事，蓄妓狎遊自然成為賞心悅目之享受，李逢吉任太子太師兼東都留守是在文宗大和五年八月，至其兼守司徒時已是大和八年三月，時逢吉年已七十有七，〔註108〕非僅家蓄四十餘妓猶不滿足，還為了一名歌妓尤物強向下屬求索，其風流真是至老不休。又如另一位罷鎮閒居在洛陽的李愿：

> 聲妓豪華，為當時第一，洛中名士，咸謁見之，李乃大開宴席，當時朝客高流，無不臻赴，……女妓百餘人，皆絕藝殊色。〔註109〕

李愿乃德宗時名將李晟之後，其狎邪之事實其來有自，正史本傳說他自兼鳳翔

---

〔註105〕見薛逢〈醉春風〉，《全唐詩》卷五四八，頁6321。

〔註106〕見《本事詩・情感第一》。

〔註107〕如姚合〈寄東都分司白賓客〉詩云「賓客分司真是隱，山泉遶宅豈辭貧，竹齋晚起多無事，唯到龍門寺裏頻。」（《全唐詩》卷四九七頁5638），即稱羨白居易分司東都可以晚起無憂的悠閒生活。另外宣宗朝時的李頻，有一次早朝遇雪，路途苦不堪言時也曾有〈入朝遇雪〉詩感歎道：「霜鬢持霜簡，朝天向雪天，……誰為洛陽客，是日更高眠。」（《全唐詩》卷五八九頁6833）

〔註108〕參見《舊唐書》卷一六七〈李逢吉傳〉，頁4367。

〔註109〕見《本事詩・高逸第三》，另見《太平廣記》卷二七三〈杜牧〉條，頁2152，注引自《闕史》。

隴右節度使後，即「頗怠於爲禮，無復素志，聲色之外，全不介懷。」〔註110〕
日後住在政治壓力較小的洛陽，更是鎮日逸樂，手下女妓即有百餘人，其狎冶
之盛可知。

　　高官豪富蓄妓風盛之外，洛陽亦如同長安般，常有因醑宴或節慶而以妓
樂助興的場面，如張說即爲玄宗先天元年十月的洛陽醑宴作詩二首稱頌曰：

> 曉月調金闋，朝暾對玉盤，爭馳群鳥散，鬥伎百花團，過聖人知幸，
> 承恩物自歡，洛橋將舉燭，醉舞拂歸鞍。

> 愷宴惟今席，餘歡殊未窮，入雲歌嫋嫋，向日伎叢叢，馳管催酣興，
> 留關待曲終，長安若爲樂，應與萬方同。〔註111〕

可見得洛陽醑宴場面之熱烈，並不亞於西京長安。而在重要慶典時，洛陽城
的繁華熱鬧尤勝於平昔，如孫逖〈正月十五夜應制〉詩云：

> 洛陽三五夜，天子萬年春，綵仗移雙闋，瓊筵會九賓，舞成蒼頡字……
> 〔註112〕

寫的是上元節舞妓表演字舞的盛況。另如白居易有〈東都冬日會諸同年宴鄭
家林亭得先字〉詩云：「盛時陪上第，暇日會群賢……賓階紛組佩，妓席儼花
鈿」。〔註113〕這些詩作都充份地勾勒出節日宴慶時狎妓同樂的歡娛。當然，像
三月上巳日水濱祓褉祈福時，也常是洛陽的文人士子攜妓遊賞名勝的良辰。
其中最著稱的一次，當是文宗開成二年（西元 837 年）三月三日，河南尹李
待價因人和歲稔，將褉於洛水之濱以爲慶，遂稟當時的東都留守裴度，邀集
在洛陽的白居易、劉禹錫等共十五人，合宴於洛水舟中，白居易記當時的冶
遊情景謂：

> 十五人合宴於舟中，由斗亭、歷魏堤、抵津橋，登臨沂沿，自晨及
> 暮，簪組交映，歌笑間發，前水嬉而後妓樂，左筆硯而右壺觴，望
> 之若仙，觀者如堵，盡風光之賞，極遊泛之娛，美景良辰，賞心樂
> 事，盡得於今日矣。〔註114〕

從「望之若仙、觀者如堵」語，可知當時眾文士官人攜妓狎遊洛水，對洛陽

---

〔註110〕見《舊唐書》卷一三三，頁 3677。
〔註111〕以上二首分見張說〈東都醑宴四首〉之三及之四，《全唐詩》卷八十七，頁
　　　　 946。
〔註112〕見《歲時雜詠》卷七，頁 52。
〔註113〕見《全唐詩》卷四三六，頁 4826。
〔註114〕見《白居易集》卷三十三，頁 757。

庶民的吸引力之大。面對如此歡娛場合，詩人當然要在座上即席賦詩以助興，
如白居易詩云：

> 三月草萋萋，黃鶯歇又啼……禊事修初畢，遊人到欲齊……闇於揚
> 子渡，踏破魏王堤，妓接謝公宴，詩陪荀令題……水引春心蕩，花
> 牽醉眼迷，……舞急紅腰凝，歌遲翠黛低，夜歸何用燭，新月鳳樓
> 西。〔註115〕

又如劉禹錫賦詩曰：

> 洛下今修禊，群賢勝會稽，盛筵陪玉鉉，通籍盡金閨，波上神仙妓，
> 岸旁桃李蹊，水嬉如鷺振，歌響雜鶯啼……〔註116〕

洛水乃是流貫洛陽城中的重要河道，與其相連的諸渠均是唐代轉輸江南米帛
的交通動脈，其沿途風光亦甚為秀麗。依白居易詩中所言，參以圖四，他們
一行人應是由東向西泛舟，途經洛水的幾處主要遊賞地，分別是漕渠與洛水
交會處的斗門亭（即斗亭）、旌善坊之北築堤壅水而成的魏王池及跨越洛水連
接皇城與外郭積善坊的天津橋。〔註117〕這一路行來都是洛陽極負盛名的區
域，尤其是天津橋一帶，因為位處皇城與外郭間的交通孔道，官宦士子與商
賈庶民絡繹於此，佔盡城中繁華之最，更不乏娼家妓館之存在：

> 天津橋下陽春水，天津橋上繁華子，馬聲迴合青雲外，人影動搖綠
> 波裏，……此日遨遊邀美女，此時歌舞入娼家，娼家美女鬱金香，
> 飛來飛去公子旁，的的珠簾白日映，娥娥玉顏紅粉妝……〔註118〕

> 美女出東鄰，容與上天津，整衣相滿路，移步襪生塵，水下看妝影，
> 眉頭畫月新，寄言曹子建，箇是洛川神。〔註119〕

富家子弟流連於天津橋附近的娼家美女，似乎天津橋一帶是洛陽的平康
坊，這些世家子在女妓身上的花費也十分可觀，如「河東薛迴與其徒十人于
東都娼婦，留連數夕，各賞錢十千」。〔註120〕像白居易等人在祓禊之日攜妓遊
洛水，又選在娼家妓館眾多的天津橋附近登臨遊賞，所造成的轟動自屬空前。

---

〔註115〕見同上註。
〔註116〕見〈三月三日與樂天及河南李尹奉陪裴令公泛洛禊飲各賦十二韻〉，《全唐詩》
　　　　卷三六二，頁4092。
〔註117〕參徐松《兩京城坊考》卷五〈東都・洛渠〉條。
〔註118〕見劉希夷〈公子行〉，《全唐詩》卷八十二，頁885。
〔註119〕見駱賓王〈詠美人在天津橋〉，《全唐詩》卷七十八，頁846。
〔註120〕參《太平廣記》卷四五○〈薛迴〉條，頁3682，注引自《廣異記》。

對一干文人雅士而言，這可能只是其冶遊生活中的一段小插曲，但對洛陽士民的狎妓風氣來說，卻不免有著相當程度的影響。

### 圖四：洛陽城圖

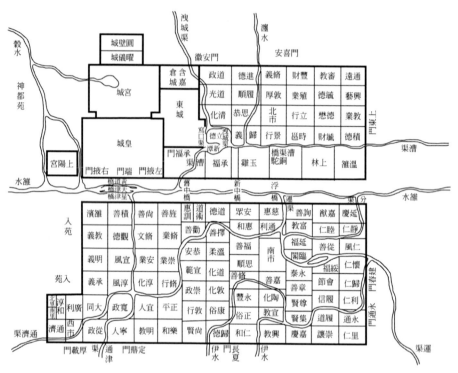

資料來源：徐松《兩京城坊考圖》

## 三、江南商都：揚州

　　貫通中國南北的大運河，自隋代開鑿以來，不僅成為南北交通的要道，在唐代大部份時間裏，更是國家經濟命脈之所繫，〔註121〕揚州南臨長江，位處運河南端輸運的起點與北方輸運終點的樞紐位置，再加上安史亂後中央財力無以自支，遂於揚州設各種課権賦稅的「院」，如度支院、轉運院、鹽鐵院等等，以利徵收江南財帛輸往京師。〔註122〕因為有著許多政府財務機構又是

〔註121〕詳參全漢昇〈唐宋帝國與運河〉，收於《中國經濟史研究》上冊，頁265～391。
〔註122〕關於唐代揚州之專門研究，早期有武仙卿〈隋唐時代揚州的輪廓〉，以及全漢昇〈唐宋時代揚州經濟景況的繁榮與衰落〉，最近的綜合研究成果則有李廷先

貿易交通的必經要地，所以當地貨幣的流通及官員商旅的消費量均頗可觀，揚州至中晚唐時已是全國數一數二的商業大城。宋人洪邁稱「揚一益二」，且謂「本朝（北宋）承平百七十年，尚不能及唐之什一」，〔註123〕唐代揚州商貿之盛，於此可見一斑。據史文記載，「廣陵爲歌鐘之地，富商大賈動逾百萬」，〔註124〕「揚州地當衝要，多富商大賈、珠翠珍貴之產」，〔註125〕在肅宗年間的一次動亂中，揚州城遇害的大食、波斯商胡竟有數千人之多，〔註126〕足見揚州不愧是當時的國際商業大都會。其表現在都市生活上的，自然是繁華之餘的燈紅酒綠與紙醉金迷，于鄴在〈揚州夢記〉中即道：

> 揚州，勝地也，每重城向夕，倡樓之上，常有絳紗燈萬數，輝羅耀
>
> 列空中，九里三十步街中，珠翠塡咽，邈若仙境。

所謂「重城」，所指包含子城與羅城，子城乃官衙所在地，有城垣相圍，羅城則是市民聚居及工商活動的區域，而「九里三十步」並非城垣周長，所指乃羅城中最繁華的一條街道，羅隱的〈江都〉詩中也有「九里樓臺牽翡翠，兩行鴛鴦踏眞珠」之語。〔註127〕據今人考證，唐代揚州城的主河稱「官河」或「漕河」，其上有橋十四座，佔揚州城全部二十四座橋中的半數以上（參圖五），〔註128〕官河兩岸即揚州的通衢大街，于鄴所稱「九里三十步」，指的正是這條街中最繁華的一段，也是揚州城妓館集中營業之處。揚州之所以繁華，跟她在當時無政治上的包袱及非軍事戰略要地有關。正因如此，所以揚州城不實施夜禁，其城中商業活動及狎妓冶遊之事可以徹夜進行，唐人對揚州的夜生活之綺麗奢華屢有所詠，如王建〈夜看揚州市〉詩云：

> 夜市千燈照碧雲，高樓紅袖客紛紛，如今不似時平日，猶自笙歌徹
>
> 曉聞。〔註129〕

王建到揚州時正值安史亂後，北方一片殘破不堪，但揚州夜市卻是如此一片歌舞昇平的景象，絲毫未受戰禍影響。晚唐韋莊更曾見景傷情地歎道揚州「當

的《唐代揚州史考》可供參閱。

〔註123〕參《容齋隨筆》卷九〈唐揚州之盛〉條，頁95。

〔註124〕見《太平廣記》卷二九〇〈呂用之〉條，頁2304，注引自《妖亂志》。

〔註125〕見《舊唐書》卷八十八〈蘇瑗傳〉，頁2878。

〔註126〕參《舊唐書》卷一一〇〈鄧景山傳〉，頁3313，以及《舊唐書》卷一二四〈田神功傳〉，頁3533。

〔註127〕見《全唐詩》卷六六三，頁7600。

〔註128〕參李廷先著《唐代揚州史考》第三章〈唐代揚州區域的規模〉，頁338～340。

〔註129〕見《全唐詩》卷三〇一，頁3430。

年人未識兵戈，處處青樓夜夜歌」〔註130〕的美好情景。而最堪與良辰美景相
爲伴的，自然非美酒與佳人莫屬。詩人杜牧在揚州的風流事蹟因〈揚州夢記〉
及其〈遣懷〉詩而廣爲人知，更有一位不知名的揚州太守「圃中有杏花十數
枝，每至爛開，張大宴，一株令一倡倚其旁，立館曰『爭春』」，〔註131〕其地
方官員之狂放如此。許多唐代詩人的作品中，對在揚州狎冶煙花妓館也莫不
津津樂道：

> 霜落寒空月上樓，月中歌吹滿揚州，相看醉舞倡樓月，不覺隋家陵
> 樹秋。〔註132〕

> 廣陵實佳麗，隋季此爲京，八方稱輻輳，五達如砥平……青樓旭日映，
> 綠野春風晴……鄏娥價傾城，燈前互巧笑，陌上相逢迎……〔註133〕

> 一年江海恣狂遊，夜宿倡家曉上樓，嗜酒幾曾群衆小，爲文多是諷
> 諸侯……今日更來憔悴意，不堪風月滿揚州。〔註134〕

詩人們對妓館的迷戀並非無由，事實上，揚州女妓確實是頗具特色，晚
唐徐鉉曾爲揚州女妓月眞作〈月眞歌〉云：

> 揚州勝地多麗人，其中麗者名月眞，月眞初年十四五，能彈琵琶善
> 歌舞，風前若柳一枝春，花裏嬌鶯百般語……〔註135〕

可見得揚州妓女非唯體態婀娜、嬌聲軟語，本身更擁有音樂歌舞藝能。這些
揚州妓女的特色，我們還可以在劉長卿的〈揚州雨中張十宅觀妓〉詩中得到
印證：

> ……殘妝添石黛，豔舞落金鈿，掩笑頻攲扇，迎歌乍動弦……〔註136〕

詩人劉禹錫甚至在離開揚州之後，做夢都夢到宴席上飲酒共歡的女妓而作〈夢
揚州樂妓和詩〉。〔註137〕揚州娼女善酒令，擁有許多專業的酒妓，更是遠近馳

---

〔註130〕見韋莊〈過揚州〉，《韋莊集校注》卷四，頁225。
〔註131〕參《雲仙雜記》卷三〈爭春館〉條，頁56，注引自《揚州事跡》。
〔註132〕見陳羽〈廣陵秋夜對月即事〉，《全唐詩》卷三四八，頁3894。
〔註133〕見權德輿〈廣陵詩〉，《全唐詩》卷三二八，頁3669～3670。
〔註134〕此詩《全唐詩》未收，見於江蘇古籍出版社影印宋蜀刻本張祜《張承吉文集》
　　　　卷七，轉引自李廷先《唐代揚州史考》頁572。
〔註135〕見《全唐詩》卷七五二，頁8556。
〔註136〕見《全唐詩》卷一四八，頁1512。
〔註137〕參劉禹錫〈夢揚州樂妓和詩‧序〉：「禹錫於揚州杜鴻漸席上，見二樂妓侑觴，
　　　　醉吟一絕，後二年，之京，宿邸中，二妓和前詩，執板歌云」，《全唐詩》卷
　　　　八六八，頁9830。

名,甚至還曾驚動唐武宗下詔前來求取。〔註138〕

繁榮的經濟、發達的商業貿易,造就浮華浪漫、風姿綽約的揚州,吸引眾多的風流文士與達官富商來此聚集,狎妓冶遊在此成爲極普遍之風尙,揚州,不僅是唐代江南的國際商都,更可說是江淮的風流淵藪。

## 四、溫柔水鄉:蘇州與杭州

「上有天堂,下有蘇杭」雖是明清人語,但早在唐代,水鄉蘇杭實已是人們心目中的中間天堂,詩人對其地山光水色之美與民生富裕的情景頗有讚譽:

> 江南人家多橘樹,吳姬舟上織白紵……江村亥日常爲市,落帆渡傳
> 來浦裏,……江南風土歡樂多,悠悠處處盡經過。〔註139〕

蘇杭水都本富舟楫之利,李肇《國史補》卷下即曰「凡東南郡邑無不通水,故天下貨利,舟楫居多」。揚州因國際商貿發達所獲致的繁華已如前言,蘇杭在地理環境上與揚州接近,自然沾得揚州商貿之利。而且這一帶灌漑水源豐沛,氣候又溫暖宜人,農桑生產均堪稱富足,爲揚州的對外貿易提供頗佳之腹地。尤其蘇杭自唐歷宋長期安定,鮮有兵燹之苦,農商經濟均得以順利發展,商業繁華或許不如揚州,但如夢似幻的優美風景,卻是有過之而無不及:

> 江煙溼雨鮫綃軟,漠漠遠山眉黛遠,水國多愁又有情,夜槽壓酒銀
> 滿船……〔註140〕

> 吳中好風景,風景無朝暮,曉色萬家煙,秋聲八月樹,舟移管弦動,
> 橋擁旌旗駐……況當豐熟歲,好是遊歡處……〔註141〕

如果說揚州是大唐帝國面向世界的貿易巨港,則蘇杭可說是揚州美麗的後花園。吳地嬌娃本自古聞名,復加商業經濟的有力刺激,蘇杭的娼樓妓館自然應運而生:

> ……長干午日沽春酒,高高酒旗懸江口,娼樓兩岸臨水柵,夜唱〈竹
> 枝〉留北客……〔註142〕

> ……江南舊遊凡幾處,就中最憶吳江隈,長洲苑綠柳萬樹,齊雲樓

〔註138〕參《唐語林》卷三〈方正〉條,頁63。
〔註139〕見張籍〈江南曲〉,《全唐詩》卷十九,頁205。
〔註140〕見羅隱〈江南曲〉,《全唐詩》卷十九,頁206。
〔註141〕見白居易〈吳中好風景二首之二〉,《全唐詩》卷四四四,頁4975。
〔註142〕見羅隱〈江南曲〉,《全唐詩》卷十九,頁206。

　　春一杯酒，閶門曉嚴旗鼓出，皋橋夕鬧船舫迴，修娥慢臉燈下醉，
　　急管繁弦頭上催。〔註143〕

蘇杭妓館多設於江口水濱，主要就是為藉交通之便以利招攬生意，芮挺章的
一首〈江南弄〉頗能表現出這種情景：

　　春江可憐事，最在美人家，鸚鵡能言鳥，芙蓉巧笑花，地銜金作埒，
　　水抱玉為沙，薄晚青絲騎，長鞭赴狹斜。〔註144〕

南來北往的過路商旅與富貴人家的輕薄少年狎妓，自屬繁華城市中的常事，
而在蘇杭勝地，即使是飽讀詩書的官員文人，狎妓也是非常普遍。此處不甚
受朝廷約束，地方官辦公並無固定規制，復加不用早朝，晚起乃常有之事，
生活可謂十分愜意。〔註145〕如「馮袞牧蘇州，江外優佚，假日多縱飲博，……
因飲酣，戲酒妓。」〔註146〕而在歷任蘇杭太守中，最以狎遊著稱者，當非白
居易莫屬，曾有一次攜妓十人夜遊蘇州西虎丘寺的風流紀錄。〔註147〕他還致
詩給至友元稹，恐其在越州公務繁忙、無暇妓遊，而在詩中與元稹分享「逢
花看當妓，遇草坐為茵」的狎冶之樂。〔註148〕生活如此適意，難怪白居易要
發出「蘇杭自昔稱名郡，牧守當今當好官」〔註149〕的讚詠，顯然治理物產富
饒、經濟繁榮的蘇杭，郡守不必終日為籌賦徵稅而發愁傷神，自可既當好官
又多暇可狎妓矣！

　　有唐文士在蘇杭的狎妓風流，本書在第四章相關部份還將再作討論，這
裏想先探討的是，唐代蘇杭女妓的特色究竟如何？一個頗有意思的現象是，
唐人似乎對已逝的蘇杭名妓，興趣尤過於在世的女妓，其中顯例有二，一是
蘇州名妓真娘，一是杭州名妓蘇小小。

　　真娘的事蹟究竟如何，文獻所記甚鮮，最完備的當是《雲溪友議》卷中
〈譚生刺〉條所言：

　　真娘者，吳國之佳人也，時人比於蘇小小，死葬吳宮之側，行客感

〔註143〕見白居易〈憶舊遊〉，《全唐詩》卷四四四，頁4981。
〔註144〕見《全唐詩》卷二○三，頁2127。
〔註145〕如白居易任杭州太守時即有〈晚起〉詩云「臥聽鼕鼕街鼓聲，起遲睡足長心
　　　　情」，《全唐詩》卷四四七，頁5032。
〔註146〕見《太平廣記》卷二五一〈馮袞〉條，頁1952～1952，注引自《抒情集》。
〔註147〕參白居易〈夜遊西虎丘寺八韻·注〉，《全唐詩》卷四四七，頁5031。
〔註148〕見白居易〈早春西湖閒遊悵然興懷憶與微之同賞因思在越官重事殷鏡湖之遊
　　　　或恐未暇偶成十八韻寄微之〉詩，《全唐詩》卷四四六，頁5002。
〔註149〕見〈詠懷〉，《全唐詩》卷四四七，頁5031。

其華麗，競爲詩題於墓樹，櫛比鱗臻。有舉子譚銖者，吳門秀逸之
士也，因書絕句以貽後之來者，睹其題處，經遊之者稍息筆矣。詩
曰：「武丘山下塚疊疊，松柏蕭條盡可悲，何事世人偏重色，眞娘墓
上獨題詩。」

譚銖者，乃武宗會昌元年進士及第，曾任蘇州齔院官。〔註150〕其詩所諷並非
無由，據《全唐詩》所載，自中唐至晚唐至少有八人爲眞娘墓題詩頌詠，其
中尚不乏赫赫有名者如白居易、劉禹錫及李商隱等人。〔註151〕依目前所見史
料推斷，眞娘可能只是盛唐時期蘇州一名擅於歌舞之名妓，事實上爲眞娘墓
題詩者根本無緣一睹其盧山眞面目，何以一名傳說中的女妓，對眾文士仍具
如此大之吸引力？筆者以爲，這應該歸因於白居易擔任蘇州太守時所帶動的
風潮，且看他所題的〈眞娘墓〉詩：

眞娘墓，虎丘寺，不識眞娘鏡中面，唯見眞娘墓頭草，霜摧桃李風
折蓮，眞娘死時猶少年，脂膚荑手不牢固，世間有物難留連⋯⋯

另據李紳〈眞娘墓〉詩題下自注云「眞娘，吳之妓人，歌舞有名者，死葬於
吳武丘寺前，吳中少年從其志也，墓多花草，以滿其上」，蘇州武丘寺相傳即
春秋時吳國館娃宮舊址，女妓眞娘下葬於此，可謂死得其所。白居易就任蘇
州太守後，聽聞此一浪漫傳說深爲感動，除多次攜妓往遊外，〔註152〕還特地

---

〔註150〕參計有功《唐詩紀事》卷五十六〈譚銖〉條，以及《登科記考》卷二十二，
　　　　頁787，另《全唐文》卷七六〇收有譚銖〈盧州明教寺轉關經藏記〉一文（頁
　　　　9981欄下～9982欄下）。

〔註151〕《全唐詩》中有關眞娘之詩作表列如下：

| 作　　者 | 詩　　題 | 卷、頁 |
|---|---|---|
| 1. 白居易 | 眞娘墓 | 435、4816 |
| 2. 劉禹錫 | 和樂天眞娘墓 | 360、4067 |
| 3. 李紳 | 眞娘墓 | 482、5484 |
| 4. 沈亞之 | 虎丘山眞娘墓 | 493、5578 |
| 5. 張祜 | 題眞娘墓 | 510、5804 |
| 6. 李商隱 | 和人題眞娘墓 | 541、6230 |
| 7. 譚銖 | 眞娘墓 | 557、6465 |
| 8. 羅隱 | 姑蘇眞娘墓 | 661、7281 |

〔註152〕見其〈夜遊西武丘寺〉（《全唐詩》卷四四七頁5031）、〈武丘寺路宴別留諸妓〉
　　　　（《全唐詩》卷四四七頁5034）等詩。

為遊人重開上山之路，其〈武丘寺路〉詩云：

自開山寺路，水陸往來頻，銀勒牽驕馬，花船載麗人。〔註153〕

自此之後，真娘即聲名大噪，四方文士紛紛附庸風雅，至蘇州必求一見真娘墓，並以題詩於其墓樹為榮。唐人狎妓常有此名士一呼百應的奇特現象，真娘以一未曾為後人親見的蘇州歌舞妓而能獲此殊榮，實在是拜白居易所賜。

蘇杭妓女的另一異數是蘇小小，小小本是南齊時錢塘名妓，有關她的原始記載亦極簡略。〔註154〕但在唐代，她卻成為文士夢寐以求的杭妓典型，《全唐詩》中僅是以其名為題的詩就多達七首。〔註155〕除此之外，詩句中談及她的更不在話下。唐人論江南妓常喜以蘇小小相比擬，甚至還有誤以為小小乃唐妓的時代倒錯現象，〔註156〕足見對蘇小小風靡之一斑。從為蘇小小題詩者的時代來推斷，唐人之歌詠蘇小小應該也是中唐以來，蘇杭逐漸在經濟實力上嶄露頭角後的表現，這與白居易任杭州太守，狎妓冶遊所帶來的懷古妓風潮，恐怕也有密切關係。

總之，一方面由於地理環境之適宜，一方面由於城市經濟的有力支持，在多位文士的唱和鼓吹下，富庶水鄉的蘇州與杭州，遂成為唐代江南除揚州以外的狎妓勝地，直至近代都還是中國文人心目中的溫柔天堂。

---

〔註153〕見《全唐詩》卷四四七，頁 5033。

〔註154〕今存有關蘇小小之原始記載，殆僅《樂府詩集廣》中云「蘇小小，錢塘名娼，南齊時人，有〈西陵歌〉。」但後人卻對她的身世及死後墓地所在，千年聚訟不已，因非關本文要旨，恕不在此贅引，其詳可參王書奴《中國娼妓史》頁 55 及嚴明《中國名妓藝術史》頁 291。

〔註155〕《全唐詩》中以蘇小小為詩題之詩簡列如下：

| 作　者 | 詩　題 | 卷、頁 |
|---|---|---|
| 1. 劉禹錫 | 白舍人自杭州寄新詩有柳色春藏蘇小家之句因而戲酬兼寄浙東元相公 | 360、4060 |
| 2. 李賀 | 蘇小小歌 | 390、4396 |
| 3. 張祜 | 題蘇小小墓 | 510、5803 |
| 4. 張祜 | 題蘇小小墓（共三首） | 511、5834 |
| 5. 溫庭筠 | 蘇小小歌 | 576、6706 |
| 6. 羅隱 | 蘇小小墓 | 659、7567 |
| 7. 段成式、鄭符、張希復 | 小小寫真聯句 | 792、8921 |

〔註156〕如宋代吳曾《能改齋漫錄》卷一〈錢塘蘇小小〉條云，「蘇小小非唐人，世見樂天、夢得詩多稱詠，遂謂與之同時耳。」

## 五、南北水陸樞紐：襄陽與宜城

　　襄陽是一個因位處南北陸路交通幹線荊襄道與漢水水路交會點而發展成的商業都市。〔註157〕商貿繁盛雖不如揚州，山光水色亦不若蘇杭迷人，但其地商業蓬勃，手工業也盛，據《國史補》卷中云「襄州人善爲漆器，天下取法，謂之『襄樣』」。且因鄰近的宜城盛產美酒，〔註158〕所以許多文士及商賈皆好來此一遊，其聲妓歌酒之娛，向來爲人所樂道，襄陽女妓的豔名也因此騰播人口，其中最出色者當屬大堤女。「大堤」一詞之見於唐人詩文中頗多，所謂〈大堤曲〉是也，然大堤所指爲何卻往往不明。據考證，所謂大堤所指有二，一是襄陽城築以防夏秋水漲時侵陵之患，而環城外四周四十三里之地所見之防洪大堤，二是襄陽南方百餘里之宜城，其境內亦有周至百里之長堤，自古人呼宜城爲「大堤城」。〔註159〕唐時因兩地大堤之酒食娛樂繁華蓋世，世人遂多直名大堤而未將其附於地名之下，似乎大堤亦成另一獨立地名，此爲吾人閱讀史料時所須注意者。襄陽與宜城因地理位置相近，又同位於荊襄道之主要水陸運幹線上（參圖六），交通極其方便，故來此地之商賈客旅，通常都會兩地來回，除經商往來外，當然不免要一嘗狎妓冶遊之歡娛。早在南朝宋隋王劉誕即曾歌云：「朝發襄陽來，暮至大堤宿，大堤諸女兒，花豔驚郎目。」〔註160〕其詩中所指大堤當即唐時之宜城，足見宜城大堤女自六朝時即負盛名。李善夷的〈大堤曲〉有謂「酒旗相望大堤頭，堤下連牆堤上樓」，〔註161〕所稱大堤應該也是盛產美酒的宜城大堤。不過筆者以爲，我們無須強爲分辨詩句中之大堤究係何指，因在唐人觀念中，到襄、宜二地必往大堤一遊，「大堤」與其所在地名幾成同義代名詞，例如盛唐時李白〈大堤曲〉云「漢水臨襄陽，花開大堤暖，佳期大堤下，淚向南雲滿。」，〔註162〕其詩中之大堤即頗難確知所指爲何。

　　在唐人詩作中以大堤代稱宜城者較爲常見，然亦不乏異例，如施肩吾〈大

---

〔註157〕有關唐代荊襄道之交通、地理及商貿盛況，可詳參嚴耕望〈唐代荊襄道與大堤曲〉。

〔註158〕參《國史補》卷下，唐代聞名酒類有「宜城之九醖」一種，又《通典》卷一七七〈州郡典・七〉云「宜城，處之鄢都，謂之郢……其地出有美酒」（頁943欄下）。

〔註159〕參嚴耕望，〈唐代荊襄道與大堤曲〉。

〔註160〕參《舊唐書》卷二十九〈音樂志二〉，頁1065。

〔註161〕見《全唐詩》卷五六三，頁6539。

〔註162〕見《全唐詩》卷二十一，頁275。

堤新詠〉詩云「行路少年知不知，襄陽全欠舊來時，宜城賈客載錢出，始覺大堤無女兒。」，〔註163〕襄陽、宜城與大堤三個地名即同時出現。總之，無論襄陽大堤或宜城大堤，均因其位處荊襄道繁會之地，商貿活動密集，過往商旅眾多，外加有美酒相佐，故聲色娛樂之業遂應運而生。以下兩首同名為〈大堤曲〉的詩，便極盡對大堤女妓的歌詠之意：

> 南國多佳人，莫若大堤女，玉床翠羽帳，寶襪蓮花炬，魂處自目成，
> 色授開心許，迢迢不可見，日暮空愁予。〔註164〕

> 二八嬋娟大堤女，開鑪相對依江渚，待客登樓向水看，邀郎卷幔臨
> 花語……巴東商侶挂帆多，自傳芳酒涴紅袖，誰調妍妝迴翠娥……
> 〔註165〕

不只是商賈，唐代官員來到襄陽，更不放棄召妓狎歡的機會，如《侯鯖錄》卷三云：「元微之貶江陵府士曹，少年氣俊，過襄陽，夜召名妓劇飲」，又云「謝師厚作襄倅（即襄陽丞），聞營妓與二胥相好，此妓乞書扇子……」等等。至於襄陽娼樓妓館營業的情形，據劉禹錫〈隄上行三首之三〉云：

> 春堤繚繞水徘徊，酒舍旗亭次第開，日晚上樓招估客，軻峨大艑落
> 帆來。〔註166〕

而這些大堤女妓有時也會到街上閒遊或作歌舞表演，往往造成襄陽的一陣騷動，劉禹錫有兩首詩提到他觀賞大堤女表演踏歌舞時的盛況：

> 春江月出大堤平，堤上女郎連袂行，唱盡新詞歡不見，紅霞映樹鷓
> 鴣鳴。

> 新詞宛轉遞相傳，振袖傾鬟風露前，月落烏啼雲雨散，遊童陌上拾
> 花鈿。〔註167〕

歌舞完後竟有遍地花鈿可拾，大堤女妓生活之豪侈可見一斑，這當然是襄陽的繁華商業，為女妓們帶來了旁大財富所致。正因大堤嬌娃如此令人陶醉，可能有不少人在此為求狎妓而弄得身敗名裂，所以唐人詩中也出現了不少勸人莫過度迷戀大堤妓的警語：

---

〔註163〕見《全唐詩》卷四九四，頁5609。
〔註164〕張柬之〈大堤曲〉，《全唐詩》卷二十一，頁274。
〔註165〕楊巨源〈大堤曲〉，《全唐詩》卷二十一，頁275。
〔註166〕見《劉禹錫集箋證》卷二十六，頁809。
〔註167〕見劉禹錫〈踏歌行四首〉之一及之三，出處同上註卷二十六，頁815。

大堤女兒郎莫尋，三三五五結同心，清晨對鏡理容色，意欲取郎千
萬金。〔註168〕

……襄陽傳近大堤北，君到襄陽莫回惑，大堤諸女兒，憐錢不憐德。
〔註169〕

由詩中的描述綜合來看，比較起長安、洛陽或蘇杭女妓，大堤女妓似乎
主要是以資色換取錢財，較缺乏高雅的文化素養。另據嚴耕望在〈唐代荊襄
道與大堤曲〉一文中推論，認爲因漢水兩岸地區，自魏晉南北朝時即多蠻族
聚居，蠻女向來活潑善歌舞，男女之防又不若漢人嚴謹，足爲大堤的聲妓娛
樂提供充沛的人力資源。這些蠻族或世居或流寓於襄陽、宜城之間的荊襄大
道商旅繁會地，由於欠缺農耕之經驗與田產，而其本身較善於經商，鄰近的
宜城又盛產美酒，蠻人婦女遂多以當爐歌妓爲業。因此當地女妓可能較少受
傳統文化滋養，而且狎客多爲過往經商者，純爲買笑而來，故其地女妓品味，
不如京洛等文化素質良好之地區，而這或許正是大堤妓女之特色。

## 六、西南大都會：成都

宋人素喜盛稱「揚一益二」，〔註170〕當代經濟史學者李劍農亦稱「唐代
長江流域之主要商業都會，實以揚州與成都爲東西兩中心。」〔註171〕但較
之揚州之純爲商業都會，成都（益州）還兼具政治與軍事等多重功能，而其
經濟之富足、社會之繁華，甚至較揚州猶有過之，唐代盧求在《成都記・序》
中即言：

大凡今之推名鎮爲天下第一者曰揚、益，以揚爲首，蓋聲勢也。人
物繁盛，悉皆土地、江山之秀，羅錦之麗，管弦歌舞之多，伎巧百
工之富，其人勇且讓，其地腴以善熟，較其要妙，揚不足以侔其半。
〔註172〕

吾人自然無須爲揚、益二州的排名孰先孰後徒逞口舌。不過，從盧求的話看

〔註168〕見施肩吾〈襄陽曲〉，《全唐詩》卷四九四，頁5601。
〔註169〕見張潮〈襄陽行〉，《全唐詩》卷一一四，頁1160。
〔註170〕見洪邁《容齋隨筆》卷九〈唐揚州之盛〉條（頁95），另外《資治通鑑》卷
　　　　二五九〈唐紀七十五，昭宗景福元年六月丁酉〉條：「先是揚州富庶甲天下，
　　　　時人稱揚一益二（胡注：言揚州居一，益州爲次也）。」（頁8430）。
〔註171〕參氏著《中國古代經濟史稿・第二卷》，頁223。
〔註172〕見《全唐文》卷七四四，頁9745欄上。

來，顯然成都的農業及手工業，甚至生活娛樂上的享受，當時並不輸給揚州，只是可能因地處西南，較不似揚州面向世界，容易得到世人之肯定。成都在商業方面，據近人研究，由於有豐富的農產品、素富盛名的蜀錦、珍貴的蜀牋，再加上茶、井鹽、貴重藥材等之產量充沛，本身又擁有廣大腹地，自古即爲中國西南貿易之重鎮。〔註173〕武后時陳子昂即曾上書大稱成都之盛曰：

> 國家富有巴蜀，是天府之藏，自隴右及河西諸州，軍國所資，郵驛所給，商旅莫不皆取於蜀，又京都府庫，歲月珍貢，尚在其外，此誠蜀國之珍府。〔註174〕

唐代盛世已是如此，迨及安史亂後，京城以外強藩伺立，河北、河南、河東三道殘破，江淮運輸時遭阻絕，唯獨劍南物產豐富且地近京畿，地位反形重要。從安史亂起，每當長安有重大變亂時，名門貴族爲求避禍多數遷居成都，他們帶入長安流行的音樂曲調及舞蹈藝術，使得當地的絲竹娛樂水平，較之長安也不遑多讓，許多歌舞女妓也因此得以接受較佳之訓練。而因文士紛紛萃集於此，影響所及，成都女妓遂「多才婦」，〔註175〕其中如薛濤之輩，一人多藝，堪稱唐妓之最，正是在成都此種文化環境薰陶下的結果。

　　工商發達、民生富裕之後，人們不免也要追求生活上的娛樂享受，成都狎妓之所，如同其他有舟楫之利的城市般，近船舶停靠處的橋邊佔有優勢，其中又以萬里橋一帶最盛（參圖七）。張籍〈成都曲〉詩中即有「萬里橋邊多酒家，遊人愛向誰家宿」之語，〔註176〕王建也稱薛濤是「萬里橋邊女校書」。〔註177〕除此外，也有假借廢棄佛寺暗中營業者：

> 蜀郡有豪家子，富擬卓、鄭，蜀之名妹，無不畢致，每按圖求麗，媒盈其門，常恨無可意者。意言「坊正張和，大俠也，幽房閨雅，無不知之，盍以誠投之乎？」豪家子乃具籯金篋錦夜詣其居，具告所欲，張欣然許之。異日，謁豪家子，偕出西郭一舍，入廢蘭若，……坊正引手，捫佛乳，揭之，乳壞成穴如盌，即挺身入穴……豪家子心異之，不敢問，主人延於堂中……飲徹，命引進妓數四，支鬟撩

〔註173〕有關唐代成都之專門論述，可詳參嚴耕望〈唐五代時期之成都〉，以及黃敏枝〈唐代成都的經濟景況〉二文。
〔註174〕見《全唐文》卷二一一，頁2699欄下。
〔註175〕見何光遠〈鑒誡錄〉卷十〈蜀才婦〉條。
〔註176〕見《全唐詩》卷三八二，頁4290。
〔註177〕見王建〈贈薛濤〉，《全唐詩》卷六四七，頁7438。

鬢，縹若神仙。〔註178〕

此例雖近於傳奇，但也可見出在經濟富裕之餘，富家子弟好求聲色之不計代價與妓館營業方式之巧妙多變。更令人訝異的是，成都坊吏竟公然為狎妓者作牽引，足見當時成都狎妓風盛並非無由。民妓之外，成都官妓之盛亦頗可觀，除薛濤將在其他章節述及，此處再舉二例以作說明：

> （郭）英乂……拜劍南節度使……教女伎乘驢擊毬，鈿鞍寶勒及它
>
> 服用，日無慮數萬費，以資倡樂，未嘗問民間事。〔註179〕
>
> 唐路侍中巖風貌之美，為世所聞，鎮成都日，委執政於孔目吏邊咸，
>
> 日以妓樂自隨……（曾）以官妓行雲等十人侍宴。〔註180〕

郭英乂任西川節度使在代宗永泰元年（西元765年），為時僅七個月，即因所行不正為部下所害。路巖則是在懿宗咸通十二年至十四年間（西元 871 年～873 年），任三年的西川節度使，〔註181〕為時都不算太久。且前者正處於安史亂後國家重創未復之際，後者則是處在晚唐國勢飄搖之時，但成都因未罹戰禍而得以暫享太平，社會經濟持續發展，民生並未受到太大影響，才能提供這些地方官終日狎遊的物質基礎。

---

〔註178〕見《酉陽雜俎‧續集》卷三，頁 223。

〔註179〕見《新唐書》卷一三三〈郭知運傳〉，頁 4546。

〔註180〕見《北夢瑣言》卷三，頁 15。

〔註181〕參王壽南《唐代藩鎮與中央關係之研究》附錄一「唐代藩鎮總表」，頁 787
　　　　與 792。

圖五：成都城郭江流示意圖

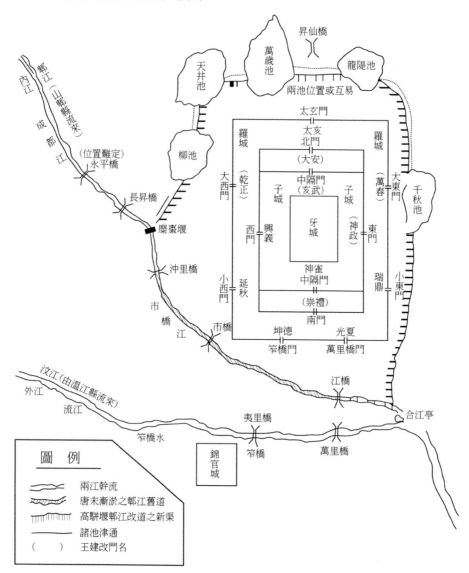

資料來源：取材自嚴耕望〈唐五代時期之成都〉

# 第三節　浮薄士風下的社會習尚

　　有關唐代科舉與進士之相關研究，向來是學界的熱門課題，歷來各式研究
成果不斷推陳出新，而有關進士科考制度之演變與其對唐代政治之影響等，因

非本書關切重點且前輩學者已多所鑽研，不擬在此復贅。本節僅就唐代科舉士風趨於浮薄淫冶的內在成因，及其對唐代狎妓風氣之影響情形，略作探討。

## 一、士風浮薄的內在成因

李肇在《唐國史補》卷下道：

> 進士為時所尚久矣！是故俊乂實集其中，由此出者，終身為聞人，
> 故爭名常切，而為俗亦弊。

「進士」在初唐時只是諸多考試科目之一，還稱不上「為時所尚」，太宗雖有意以科考攏絡人心，但並未特別重視進士科。直至「咸亨之後，凡由文學一舉於有司者，競集於進士」。〔註182〕由於武則天企圖藉進士科考培養其領導幹部，並用以打擊與其作對之關隴集團及元老重臣，進士科才開始受到較特別之重視。至玄宗時，因天下治平、四方無事，士人鮮有立功獻策的機會，進士科考遂成其擠身仕途之主要門徑，所謂「開元以前未嘗（獨）尚進士科，故天下名士雜出他途，開元以後，始尊崇之，故當時名士，中此科者十常七八」。〔註183〕進士在當時受尊崇的程度，據封演《封氏聞見記》卷三云：

> 當代以進士登科為「登龍門」，解褐多拜清要，十數年間擺跡廟堂，
> 輕薄者語……云進士初擢第，頭上七尺燄光。

封氏小說家言，或有誇張之處，但進士至唐玄宗時受到朝野的普遍重現，則是不爭的事實。〔註184〕而其弊端也在此時逐一浮現，有識之士紛紛為文批評其浮華不實，〔註185〕在唐人筆記中也記有許多關於盛唐進士放蕩狎冶的軼聞：

> 長安進士鄭愚、劉參、郭保衡、王沖、張道隱等十數輩，不拘禮節，
> 旁若無人，每春時，選妖妓三五人，乘小犢車，指名園、曲沼，藉
> 草裸形，去其巾絹，叫笑喧呼，自謂之「顛飲」。（《開元天寶遺事·

---

〔註182〕見《唐摭言》卷一〈述進士上篇〉條，頁3。

〔註183〕見清代黃汝成《日知錄集釋》卷十七〈進士得人〉條，頁608引馬永卿語。

〔註184〕據卓遵宏《唐代進士與政治》書中所作統計，玄宗時期進士出身之宰相與尚書省要員平均佔31.88%（見該書頁74，表二十），而且在玄宗後期更由於權臣李林甫與楊國忠等人把持朝政，進士出身之中央要員比例更低至17.02%。由此看來，在玄宗時期中進士宛如登龍門之說，未免有些許誇張。然而若較之初唐時期，進士出身的宰相、尚書省要員僅佔4.85%（卓書表十九），其比例仍有大幅提升，顯見進士確是在玄宗時頗受重用。

〔註185〕其詳請參上註所引卓遵宏書第四章第二節，頁126～137，以及傅璇琮《唐代科舉與文學》第十三章，頁391～412。

顚飮》條）

長安名妓劉國容，有姿色，能吟詩，與進士郭昭述相愛，他人莫敢
窺也。後昭述釋褐，授天長簿，遂與國容相別，詰旦赴任，行至咸
陽，國容使一女僕馳矮駒齎短書云「歡寢方濃，恨雞聲之斷愛，恩
憐未恰，歎馬足以無情，使我勞心，因君滅食，再期後會，以結齊
眉」，長安子弟多誦諷焉。（同上〈雞聲斷愛〉條）

在前一節中曾提到，因進士考試與放榜的地點接近平康坊，所以無論中舉與
否，唐代進士每以一遊此長安風流藪澤爲人生樂事。像鄭愚等人的顚飮狂放
可謂墮落的象徵，至於像郭昭述與劉國容此等由狎冶而假戲眞作者，在中唐
以前尚屬鮮見，至中唐以後，唐化社會各種弊端漸次湧現，進士科考也不例
外，而進士士風之冶蕩，則較盛唐時有過之無不及。幾部以進士狎妓爲主題
的名作，如蔣防的〈霍小玉傳〉、白行簡的〈李娃傳〉等，遂一一於中唐以後
問世。文中所寫雖是感人至深的士妓愛情，然自現實之理性角度以觀，卻是
有唐士風浮薄淫冶的具體表現。

熟讀唐代士妓小說者，心中不免升起一個疑問，即唐代進士試「取人頗少」，
〔註186〕自開元以後，一般情形大概是每年千餘人中取三十名左右，〔註187〕錄取
率僅約百分之二、三，即使是文學大家如韓愈、柳宗元之輩，也都是連考數次，
方得以勉強錄取。按理學子到達京師後，應是每日孜孜於書卷、唯恐考試失利
才是，何以像〈李娃傳〉中的鄭生及《北里志·楊妙兒》條中的趙光遠等人，
竟會在科考之前即沉迷於美妓溫柔鄉，以致名落孫山？又進士爲唐代社會之文
化菁英，亦非不讀聖賢書，何以其狎妓冶遊竟無絲毫道德負擔？此中內在成因
何在，頗有關乎吾人對唐代進士狎妓之風何以興盛之瞭解，不可不細論之。

質言之，唐代進士風氣之所以會趨於浮薄，進士輩會狎妓成風，主要關鍵
乃在制度設計上的缺失。當時應考舉人在到達京師後，首先是要向尙書省交納
文解和家狀，並且要結款通保並注明在長安的寓所。通保最常見的一種方式是
舉子互保，稱作「合保」，〔註188〕一般情形是「五人自相保，其衣冠則以親姻故
舊、久遊同處者，其江湖之士則以封壤接近，素所諳知者爲保」。〔註189〕所謂「衣

---

〔註186〕見《文獻通考》卷三十五〈選舉考八〉，頁332欄中。
〔註187〕詳參傅璇琮《唐代科舉與文學》第十二章〈舉子情狀與科場風習〉，頁337～
338之討論。
〔註188〕參《國史補》卷下。
〔註189〕見《唐會要》卷七十六〈貢舉中·進士·文宗開成三年中書門下奏〉條，頁

冠」者即指士族子弟，「江湖之士」則是寒門子弟。此一通保規定，極易使舉子自分門類、結黨營私。在考試之前，舉子們依慣例，還得集結到國子監去拜謁孔子像，並聽學官們講經問難，國子監就位在緊臨平康坊旁的務本坊，因地利之便，一大群青年舉子在步出國子監後，通常不會立刻返回住所。基於對繁華國都的好奇，會想找個地方彼此聯絡感情，或者交換讀書心得與考試情報，此時鄰近的平康坊妓館，無疑成了聚會的最佳選擇。

此外，唐人應科考前還流行「投卷問路」，投卷一般分爲「納省卷」與「投行卷」兩種。〔註190〕前者是舉子在考試前按規定向禮部繳納，可謂是正式考試前的一種預試，因是制式化的規矩，較不受唐代士子重視。投行卷則是以自己所寫的詩賦傳奇等，投向禮部以外有擁有崇高社會名望之士，是舉子透過個人交情或請託他人，企求社會賢達對所投文章予以公開表揚和推介。因可有效影響主司視聽、增加錄取機會，所以有時比正式考試還受士人重視。宋代洪邁在論及許多人因韓愈的事先推薦而錄取，而有所謂「韓門子弟」一事時即曾說道：「唐世科舉之柄，顓付之主司，仍不糊名，又有交朋之厚者爲之助，謂之『通榜』。」〔註191〕因此許多外地士子到達京師後，急切之務並不在於溫習故卷，而是要四出去拜訪長安的名公巨卿，借助他們的稱譽而造成聲名。如此即使考試成績不佳，也有可能因士林交相讚譽，給予主司無形的壓力，而獲致意外錄取的機會。甚至有人在未試之前，即因所投行卷廣受名士讚譽，而能幸運地未放榜先定名次，考試徒爲形式，其例可以杜牧爲代表。據《唐摭言》卷六〈公薦〉條云，以風流聞名於世的杜牧，在未試之前以〈阿房宮賦〉投時任太學博士的吳武陵，吳盛讚其文曰「其人眞王佐才」，遂向當年主司崔偃極力推薦杜牧。下面這一段吳、崔二人間的對話，可有助吾人瞭解唐代科考某些不爲人知的內幕：

> 武陵曰：「請侍郎與（杜牧）狀頭。」
> 偃曰：「已有人。」
> （武陵）曰：「不得已，即第五人。」
> 偃未遑對，武陵曰：「不爾，即請此賦。」
> 偃應聲曰：「敬依所教。」

1636。
〔註190〕詳參傅璇琮《唐代科舉與文學》第十章〈進士行卷與納卷〉，頁259～275。
〔註191〕見《容齋四筆》卷五〈韓文公荐士〉條，頁534。

後來有人批評杜牧平日不拘細行的缺點，但主司崔郾卻辯稱「已許吳君矣，牧雖屠沽，不能易也！」

從杜牧之例可以見出，唐代進士科考，成績固然重要，但若能在考前獲得有力人士推薦，及第自如探囊取物。〔註192〕崔郾身爲知貢舉，非但在考前已決定狀元誰屬（想必也是他人的推薦或請託），甚至連二至四名也已內定完畢，因此杜牧只能屈居第五。更令人訝異的是，此等形同舞弊之事，在當時似是公開祕密，有人質疑杜牧的人品，崔郾向振振有詞地爲其開脫，絲毫不以爲意，亦未見有人舉發或朝廷予以處份，想必是時代默許之普遍風氣。風氣如此，如果權臣貴冑要威脅利誘主司，使自己屬意者上榜，有時即使狀元已定，依舊難保不被變更。例如著名的「鬱輪袍」故事，講的就是玄宗時王維如何藉由歧王和公主的暗中協助，將原定爲狀元的張九皋取以自代。〔註193〕小說家言未必盡實，但當非空穴來風，想是盛唐時已有此風氣。見之於正史記載者，亦不乏其例，如楊國忠即曾利用權勢，強迫當時的知貢舉禮部侍郎達奚珣取其子楊暄明經及第。〔註194〕到中唐時，其風更甚，如德宗時的宗室李實，曾因向知貢舉的禮部侍郎權德輿託私薦士，遭權德輿婉拒後，竟然變本加厲地一次提出二十個人的名單，威脅權德輿「可依此第之，不爾，必出外官，悔無及也！」權德輿到底是正直之士，並未屈服，「然頗懼其誣奏」。〔註195〕可見當時主司之難爲，與唐代權貴對科考干涉的嚴重程度。

另一項干擾考試結果不公平的因素是，唐代有條不成文的規定，即主司閱卷後所擬定的榜單，在正式定案公佈前，須親自送給宰相過目，謂之「呈榜」。如果宰相對名單有意見或心中另有人選，則可臨時加以更換，其用意本

〔註192〕唐代此類事例甚多，其中最出名者當屬韓愈，如《唐摭言》卷六〈公薦〉條云，牛僧孺因韓愈、皇甫湜之提拔而聲名大振，果爾高中。又《因話錄》卷三〈商部下〉條亦載有程昔範受韓愈力保仍落第，以致天下人爲之「大振屈聲」，《國史補》卷下云「韓愈引致後進，爲求科第，多有投書請益者，時人謂之『韓門子弟』」，其實並非眞正登門受教，而是投行卷得其讚譽致名噪一時而已。韓愈尚屬有守之筆，經其推薦者無論親疏，一般均在水平以上，若如令狐綯之流，所薦即龍鼠相雜，且以親知爲主，溫庭筠曾有〈戲令狐相〉詩云「自從元老登庸後，天下諸胡悉帶鈴」，其詩題下注曰：「令狐綯爲相，以姓氏少，族人有投者，不吝其力，由是遠近皆趨之，致有姓胡冒令者。」（見《全唐詩》卷八七一，頁9879）

〔註193〕參薛用弱《集異記·王維》條。

〔註194〕參《新唐書》卷二〇六〈外戚·楊國忠傳〉，頁5851。

〔註195〕參《舊唐書》卷一三五〈李實傳〉，頁3731～3732。

是在預防主司濫權，增加政府監督科考的能力，但因無形中賦予宰相對榜單有終極裁量權，遇到居心不正者，自然就不免被上下其手，嚴重影響考試的公平性。最著稱的例子，就是宣宗晚年令狐綯玩弄權術，欲使其子令狐滈僥倖登第的醜聞：

> 唐大中末，相國令狐綯罷相，其子滈應進士舉，在父未罷相前，預拔文解及第，諫議大夫崔瑄上疏，述滈弄父權，勢傾天下，以舉人文卷須十月前送納，豈可父身尚居於樞務，男私拔其解名，干撓主司，侮弄文法，恐姦欺得路，孤直杜門云云，請下御史臺推勘。疏留中不出。〔註196〕

令狐綯罷相在懿宗咸通元年二月，〔註197〕正是政權交替青黃不接之時，也是正當科考之際，而先前他就內定己子及第，若其仍在位，恐怕崔瑄不能有此奏疏。雖有人路見不平起而上奏，然形勢終究比人強，因令狐綯黨羽甚盛，主司不敢得罪，仍舊依其意放令狐滈為大中十四年進士及第。〔註198〕史稱大中之政有貞觀之風，其時尚且如此，則中晚唐其他時期可以想見。這位靠乃父權勢躍登龍門的令狐滈，為人「驕縱不法，日事遊宴，貨賂盈門，中外為之側目」，〔註199〕如此放蕩不拘的貴家子弟，自然不忘平康狎遊之樂，而且還是妓館的常客：

> 令狐滈博士，相君當權日，尚為貢士，多往此曲，有暱熟之地往訪之。（《北里志・跋》）

可能也是因為這種權相干預科考的惡習事態嚴重，李德裕當政時，就曾兩度上奏，請求明令廢罷呈榜之制。〔註200〕但令狐滈之事發生在李德裕建議之後，顯見人亡政息，即使他個人有意改革，不再要求主司呈榜，但繼任者迅即恢復舊態，仍無助於整個考試的公平。

　　貴冑權臣干預之外，中晚唐時期，由於宦官權勢的膨脹，科考也難逃其干涉，其中著稱者是仇士良薦裴思謙事：

〔註196〕見《北夢瑣言》卷一，頁4～5。

〔註197〕參《舊唐書》卷十九上〈懿宗紀〉頁650，以及卷一七二〈令狐綯傳〉頁4467～4469之相關記載。

〔註198〕見《登科記考》卷二十二，頁836。

〔註199〕見《舊唐書》卷一七二〈令狐綯傳〉，頁4468。

〔註200〕見《唐會要》卷七十六〈貢舉中・進士・文宗大和八年正月中書門下奏〉條，頁1635～1636，以及《冊府元龜》卷六四一〈貢舉部・條制三・武宗會昌三年正月〉條，頁7685欄下。

> 高鍇侍郎第一榜，裴思謙（欲）以仇中尉關節取狀頭，鍇庭譴之，
> 思謙迴顧屬聲曰：「明年打春取狀頭！」明年，鍇戒門下不得受書題，
> 思謙自懷士良一緘入貢院，既而易以紫衣，趨至階下白鍇曰：「軍容
> 有狀，薦裴思謙秀才。」鍇不得已，遂接之。書中與思謙求巍峨，
> 鍇曰：「狀元已有人，此外可副軍容意旨。」思謙曰：「卑吏面奉軍
> 容處份，裴秀才非狀元，請侍郎不放。」鍇俛首良久曰：「然則略要
> 見裴學士。」思謙曰：「卑吏便是！」思謙辭貌堂堂，鍇見之改容，
> 不得已遂禮之矣。〔註201〕

高鍇放裴思謙進士狀元及第乃文宗開成三年事，〔註202〕當時仇士良任京師神策軍中尉，正是甘露事變後諸閹氣燄衝天之際。高鍇其實亦非庸懦之輩，他曾連續知貢舉三年，「選擢雖多，頗得實才，抑豪華，擢孤進」，〔註203〕但如此忠正主司，最後卻仍不得不屈服在仇士良的強大壓力下，讓囂張無禮的裴思謙予取予求。類似裴思謙此等舉人，其德行自然與令狐滈之流相去不遠，平康狎遊之事在所難免，史云：

> 裴思謙狀元及第後，作紅箋名紙十數，詣平康里，因宿於里中，詰
> 旦，賦詩曰：「銀缸斜背解鳴璫，小語偷聲賀玉郎，從此不聞蘭麝貴，
> 夜來新惹桂枝香。」〔註204〕

裴思謙詩中非僅不因自己託宦官關節脅取狀頭為恥，反而還自我吹噓，認為自己及第折桂之後，身價已勝蘭麝之貴，觀其無恥情狀，實已至極。時至晚唐，情形更加嚴重，舉子們甚至結黨公開巴結閹宦以求取功名，如名列僖宗時所謂「芳林十哲」之一的秦韜玉，即以勾結大閹田令孜作為進身之階，《唐摭言》卷九言其「出入大閹田令孜之門……及小歸公（按：即歸仁澤）主文，韜玉准敕放及第，仍編入其年榜中，韜玉置書謝新人、呼同年略曰：『三條燭下，雖阻文闈，數仞牆邊，幸同恩地。』」所謂「敕放及第」，當然是田令孜作的指示，而秦韜玉仍以此沾沾自喜，慶幸自己因交結宦寺得宜方能蒙此恩賜。當時人稱秦韜玉等人為「芳林十哲」，實褒中帶貶，此十人均略有文名，只是擅於交結中貴，德行為時人所不恥。此一宦官外圍集團，不僅借助宦官

---

〔註201〕見《唐摭言》卷九〈惡得及第〉條，頁100。
〔註202〕參《登科記考》卷二十一，頁777。
〔註203〕見《舊唐書》卷一六八〈高鍇傳〉，頁4388。
〔註204〕見《唐摭言》卷三〈慈恩寺題名遊賞賦詠雜記〉條，頁40。

而登第，更常仗侍宦官勢力，干預科考，主司若有不從，即百般加陷，如劉允章就曾因未順其意，而由禮部侍郎被貶放京外閒職。〔註205〕士風淪落至此，難怪清代的全祖望要感歎道：

> 唐人以詞賦取士，苟得於功名，至於投貴主、投中官，則士氣已盡，
> 固無論其餘！〔註206〕

以上所討論唐代進士狎妓風盛的內在成因，總結而言，如果說科考結果是依考試成績來論錄取與否，則考前狎遊之事當不多見，因孜孜於課業尚恐不及，何來興致狎妓冶遊？但如前文所述，很多時候，是否及第與考試成績並無直接關係，反而是如何走對門路、巴結名士權貴，成為應考舉人來京後的首要必修功課。在如此風習之下，進士風氣如何能不趨於澆薄浮華？類似令狐滈、裴思謙之輩，在當時不知凡幾，一般進士若想要順利及第，對其攀緣附會者勢必為數不少。而欲勾結此類無恥之輩自不免要作飲宴以取樂，其最佳去處若如平康妓館，所以像鄭生、趙光遠那般，應考前即已沉迷妓館的狎邪行徑，要從此一背景上去瞭解，方能得到真切之認識。

## 二、進士的狎妓冶遊

進士的狂放狎邪，除與考試制度之設計不當有關外，更與考試放榜後的狂歡慶祝關係密切。無論是憑實力或靠關係，有幸進士及第總是件光耀門楣、深值慶祝之大事，慶功宴上歌舞妓樂助興自是難免。小焉者個別家庭慶祝，如西川節度使楊汝士為其子楊知溫及第「開家宴相賀，營妓咸集」。〔註207〕大焉者則有各式各類按慣例新科進士必須參加的宴集，其名目相當繁多，據《唐摭言》卷三〈謝名〉條云，至少有「大相識、小相識、開喜、櫻桃、月燈、打毬、牡丹、看佛牙、關讌」等十種，其中與進士狎妓風氣關係較大者，當屬關讌與杏園宴。

先說關宴，一般習稱曲江宴，這是所有讌集中最後舉行也是最盛大的一種。因宴後及第進士們即各奔前程，一別難得再聚，故亦稱「離宴」，備受舉子重視。曲江池位在長安城東南隅，其旁有芙蓉園，皆是當時的遊賞勝地，尤其每年上巳祓禊時，曲江更是長安士民必到之地（參前節所述）。據近人考

〔註205〕見《唐語林》卷三〈方正〉條，頁65。
〔註206〕見《鮚埼亭集·外集》卷三十〈門生論〉條。
〔註207〕見《唐摭言》卷三〈慈恩寺題名遊賞賦詠雜記〉，頁37。

證，唐時曲江池的四至，南到芙蓉園與曲池坊之北，西到晉昌坊、慈恩寺與
杏園之東，北到修行坊之南，東達長安東夾城之西，佔地達七十萬平方公尺。
〔註208〕且「曲江其深處，下不見底」，〔註209〕四周環境尤其優美，晚唐的康
駢在《劇談錄》卷下曾對曲江景致素描如下：

> 曲江池，本秦世隑州，開元中疏鑿，遂爲勝境，其南有紫雲樓、芙
> 蓉苑（園），其西有杏園、慈恩寺，花卉環周，煙水明媚，都人遊玩，
> 盛於中和、上巳之節，彩幄翠幬，匝於堤岸，鮮車健馬，比肩擊轂……
> 入夏則菰蒲蔥翠，柳蔭四合，碧波紅蕖，湛然可愛。

在文人墨客的生花妙筆下，曲江景色之美與都人遊賞之盛，更成了唐人詩文創
作的重要資源。〔註210〕尤其到了春天三月科考放榜後，新及第進士齊集曲江宴
遊，更爲美麗的曲江春景增色不少。曲江宴原本是爲慰藉落第舉子而設的簡陋
宴席，但因逐漸受到及第進士的重視後，遂一轉而爲「向之下第舉人不復預」
的慶功大宴，〔註211〕其宴會之盛況，備載於《唐摭言》卷三〈散序〉條：

> 長安遊手之民，自相鳩集，目之爲「進士團」，初則至寡，洎大中、
> 咸通已來，人數頗眾，其有何士參者爲之酋帥，尤善主張宴席，凡
> 今年才過關宴，士參已備來年遊宴之費，繇是四海之內，水陸之珍，
> 靡不畢備，……過曲江大會，則先牒教坊請奏，上御紫雲樓，垂簾
> 觀焉，時或擬作樂，則爲之移日……人置被袋，例以圖障、酒器、
> 錢絹實其中，逢花即飲……曲江之宴，行市羅列，長安幾於半空，
> 公卿家率以其日揀選東床，車馬闐塞，莫可殫述。

所謂「進士團」，過去有人將其解釋爲同年登科進士爲求聯絡感情、促進團結
所組成的互助性組織，〔註212〕此殆望文生義所致之誤解。據傅璇琮先生之考
證，進士團者乃「唐代長安民間興辦的貿利性的商業機構，而作生意的對象
則爲新科進士」。〔註213〕因爲唐代進士放榜後，要依例參加各種儀式，如拜謝

---

〔註208〕參夏著〈據《白氏長慶集》考唐代長安曲江池〉，以及杭德州等〈唐長安城地
　　　基初步探測〉之考古實測。
〔註209〕見張禮《遊城南記》。
〔註210〕有關唐人曲江遊賞風尚之詳情，可參宋師德熹〈唐代曲江宴遊之風尚〉文中
　　　之討論。
〔註211〕見《唐摭言》卷三〈慈恩寺題名遊賞賦詠雜記〉〈散序〉條引《國史補》言。
〔註212〕見卓遵宏《唐代進士與政治》，頁140。
〔註213〕參氏著《唐代科舉與文學》第十一章〈進士放榜與宴集〉之註21，頁331～
　　　332。

座主、參謁宰相以及同年進士的各式宴集等等，進士團就倚其經驗，靠爲新科進士安排這些繁瑣雜事而從中牟利，可謂唐代的進士包辦服務公司。進士團所由輩多是長安遊民，對京師地形人文均十分熟悉，而初次來京的進士，則對繁華都會充滿好奇，在新科及第的興奮刺激下，某些進士團的不肖之徒，便會勾引血氣方剛、好色不惜財的新科進士，到妓館中一嘗風流況味，甚至藉機詐騙錢財。如《北里志‧天水僊哥》條就記載新及第的劉覃，因爲世家子弟，家中富有，又初到長安，對風月場所頗有憧憬，受到他人煽惑而想一親女妓天水僊哥芳澤。於是進士團「所由輩僭與天水議，每令辭以他事，重難其來，覃則連增所購，終無難色。會他日天水實有所苦，不赴召，覃殊不知信，增繒不已，所由輩又利其所乞，且不忠告，而終不至。」後來劉覃好不容易見到其貌不揚的天水僊哥，但所費已百餘金矣！當時類似劉覃這樣未經世事的新科進士被進士團和妓女聯手敲詐的案例，恐怕還有不少。可見唐代進士的狎妓尋歡，進士團所由輩也起著不小的觸媒作用。

　　至於進士曲江宴上狎妓的消費金額，亦見於《唐摭言》卷三〈散序〉條中：

> （同年進士中）主（樂）兩人，一人主飲妓，放榜後，大科頭兩人（原注：第一部），常詰旦至期集院，常宴則小科頭主張，大宴則大科頭，縱無宴席，科頭亦逐日請給茶錢（原注：平時不以數，後每人日五百文），第一部樂官科地每日一千，第二部五百，見燭皆倍，科頭皆重分。

所謂「第一部」、「第二部」、「科頭」、「科地」等，指的是樂妓的品級，第一部優於第二部，科頭優於科地，〔註214〕依引文中所言，可製一簡表來大略推算出進士曲江宴的狎妓消費情形：

第一部科頭（晝）2000 文　　　（夜）4000 文

第一部科地（晝）1000 文　　　（夜）2000 文

第二部科頭（晝）1000 文　　　（夜）2000 文

第二部科地（晝）　500 文　　　（夜）1000 文

茶錢：每人每日　　500 文

假設每一名進士由第一部與第二部科頭、科地樂妓各一人陪宴，即四名女妓侍奉一名進士，包含茶錢，則晝宴每天每名進士花的樂妓身上的費用即須：

〔註214〕有關當時樂妓品級分類請詳參本書第三章第三節。

2000+1000+1000+500+500×4=6500（文）

若是夜宴則爲：

4000+2000+2000+1000+500×4=11000（文）

如果另外九種宴席所需花費爲曲江宴之半，則合計一名進士參加所有宴會完畢，單是用於招妓的消費金額爲：

（6500÷2）×9+6500=35750（文）

若是夜宴則爲：

（11000÷2）×9+11000=60500（文）

假若讌集前後爲期一個月，則所須晝宴費用爲：

35750×3=107250（文）

夜宴費用則爲 60500×3=181500（文）

這還不包括籌備宴會所須的開銷及付給進士團的服務費等等，〔註215〕且一個月的宴集計時尚稍嫌保守。據《北里志・序》言，當時進士們「僕馬豪華、宴遊崇侈」，宴集時間則是「自歲初等第於甲乙……延至仲夏」，爲時可能長達三、四個月之久，則妓宴消費可能猶不只此數。若與進士日後初任官職時的收入相比，曲江宴之類的宴席，確實可稱得上是奢侈浪費。依唐代常例，進士及第須再經吏部試後方能釋褐任官，而其初期所授官職，通常是像校書郎之類九品上下的清要職，〔註216〕其薪俸每月約一萬六千文，〔註217〕折算其宴集消費所需，竟高達其任官首年之全部薪俸！對貧寒士人而言，恐怕就職後的前兩三年都必須舉債度日，〔註218〕更何況很多人都是吏部屢試不取，甚至只能在地方縣衙任職小吏，其待遇與升遷尤不如在京爲官者。然而爲何有唐進士仍不惜所費、年年樂此不疲呢？其中緣故不外有二，一是帝王的重視，除提供教坊妓樂爲進士宴集助興外，偶爾皇帝也會親臨觀遊，賞賜進士們御饌。雖非常例，但能有機會一睹聖顏，甚至與皇帝當面交談，對有志仕途者而言，自是千載難逢之良機。若能因此贏得皇帝賞識，則官運必當一路亨通，

〔註215〕新科進士之花費實甚繁多，如《唐摭言》卷三〈期集〉條云，在期集院一進士被釀罰的數目即達一萬文至三萬文之譜。

〔註216〕參《十七史商榷》卷八十一〈登科未即釋褐〉條，以及傅璇琮《唐代科舉與文學》第七章〈進士考試與及第〉，頁 192～197。

〔註217〕參《新唐書》卷五十五〈食貨五〉，頁 1404。

〔註218〕參《陔餘叢考》卷二十七〈預借俸錢〉條，言及許多進士及第初即須預借俸錢度日，原因應該也在於進士宴集上之龐大花費。

屆時榮華富貴享之不盡，宴集所費實不足惜。另一個原因是，即使無緣一睹聖顏，但因許多公卿貴族，均樂於利用宴遊的公開場合，挑選東床快婿，在重門第婚姻的唐代，仕不由進士及婚不與高門，是同樣讓士人引為遺憾終身之事。一心登龍門的新科進士，為求攀結名門貴媛，以利來日鴻途大展，自然會不惜代價參加宴集，因此才使得曲江宴集與日俱盛且歷久不衰。

　　進士宴集對於長安社會民風的影響，觀前引文中曲江宴集時「長安幾於半空」一語可知。進士及第本是唐人心目中人生至高無上之光榮，因此無論士庶，人人皆欲一睹新科進士之風采，而進士們在曲江宴中挾妓冶遊，行徑不免放浪。且依前文所設，若以四妓侍一進士而每年及第三十人計，則所須女妓多達一百二十人，可能全長安名妓輩皆盡集於此矣！這對長安妓業之發達與士民猥妓風尚之煽誘，必然都起著莫大的鼓舞作用。正因進士宴集的諸多弊端，對社會民風有著極不良之影響，所以在武宗時，宰相李德裕就曾上〈停進士宴會題名疏〉，請求下詔停辦曲江宴，〔註219〕武宗也確曾封閉曲江池，不准士庶閒遊。但此一禁令不符時代潮流，並未為後繼者所遵，尤其宣宗大中年間特重科舉，進士宴集奢華程度有增無減，但貧寒之士已無力負擔，有能力考進士者「率多膏粱子弟」（《北里志‧序》）。到了僖宗乾符二年（西元 875 年）朝廷又下詔曰：

> 近年以來，澆風大扇，一春所費，萬餘貫錢，況在麻衣，從何而出？
> 力足者樂於書罰，家貧者苦於成名，將革弊詭，實在中道，宜令禮
> 部切加戒約，每年有名宴會，一春罰錢及舖地等相許，每人不得（過）
> 一百千，其勾當分手不得過五十人，其開試開宴并須在四月內，稍
> 有違越，必舉朝章，仍委御史臺當（按：應為常）加糾察！〔註220〕

由此詔文所言可見，自中唐以來進士宴集的奢華，迄晚唐時猶仍依舊。由「一春所費，萬餘貫錢」觀之，本文前面對進士宴集消費額之推論，尚稍嫌低估，萬貫相當一千萬文，是進士釋褐後任九品官月俸的五百倍，相當於一品官半年的薪俸。詔書中所允許的消費金額一百貫，也值九品官半年多的薪俸，這些消費不全是狎妓所費，但亦必佔其大宗，宴集時間限於四個月內宴畢，想必先前為時更長。足見曲江宴遊已成勢所難禁的社會習尚，朝廷縱是有意加

---

〔註219〕參《全唐文》卷七〇一頁 9115 欄下～9116 欄上，另據《登科記考》卷二十二頁 790 言，此奏上在會昌三年正月。

〔註220〕見〈戒約新及第進士宴遊敕〉，《全唐文》卷八十八，頁 1148 欄上～欄下。

以改革，也只能下令要求御史臺稍予規範。而無法全面禁止，此風不替直迄唐亡，奢華浮冶的曲江宴遊，才隨著大唐帝國的崩潰同歸於盡。〔註221〕

　　新科進士宴集中，另一規模略小但同樣狎邪意濃者爲杏園宴，杏園位於曲江之西，與慈恩寺南北相望，據宋人張禮《遊城南記》言：

　　　　杏園與慈恩寺南北相值，唐新進士多遊宴於此，芙蓉園在曲江之西

　　　　南，隋離宮也，與杏園皆秦宜春下苑之地。

可見杏園亦自古爲長安遊宴之處，唐代杏園宴又名「探花宴」，其性質與曲江宴略有不同，據唐代李綽《秦中歲時記》云：

　　　　進士杏園初宴謂之「探花宴」，差少俊二人爲探花使，遍遊名園，若

　　　　他人先折花，二使皆被罰。〔註222〕

長安春季本自盛唐時即有園林賞花遊春之俗，〔註 223〕而當新科進士春宴之際，很多私人林園也爲一沾喜氣，慨然開放林園供探花使選摘名花，如張籍〈喜王起侍郎放榜〉詩云：

　　　　東風節氣近清明，車馬爭來滿禁城，二十八人初上牒，百千萬里盡

　　　　傳名，誰家不借花園看，在處多將酒器行，共賀春司能鑒識，今年

　　　　定合有公卿。〔註224〕

可以看出進士探花在當時爲長安城帶來的歡樂氣氛。當然，寫進士探花內心

---

〔註221〕據五代錢易《南部新書・庚》言「曲江池，（哀帝）天祐初，因大風雨，波濤震盪，累日不止，一夕無故，其水盡竭，自後宮闕成荊棘矣！今爲耕民蓄作陂塘，資澆漑之用，每至清明節，都人士女猶有泛舟於其間者。」可見曲江池自唐末即已面目全非，至後梁遷都，長安不復昔日地位，曲江宴遊之風尚殆亦隨之絕矣。

〔註222〕另據宋代趙彥衛《雲麓漫鈔》卷七引《秦中歲時記》稱「期集謝恩了，……仍於曲江點檢，……次即杏園初宴。」（頁108）與今本《類說》中所見原文有異，似乎是曲江大會後才有杏園宴，然而曲江宴乃所謂「關宴」，又稱「離宴」，宴後進士們即各奔前程，不宜再有杏園宴，且「杏園宴」一詞並未出現在《唐摭言》卷三〈讌名〉條中，趙彥衛所引文中有「若他人折得花卉，先開牡丹、芍藥來者，即各有罰」之語，唐人俗重牡丹花，探花使之主要任務，極可能是在探索京城之牡丹名花，若此，則所謂「杏園宴」或即《唐摭言・讌名》條中「牡丹宴」之別稱，其舉行當在曲江宴之前，而非曲江宴後另有杏園宴也。

〔註223〕參《開元天寶遺事》〈看花馬〉、〈探春〉等條。

〔註224〕見《全唐詩》卷三八五頁4333。不過此詩有一疑點，據《登科記考》卷十四頁524載，張籍乃德宗貞元十五年進士及第，當年進士錄取十七人，諸科四人，《文獻通考》卷二十九〈選舉考二〉載「唐登科記總目」所計其數亦同（頁278欄下），張籍詩言「二十八人初上牒」，未知所指爲何。

情緒之亢奮、及第喜悅之高昂者，還要首推孟郊的〈登科後〉詩：

> 昔日齷齪不足誇，今朝放蕩思無涯，春風得意馬蹄疾，一日看盡長
> 安花。〔註225〕

這種以賞花爲主題的杏園宴，在賞花飲酒、高談縱歡之際，自然少不了妓樂
相伴，如皮日休〈登第後寒食杏園有宴因寄錄事宋垂文同年〉詩云：

> 雨洗清明萬象鮮，滿城車馬簇紅筵，恩榮雖得陪高會，科禁惟憂犯
> 列仙，當醉不知開火日，正貧那似看花年，縱來恐被青娥笑，未納
> 春風一宴錢。〔註226〕

皮日休乃懿宗咸通八年登第，因系出寒門，還曾在曲江宴上遭富貴同年作弄。
〔註227〕在此詩中，除了對自己得以在杏園宴中，與朝廷要員並肩同坐，深感
徨恐外，更有趣的是，他可能因家貧而乏狎妓的經驗，竟然無謂地擔心起自
己是否會因過於放縱，而引來身旁樂妓的嘲弄。另一位雖非寒士出身，卻也
在場屋中失意達二十多年之的韓偓，〔註228〕在及第之後的杏園宴，有幸出任
探花使而作〈余作探花使以繚綾手帛子寄賀因而有詩〉云：

> 解寄繚綾小字封，探花筵上映春叢，黛眉印在微微綠，檀口消來薄
> 薄紅，綣處直應心共繫，研時兼恐汗先融，帝臺春盡還東去，卻繫
> 裙腰伴雪胸。〔註229〕

此詩香豔風味頗濃，由其中的「映春叢」、「黛眉」、「檀口」、「裙腰伴雪胸」
等句，可以判斷出這位送繚綾手帛子賀韓偓進士及第又任探花使的人，應該
也是一位杏園宴上的樂妓。

以上所言乃新科進士在初及第時參加曲江宴與杏園宴時之狎妓風流，然而
此等風流情態並非新科進士所獨有，任官之後繼續狎邪者亦大有人在。除在下
一章討論唐妓與士人關係時將述及者外，此處想先以孫棨《北里志》作一個案
處理，將其書中所記（包含附錄）狎客的身份屬性略作考據，檢驗出進士及第
者往平康妓坊狎冶之比率究竟如何，以說明有唐進士狎妓的實際情形。爲方便
討論起見，茲先依據《北里志》所載，製一「《北里志》狎客身份一覽表」如下：

---

〔註225〕見《全唐詩》卷三七四，頁4205。

〔註226〕見《全唐詩》卷六一三，頁7068。

〔註227〕參《登科記考》卷二十三頁854，引《玉泉子》文。

〔註228〕有關韓偓失意場屋之確實時間，可參《唐才子傳校箋》第四冊卷九〈韓偓〉
　　　　條頁233～234中，周祖譔、吳在慶二先生所作之考證。

〔註229〕見《全唐詩》卷六八二，頁7825。

### 表六　《北里志》狎客身份一覽表

| 姓　名 | 職　稱 | 身份 | 相關參考資料 |
|---|---|---|---|
| 1. 孫　棨 | 翰林學士 | 官 | 《新唐書》卷七三下〈宰相世系表三下〉頁 2953、《北里志・序》、鄭谷〈偶懷寄臺院孫端公棨〉詩（《全唐詩》卷六七六，頁 7757）、《唐才子傳》卷九、《直齋書錄解題》卷十一。 |
| 2. 鄭休範 （字仁表） | 右史 （即右起居郎） | 官 （進士出身） | 《新唐書》卷一八二頁 5366 本傳、《唐摭言》卷十二頁 136〈自負〉條、卷十三頁 147〈敏捷〉條、《唐語林》卷三頁 84〈賞譽〉條、《登科記考》卷二三頁 856。 |
| 3. 劉　覃 | | 進士及第 | 《唐摭言》卷三頁 38 及 41〈慈恩寺題名遊賞賦詠雜記〉條、《登科記考》卷二三頁 874。 |
| 4. 鄭　寶 （字貢華） | （與劉覃同年） | 進士及第 | 《新唐書》卷六十頁 1608〈藝文四〉、《登科記考》卷二三頁 874～875。 |
| 5. 李　全 | 戶部府吏 | 吏 | 無 |
| 6. 郭　鍛 | 萬年縣捕賊官（郭子儀之後） | 吏 | 無 |
| 7. 鄭昌國 （字光業） | 補袞 （即補闕） | 官 （進士出身） | 《唐摭言》卷三頁 41〈慈恩寺題名遊賞賦詠雜記〉條、卷十二頁 140〈輕佻〉條、《登科記考》卷二七頁 1079。 |
| 8. 王　調 （字致君） | 左諫 （即左諫議大夫） | 官 | 無 |
| 9. 鄭　轂 （字禮臣） | 右貂 （即右散騎常侍） | 官 | 無 |
| 10. 孫　儲 （字文府） | 夕拜 （即給事郎） | 官 | 《北夢瑣言》卷九頁 72、《新唐書》卷一八三頁 5386。 |
| 11. 趙　崇 （字扄山） | 小天 （即吏部侍郎） | 官 （進士出身） | 《登科記考》卷二三頁 684。 |
| 12. 李　騭 | 翰林學士 | 官 | 無 |
| 13. 劉允章 | 翰林學士 | 官 （進士出身） | 《舊唐書》卷一五三頁 4086、《新唐書》卷一六○頁 4970、《登科記考》卷二三頁 856～857。 |

| | | | |
|---|---|---|---|
| 14. 劉承雍 | 翰林學士 | 官<br>（進士出身） | 《舊唐書》卷一六〇頁 4213，附於其父劉禹錫傳末、《登科記考》卷二七頁 1058。 |
| 15. 孫 偓<br>（字龍光） | | 進士及第 | 《新唐書》卷一八三頁 5386、《唐摭言》卷八頁 84〈夢〉條、《登科記考》卷二三頁 845 |
| 16. 侯 潛<br>（字彰臣） | （與孫偓同年） | 進士及第 | 《登科記考》卷二三頁 876。 |
| 17. 杜彥殊<br>（字寧臣） | 同上 | 進士及第 | 《登科記考》卷二三頁 876。 |
| 18. 崔昭愿<br>（字勛美） | 同上 | 進士及第 | 《登科記考》卷二三頁 876。 |
| 19. 趙光逢<br>（字延吉） | 同上 | 進士及第 | 《舊唐書》卷一七八頁 4623、《舊五代史》卷五八頁 775、《新五代史》卷三五頁 378、《登科記考》卷二三頁 876。 |
| 20. 盧 擇<br>（字文舉） | 同上 | 進士及第 | 《登科記考》卷二三頁 876。 |
| 21. 李茂勳<br>（李茂藹弟） | 同上 | 進士及第 | 《舊五代史》卷一三二頁 1743 有李茂勳傳，然其乃李茂貞弟，非茂藹弟，未知是否即此人？另見《登科記考》卷二三頁 876。 |
| 22. 盧嗣業 | 同上 | 進士及第 | 《舊唐書》卷一六三頁 4273、《登科記考》卷二三頁 876、卷二七頁 1066。 |
| 23. 劉崇魯<br>（字郊文） | | 進士及第 | 《舊唐書》卷七九頁 4666、《新唐書》卷九十頁 3769、《登科記考》卷二三頁 878。 |
| 24. 李深之 | （與劉崇魯同年） | 進士及第 | 《登科記考》卷二三頁 878。 |
| 25. 夏侯澤<br>（字表中） | | 進士及第 | 《舊唐書》卷一七七頁 4605，附於其父夏侯孜傳末，另見《登科記考》卷二三頁 868。 |
| 26. 趙光遠 | （未及第） | 舉子 | 《唐摭言》卷十頁 177〈韋莊奏請追贈不及第人近代者〉、《唐才子傳校箋》卷九〈趙光遠〉條。 |
| 27. 閭閻豪家 | | 豪富 | 無 |
| 28. 蕭 遘 | 翰林學士<br>（後為相） | 官<br>（進士出身） | 本傳見《舊唐書》卷一七九頁 4645、《新唐書》卷一〇一頁 3960，另見《登科記考》卷二三頁 848。 |
| 29. 崔 徹<br>（字垂休） | | 進士及第 | 無 |

| 30. ？？山 | （與崔徹同年） | 進士及第 | 無 |
|---|---|---|---|
| 31. 崔澣<br>（字知之，一作知止） | 天官侍郎<br>（即吏部侍郎） | 官<br>（進士出身） | 《舊唐書》卷一七七頁 4590、《新唐書》卷一八二頁 5364、《登科記考》卷二二頁 834。 |
| 32. 張言 | 綵纈鋪主 | 豪富 | 無 |
| 33. ？？坤 | 街使令 | 吏 | 無 |
| 34. 計？？ | 巡遼<br>（按：應爲僚） | 吏 | 無 |
| 35. 韋？？ | （相國韋宙子） | 官家子弟 | 其父韋宙傳見《新唐書》卷一九七頁 5631。 |
| 36. 常？？ | （侍衛常增子） | 官家子弟 | 無 |
| 37. 于梲 | | 進士及第 | 《唐摭言》卷九頁 99〈惡得及第〉條、《登科記考》卷二三頁 879。 |
| 38. 李瀚<br>（字文遠） | | 進士及第 | 《登科記考》卷二七頁 1099。 |
| 39. 李標 | | 進士及第 | 無 |
| 40. 陳小鳳 | | 豪富 | 無 |
| 41. 胡證 | | 進士及第 | 本傳見《舊唐書》卷一六三頁 4259、《新唐書》卷一六四頁 5048，另見《登科記考》卷一二頁 452。 |
| 42. 裴度 | （與胡證同年後爲相） | 進士及第 | 本傳見《舊唐書》卷一七〇頁 4413、《新唐書》卷一七三頁 5209，另見《登科記考》卷一二頁 451、卷一三頁 469、491。 |
| 43. 裴思謙 | | 進士及第 | 《唐摭言》卷三頁 40〈慈恩寺題名遊賞賦詠雜記〉條、卷九頁 100〈惡得及第〉條、《登科記考》卷二一頁 777。 |
| 44. 鄭合敬 | | 進士及第 | 《唐摭言》卷三頁 40〈慈恩寺題名遊賞賦詠雜記〉條、《登科記考》卷二三頁 870。 |
| 45. 王式 | 金吾<br>（即左金吾大將軍） | 官<br>（明經出身） | 本傳見《舊唐書》卷一六四頁 4282、《新唐書》卷一六七頁 5119，另見《登科記考》卷二〇頁 746。 |
| 46. 令狐滈 | | 進士及第 | 本傳見《舊唐書》卷一七二頁 4467、《新唐書》卷一六六頁 5103，又見《登科記考》卷二二頁 836。 |

　　表六這四十六個知名與不知名的狎客，從史料中可明確知道狎妓當時為新科進士或進士出身的官員共有三十人，比率達 65.22％。若再計入未及第之舉子與明經出身的二人，則所佔比率即達 69.56％，將近狎客總數的七成。顯然他們是北里狎客的最大宗，其次才是才數的富豪與吏員，可見出具進士身份的狎客所佔比重之一般。而在這一類三十二名狎客中，及第前後狎妓者有二十四人，佔此類狎客的 75％，進士出身任官後猶狎妓者有八人，佔 25％，可見新科進士的狎妓比率之高。如前所言，此當與考試制度之設計與及第後諸多宴遊娛樂密切相關，而任官後猶狎妓，表示直至晚唐，法律對於官員狎妓宿娼仍無嚴格管制，故官宦仍可如進士及第之初自由狎冶，只是可能為求士林清譽，其行徑不若先前放蕩而已。《北里志》所記是作者孫棨親身經歷及與其同僚閒談中摘記所得，因此狎客的身份多為官員或進士，乃是極自然之現象。我們固不宜由此一單獨個案中，妄行推斷唐代狎客的身份階層狀況，但至少可自此一個案中，瞭解到唐代進士狎妓的一般情形，確實是相當普遍的，有這群被奉為天之驕子的社會精英帶動，無怪乎唐人狎妓風氣會如此之蓬勃興盛。

# 第三章　唐妓之組織與生活

　　在帝王權貴及文人士子的帶動下，再加上社會經濟繁榮、都市商業發達，提供了唐妓足以充份發展的內外條件。不僅在皇宮有專供帝王皇室享用的教坊宮妓，地方藩鎮及州縣政府，也擁有爲數甚多的官妓與營妓，至於自魏晉南北朝以來即已普遍存在的家妓，更是豪門紳賈尋歡作樂所必需。最值得注意的是，大約是在中唐後期，長安開始出現民間私營的「妓館」，從既有史料來觀察，其經營方式已頗接近後世的妓院，開啓了日後娼妓業步上商業經營的先河。

　　唐妓的發展，雖在質與量上均相當可觀，可惜留存下來的史料極其有限，比較詳細述及宮妓生活的，只有崔令欽的《教坊記》(所述爲玄宗開元、天寶年間教坊全盛時事，全書僅兩千餘字)，民間私妓方面則以孫棨所著的《北里志》記載較詳細 (所述多爲晚唐時事，全書八千多字)。至於官妓、家妓則欠缺專門且有系統的論著，只能從散存於各類史料的零星記載中加以爬梳。前輩學者有關唐妓此一部分的研究成果亦屬可觀，不過在某些看法上分歧頗大，尤其是在有關唐妓如何分類的問題上更是如此。本章除透過史料的進一步考察，對前人研究成果再作綜合整理，以找出其個中盲點外，也試圖作出較爲圓滿的歷史解釋。

　　第一節將先對唐妓分類的問題重作一番釐清，並探討各類妓的出身。第二節則以《教坊記》爲中心，討論唐代宮妓的組織與生活情形。第三節則是借重《北里志》，深入探討民妓的細部問題，藉此展現其生活多采多姿與鮮爲人知的一面，並對若干歷史疑點稍作澄清與解釋。筆者深感遺憾的是，因史料的限制，無法對唐代的官妓與家妓的組織與生活作獨立討論，只能將其片段散在相關章節中論述。

# 第一節　唐妓之分類與來源

## 一、妓的分類

　　關於唐妓的分類，歷來學者意見頗為分歧，茲就聞見所及製成一簡表以明其差異：

| 學　　者 | 分類主張 | 依　　據 | 資料出處 |
|---|---|---|---|
| 1. 王桐齡 | 家妓、官妓（含營妓）、宮妓 | | 〈唐宋時代妓女考〉 |
| 2. 王書奴 | 宮妓、官妓 | 以享用者身份區分 | 《中國娼妓史》，頁 71 |
| 3. 石田幹之助 | 宮妓、官妓、家妓、民妓 | | 《增訂長安の春》，頁 106 |
| 4. 黃現璠 | 家妓、公妓（含宮妓、官妓、營妓） | 以享用者為區分 | 《唐代社會概略》，頁 78 |
| 5. 岸邊成雄 | 家妓、宮妓、官妓、公妓、民妓 | 以所有權與使用者為區分 | 《唐代音樂史的研究》上冊頁 76 |
| 6. 傅樂成 | 公妓（含宮妓、官妓、營妓）、家妓、私妓 | 以設置背景為區分 | 《漢唐史論集》，頁 134 |
| 7. 宋師德熹 | 宮妓、官妓、營妓、家妓、民妓 | 折衷傅氏、岸邊氏、石田氏三說 | 〈唐代的妓女〉 |
| 8. 高世瑜 | 家妓、官妓（含營妓）、宮妓 | | 《唐代婦女》，頁 57 |

　　仔細研究這八種分類主張，可以看出以下現象：

　　（1）除王書奴外，其他幾位學者均承認家妓的存在，而王氏將家妓也列入官妓，可能是受到史料中官妓有強烈的家妓化傾向的影響。

　　（2）唐代是否真有營妓存在，各家看法不一。

　　（3）《北里志》中的長安女妓究係官妓或民妓，似有頗大的爭議。王書奴、黃現璠、高世瑜諸氏認為其應是官妓的一種（王桐齡對此未表示意見），其他學者則主張應該歸為民妓。

　　以下且就上述三點略作討論。首先，家妓的存在應是無庸置疑的，例如《舊唐書》卷十四〈憲宗紀上〉載：「元和六年夏四月癸酉，以張茂昭家妓四十七人歸定州。」（頁 435）又《本事詩・高逸第二》：「杜（牧）為御史，分

務洛陽，時李司徒罷鎮閒居，家妓（一作聲伎）豪華，為當時第一。」另外，如白居易鍾愛的樊素、小蠻，則是一般治唐史者盡知的白氏家妓。按官宦士子或豪商巨賈家中蓄妓以自娛，乃自六朝以來即極盛行的風尚，唐代承其餘風，不少人家中也都蓄妓享樂，只是其身份與私奴婢頗難分辨。史籍在措詞上常未加細分，且因唐代官妓常有家妓化的傾向，[註1] 以致容易使人忽視家妓的存在，但從史書上的記載來看，家妓的存在應是不容否認的事實。

其次，關於營妓的問題，黃現璠以為「唐之營妓，實即官妓之別稱，故為官佐往來，必有營妓奉迎。」，[註2] 岸邊成雄則將營妓包含於官妓中謂：「營妓原是指養蓄軍中，侍隨軍士宴席、枕頭之一種官妓，惟唐代之所謂營妓，則含義廣泛，包括服侍地方文官之一般官吏。」[註3] 宋師德熹認為：「營妓則顧名思義，只對軍中開放……管轄官妓和營妓的所在稱樂營。」[註4] 綜觀這些看法的差異癥結在於：營妓是否為某一特定階層所獨佔？按營妓的出現，據傳早在西漢武帝時代，[註5] 其後歷朝是否繼續承襲，則很難從史料中獲致確證。但依常理推斷，為解決龐大軍隊的性需求，設立專為軍人服務的營妓亦非異事。且在唐人的詩文中，「營妓」一詞也屢見不鮮，例如油蔚有〈贈別營妓卿卿〉詩、崔瓘有〈贈營妓〉詩。[註6] 至於營妓是否純為軍士服務，可從《唐摭言》卷三〈慈恩寺題名遊賞賦詠雜記〉中的一段記載略窺端倪：

楊汝士尚書鎮東川，其子如溫及第，汝士開家宴相賀，營妓咸集，
汝士命人與紅綾一匹，詩曰：「郎君得意及青春，蜀國將軍又不貧，

[註1] 關於唐代「官妓家妓化」的問題，岸邊成雄氏曾有過詳細的討論，可參氏著
《唐代音樂史的研究》下冊頁 373～374。官妓常因地方官的任意驅使，而在
某種程度上近似官員的家妓，但又因其已入身樂籍，具有「官賤民」的身份，
不能夠像家妓般隨主人的意向為所欲為，如杜牧〈張好好詩〉的序文中所言：
「牧大和三年，佐故吏部沈公江西幕，好好年十三，始以善歌來樂籍中，後
一歲，公移鎮宣城，復置好好於宣城籍中。」（見《樊川詩集》卷上，頁 53
～54），足見即使官員轉任可攜走心愛的官妓，但也只是從甲地樂籍移入乙地
樂籍而已，絕非如家妓養在家中，可恣意而為，所以，官妓雖有家妓化的傾
向，二者之間卻仍有相當界線，不宜混為一談。
[註2] 見氏著《唐代社會概略》，頁 86。
[註3] 見氏著《唐代音樂史的研究》下冊，頁 370。
[註4] 見氏著〈唐代的妓女〉，頁 77。
[註5] 據《漢武帝外傳》云：「漢武帝始置營妓，以待軍士之無妻息者。」然該書
為魏晉時代所編，內容頗多荒誕之處，所言未可盡信。
[註6] 油蔚的詩見於《全唐詩》卷七六八頁 8728，崔瓘詩則見於同書卷三一一頁 3515。

一曲高歌綾一匹，兩頭娘子謝夫人。」（頁37）

此一史文岸邊雄成雄將其引為唐代營妓也服侍地方文官之一例，[註7] 筆者之愚見略有不同。據《舊唐書》卷一七六〈楊汝士傳〉載稱，文宗開成元年（西元836年）十二月，楊氏「檢校禮部尚書、梓州刺史、劍南東川節度使」（頁4564），按理節度使一職乃其具實權之官銜，而唐代節度使往往掌控地方的軍政、民政甚至財政諸大權，其「地方軍頭」的意味頗濃，實不宜以一般文官視之，前引《唐摭言》文中楊汝士也自稱「蜀國將軍」可以為證。由此可知，營妓或屬軍營，平日專為軍士服務，然一旦握有地方軍權的節度使或其他官員有所需求時，自然也可招營妓為其效勞。前言楊汝士為其子所開的慶功宴中，想必不乏地方文官，所以營妓究竟為誰服務，應以其實際受何人指揮來判斷，並無絕對的限定對象。

又次論及北里女妓的屬性問題。認為《北里志》中所載女妓係屬長安官妓者的主要理由，可能是來自孫棨自序中的一段話：

> 京中飲妓，籍屬教坊，凡朝士宴聚，須假諸曹署行牒，然後能致於他
>
> 處，惟新進士設筵顧吏，故便可行牒，追其所贈之資，則倍於常數。

高世瑜更根據北里女妓中有「都知」頭銜，推測其中應存有官式組織，可能隸屬京兆府管轄云云。[註8] 若欲解讀孫棨這段序文的真正意含，其實不應純從字面意義求解，必須更進一步從唐代教坊制度的演變及孫棨本人的時代背景入手。唐代教坊的創設與演變過程，大約可分為三個階段：

第一階段：自武德年間宮禁設內教坊到玄宗初年，此可稱為「教坊的創始期」。

第二階段：自開元二年左右教坊脫離太常寺而獨立，並在蓬萊宮側設立內教坊，直至安史之亂，此為「教坊的全盛期」。

第三階段：安史亂後重新整頓，但大幅縮小教坊規模，直到晚唐，其盛況反倒不如平康坊，此乃「教坊的衰頹期」。[註9]

據此可知，孫棨寫於「（僖宗）中和甲辰歲」（按即中和四年，西元884年）的序文，正是教坊制度處於衰頹的第三階段。此時教坊宮妓早已沒落，

---

〔註7〕 參氏著《唐代音樂史的研究》下冊，頁370。

〔註8〕 見氏著《唐代婦女》，頁64～68。

〔註9〕 有關唐代教坊的詳細演變情形，另可參岸邊成雄《唐代音樂史的研究》上冊，頁234～235。

可能頗多流落到坊外營業維生，但其原先登籍在教坊的事實仍在。不過這些女妓卻不宜再稱作官妓，因其已屬自由營業的娼妓型態，不似官妓專以奉承官宦為務。至於高世瑜認為這批「官妓」之所以會向社會大眾開放是「因為長安等大都市是各界人士尤其是天之驕子進士們的狎遊勝地，由於朝廷的支持縱容，狎遊之風十分興盛，長安等處的妓女也就很難再為官府壟斷，而逐漸向全社會開放。」〔註 10〕這個說法雖不無可能，但理由稍嫌牽強，因唐代進士及第後並未立即釋褐，通常有一段很長的等待期，要向各級長官示好都唯恐不及，豈有可能再與官員相爭北里女妓？且這些女妓若屬官妓，一旦遇到狎遊者與宮廷、官府的召喚相衝突時又當作何處置？更明顯的證據是，直接從《北里志》的記載來看，至少有三點足以證明北里女妓是私營的民妓而非公家的官妓：

　　第一，孫棨所記，妓館的主持者為鴇母，妓女每個月三、八日出門所繳的費用以及落籍、買斷、妓筵等收入，都是歸鴇母所有，其營業相當獨立，並未見有官方介入。

　　第二，妓女的去留，決定於其與妓館間的私契約束，大牌妓女若對鴇母不滿，甚至可拂袖而去，如〈楊妙兒〉條云：「萊兒以敏妙誘引賓客，倍於諸妓，權利甚厚，而假母楊氏未嘗優恤，萊兒因大詬假母，拂衣而去。」假若其身份屬官妓，來去如何能這般自由？

　　第三，按理，官妓應以服務官員為主，有些甚至為官員所獨佔。但綜觀《北里志》全書，妓館狎客品類複雜，官員、舉子、富商等兼而有之，足見其開放的程度，絕不同於專為官員服務的官妓。即使像相國劉鄴的愛子劉覃，想要一睹女妓天水僊哥的相貌，也得破費百餘金方勉強如願（見〈天水僊哥〉條），而不能直接動用其官家特權，亦可證明北里女妓不具官方身份之一般。

　　鄙意以為，孫棨這段序文不妨作如下解釋：京城長安的女妓，一般而言其妓籍均在教坊登記有案，以方便管理。平時妓女們只能在妓館內營業，若遇有官吏宴集，想要召妓往他處行樂，則須先備文照會相關單位，此所謂「假諸曹署行牒」也。如此看來，所謂「籍屬教坊」應是當時為求有效規範娼妓營業行為，使不致淪為散娼流鶯而設定的一種制度，此「教坊」二字不見得必是指宮廷的教坊，有可能是當時管理單位的「花稱」。〔註 11〕這種情形猶如

〔註10〕見氏著《唐代婦女》，頁 64。
〔註11〕岸邊成雄氏則認為「教坊」應為妓館的花稱（見《唐代音樂史的研究》下冊，

現今部份娼妓在縣市警察局或社會局登籍，實不宜因此就認爲她們是長安的官妓，頂多只能說是在長安的官方機關登記有案的娼妓，而其屬性自然仍是民間私妓。當然，這種登籍工作不容易全面顧及，未入教坊籍者也大有人在，如頗有意託身孫棨的王福娘即是，這些事實都足以說明《北里志》中所載諸妓，乃民妓而非官妓。

## 二、妓的來源

經過前述論證，大致上解決了唐妓分類中的一些爭議，愚意較贊同石田幹之助氏的看法，也主張將唐妓分爲宮妓、官妓（含營妓）、家妓、民妓四大類。之所以不另列營妓而逕將其歸入官妓的原因是，由前文的探討中，可見出營妓的服務對象常與官妓相重疊，且若以「官家妓女」解釋官妓，則軍隊自亦不能例外。爲免討論時生混淆起見，自以將其歸入官妓一類爲便。以下茲將唐妓分爲宮妓、官妓、家妓、民妓四類，分別討論其屬性與來源：

### （一）宮 妓

欲明確定義宮妓頗有困難，有人認爲其應包含教坊樂妓與掖庭宮女，〔註12〕但如此則舉凡在宮中服侍皇帝的宮人均可稱宮妓，似忽稍嫌浮濫，〔註13〕有的人則是根本否認有所謂宮妓的存在。〔註14〕基本上，吾人應知唐代的教坊宮妓，本質上與後世靠出賣色相維生的娼妓，並不完全一致，因爲她們的服務對象僅限於皇帝（偶爾兼及皇室親族），而且主要是以藝娛人。至於薦枕籍之事即便有之，也並非其主要工作內容，她們可說是唐妓中極其特殊的一群，有專業嚴格的樂舞訓練、固定的活動場所以及特定的服務對象，幾乎可說是皇室專屬的家妓。關於其組織與生活的一般情形，崔令欽的《教坊記》中頗有述及，後文將據以詳論，這裏且先對宮妓的出身略作討論。

一般而言，宮妓的出身約有以下幾類：

第一，是犯官罪臣的家屬沒入宮廷者。如《舊唐書》卷一七六〈魏謨傳〉：

---

頁 415），但筆者以爲教坊乃宮廷機構，而妓館卻是民間私營者，以此喻彼頗顯不倫，按理應是用以代稱同屬官方機關的妓館管理單位較有可能。
〔註12〕見岸邊成雄，《唐代音樂史的研究》下冊，頁 366。
〔註13〕宋師德熹在註4所揭文中的註37（頁 113）中已辨之甚明。
〔註14〕如任半塘先生在《教坊記箋訂》中即謂：「近人對於早期之教坊，已不分正、變，一概目爲北里、青樓，其視本書（按即《教坊記》），遂不查察內容，但憑聯想，認爲專爲娼妓而設，則未免盲從耳食矣！」（頁 19～20）。

「御史中丞李孝本，皇族也，坐李訓誅，有女沒入掖庭，諫諫曰：『……自數月以來，天睠稍回，留神妓樂，教坊百人、二百人，選試未已，莊宅司收市，亹亹有聞，昨又宣取李孝本之女入內……』」（頁4568），又如《舊唐書》卷十九上〈懿宗紀〉：「（咸通十三年五月乙亥）國子司業韋殷裕於閣門進狀，論淑妃弟郭敬述陰事。上怒甚，即日下京兆府決殺殷裕，籍沒其家。殷裕妻崔氏、音響人鄭羽客、王燕客、婢微娘、紅子等九人配入掖庭。」（頁679）這些家眷被籍沒入宮後，若是色藝具佳，自有可能被徵入教坊成為宮妓，例如《杜陽雜編》卷中載：「（文宗）時有宮人沈阿翹，為上舞何滿子……曲罷，上賜金臂環，即問其從來，阿翹曰：『妾本吳元濟之妓女，濟敗，因以聲得為宮人。』」即為其例。

　　第二，是各地進獻給皇帝者。在史文中其例甚多，諸如：

　　（寶曆二年十二月）己酉，敕鳳翔、淮南先進女樂二十四人，并放歸本道……庚申，詔：「……今年以來諸道所進音聲女人，各賜束帛放還……」〔註15〕

　　乾寧元年春正月己丑朔……鳳翔李茂貞來朝，大陳兵衛，獻妓女三十人。〔註16〕

　　齊國昭懿公主……下嫁郭曖……憲宗即位，獻女伎，帝曰：「太上皇不受獻，朕何敢違？」〔註17〕

　　（咸通八年）五月丙辰……恭延慶、端午節獻女口。〔註18〕

觀察這四條史料，可以發現兩個現象，其一是唐代各地方藩鎮或王公大臣，為求取悅皇帝而進奉女樂，似為一普遍現象。其二是除一般時期的進奉外，在特殊節日，如皇帝生日或端午節時更有進獻女樂給皇帝的不成文慣例。這些進貢到皇宮的女樂，既帶有濃厚的政治目的，事先必先經過一番相當的選擇與訓練，色藝具佳者方有可能雀屏中選，自然也就成了教坊宮妓的極佳來源。

　　第三，是宮廷向外徵選者。如《教坊記》中載：「平人女以容色選入內，教習琵琶行、三弦、箜篌、箏者，謂之『搊彈家』。」白居易〈琵琶行〉詩中

〔註15〕見《舊唐書》卷十七上〈文宗紀上〉，頁523～524。
〔註16〕見《舊唐書》卷二十上〈昭宗紀〉，頁751。
〔註17〕見《新唐書》卷八十三〈諸帝公主傳〉，頁3662～3663。
〔註18〕見《新唐書》卷九〈懿宗紀〉，頁260。

的琵琶妓「自言本是京城女，家在蝦蟆陵下住，十三學得琵琶成，名屬教坊第一部。」這段自述正好為所謂搊彈家做了最好的詮釋，顯然地她當初也是因為容色甚佳而被選入教坊學習琵琶。除向民間徵選外，有時臣子的家妓，也會被徵召入宮，例如《樂府雜錄‧歌》條載，大曆中，將軍韋青的家妓張紅紅，歌喉美色均屬上乘，「尋達上聽，翌日召入宜春院，寵澤隆異，宮中號『記曲娘子』。」但是這種皇帝授意向外徵選宮妓的行動，稍一不慎便即可能惡化為惹發民怨的女口掠奪，例如《舊唐書》卷一六四〈李絳傳〉中有載元和年間事謂：

> 時教坊忽稱密旨，取良家士女及衣冠別第妓人，京師囂然，（李）絳謂同列曰：「此事大虧損聖德，需有論諫。」……乃極言論奏。翌日延英，憲宗舉手謂絳曰：「昨見卿狀所論採擇事，非卿盡忠於朕，何以及此？朕都不知向外事，此是教坊罪過，不諭朕意，以致於此。朕緣丹玉以下四人，院中都無侍者，朕令於樂工中及閭里有情願者，厚其錢帛，祇取四人，四王各與一人，伊不會朕意，便如此生事，朕已令科罰，其所取人并已放歸，若非卿言，朕寧知此過？」（頁4289～4290）

憲宗所言自然是推諉之詞，但此一事件讓我們對於唐代宮廷徵選民女入教坊一事，有了比較清晰的認識。命令大概是由皇帝親自下給教坊使（通常是由宦官擔任），不需要經過行政部門公開作業，故而號稱「密旨」。徵召時對於入選者的家庭，必需厚給其錢帛以作為補償，而入宮之後，服務親王也是重要任務之一。另外也看得出來，入選為教坊宮妓可能已不如玄宗時那般光彩與榮耀，一般人多視為畏途，以致徵選一事會弄得京城人心惶惶、囂然不安。

第四，有部份樂妓是由於樂家世代相傳。自幼耳濡目染本是學習音樂才藝的有效門徑，所以教坊的樂妓很多都是世代相傳的，如《樂府雜錄‧歌》條曰：「開元中，內人有許和子者，本吉州永新縣樂家女也。開元末選入宮，即以永新名之，籍於宜春院。」又同書同條載：「大曆中，有才人張紅紅者，本與其父歌於衢路……入宜春院，寵澤隆異。」許和子之能歌，緣於本是樂家女，張紅紅曾與其父在街頭賣唱，最後竟能進入宜春院獻技，史雖無明言，但張父也有可能是沒落的樂工。另據《教坊記》記載，散樂家等宮妓，也多是由其父兄輩傳授藝能，如「筋斗裴承恩妹大娘，善歌，兄以配竿木侯氏」、「范漢女大娘子，亦是竿木家」。除了技藝需自幼學習外，身份法上的嚴格限

制，也是造成樂妓世代相襲的原因。如《唐律疏議‧四‧戶婚》有載：「諸雜戶不得與良人爲婚，違者杖一百……疏議曰：『雜戶配隸諸司，不與良人同類，只可當色相娶，不合與良人爲婚。』」（頁 187）。樂妓雖非雜戶，但同樣不得與良人配，自然容易成爲家傳職業。

## （二）官　妓

日人石田幹之助氏曾將官妓釋義爲「官妓係置於州郡藩鎭衙門，供刺史、節度使等地方首長公私宴會時，擔任侍奉之職，營妓亦包括在內，惟後者因置於軍營中而得名」。〔註19〕按官妓實是「官家妓女」的簡稱，其在唐代應是一實際稱呼，唐人詩文中屢有提及，如杜牧有詩名曰〈不飮贈官妓〉，另有詩句云「嘉賓能嘯詠，官妓巧梳妝」，〔註20〕另外李商隱有〈飮席代官妓贈兩從事〉詩，又張祜〈范宣城北樓夜讌〉詩云「華轉敞碧流，官妓擁諸侯」。〔註21〕除詩句外，在史文中，官妓一詞也是屢見不鮮，如《北夢瑣言》卷三，即言路巖鎭成都時，「日以樂妓自隨，宴於江津」，曾「以官妓行雲等十人侍宴」，在移鎭渚宮（即江陵）時，並在合江亭餞別宴上「贈行雲等〈感思多詞〉……至今猶播於倡樓」（頁15），一場宴席有十名官妓侍宴，足見其時官妓之盛。另外同書卷四載，崔愼猶「廉察浙西日……有術士言相國面上氣色有貴子，間其妊娠之所，在夫人泊妾媵之間，皆無所見，相國徐思之，乃召曾侍更衣官妓而示術士……」，據此，則官妓服務可謂無微不至，除宴集添歡作樂外，陪寢侍衣都是她們的日常工作，更值得注意的是，一旦這些官妓懷孕，其子亦視同妾媵所生加以扶養。

關於營妓的部份，在史文中，官妓、營妓往往並非截然劃分，如在《唐語林》卷六〈補遺〉中稱薛濤爲「西蜀官妓」（頁175），但《鑑誡錄》卷十〈蜀才婦〉條，同述薛濤之事則曰「大凡營妓，比無校書之稱，自韋南康鎭成都日，欲奏而罷，至今呼之」。正如本文前節所言，官妓意指官家妓女，軍營樂妓自亦屬之，且其服務對象不限定軍人，端視其長官要求而定。一般均以「樂營」爲營妓居所，如《舊唐書》卷一四五〈陸長源傳〉云：「（宣武判官孟）叔度苛刻，多縱聲色，數至樂營與諸婦人嬉戲，自稱孟郎，眾皆薄之。」（頁3938）但在《新唐書》卷一五一〈陸長源傳〉則稱「叔度淫縱，數入倡家調笑嬉藝。」

---

〔註19〕參氏著〈唐代風俗史抄‧五‧長安の歌妓（上）〉，頁102。
〔註20〕前者見《樊川文集》卷三，頁53，後者見同書同卷頁46，題爲〈春末題池州弄水亭〉。
〔註21〕李詩見《全唐詩》卷五三九，頁6172，張詩見同書卷五一〇，頁5806。

（頁 4822）由此同一事件的差異記載來看，似乎營妓不一定全住在樂營中，頗疑這些營妓平日均集中住在官方設立的倡樓中，其服務對象應非只有軍人，或兼可向外營業，但所得歸於公家，類似所謂的「公妓」，惟因欠缺有力史料可為佐證，只能疑則存疑，未敢妄下斷語。不過若從《雲溪友議》卷下〈雜嘲戲〉條中的一段記載來看，似乎筆者此疑並非無根之談：

> 池州杜少府愭，亳州韋中丞任符，二君皆以長年，精求釋道，樂營子女，厚給衣糧，任其外住，若有飲宴，方一召來，柳際花間，任為娛樂。譙中舉子張魯封，為詩謔其賓佐，兼寄大梁李尚書，詩曰：
> 「杜叟學仙輕蕙質，韋公事佛悵青娥，樂營卻是閒人管，兩地風情日漸多。」

由引文中可見樂營妓女的確是由官府供養，但也可在樂營外居住，只須在官府有事時才應召前來，平日並不一定住在樂營中。未解張魯封詩中的所謂「兩地風情」是否意即前引新舊唐書陸長源傳中的「樂營」與「倡樓」？不過，此例在當時恐係杜、韋二人潛心學佛才產生的特例，未可以論唐代營妓的一般狀況，在此只能聊備一說，以俟來日再作探討。

官妓一旦登籍，欲求脫身並非易事，通常是要取決於地方長官的意向如何。如《玉泉子‧韋保衡》條有載，韋保衡及第之初，曾任西川鎮帥獨孤雲的賓幕，當時「樂籍間有佐酒者，副使李甲屬意時久」，但韋保衡卻也同時喜歡上這名樂妓，「祈於獨孤，且將解其籍」，而李、韋二遂因此結怨，「保衡不能容，即攜其妓以去」，可是李甲仍不肯善罷甘休，「屢言於雲，雲不得已，命飛牒追之而迴。」可知地方官妓脫籍，必須得到鎮帥的同意，否則即使已經遠走他鄉，依法仍可派人飛牒追回。相對地，如果鎮帥同意的話，也可將官妓轉手贈人，例如《金華子雜編》卷上云，風流名士杜牧之子杜晦辭「狂於美色，有父遺風」，有一次在應辟淮南節度判官的途中，「路經常州，李瞻給軍方為郡守，晦辭於祖席忽顧營妓朱娘言別，掩袂大哭。瞻曰：『此風聲婦人，員外如要，但言之，何用形跡？』乃以步輦隨而遣之。」李瞻的慷慨，正反映出唐代官妓的悲哀，她們能否獲得自由身，全繫於長官的一念之間。

至於唐代官妓的來源，大約有以下幾種：

第一，是經由買賣。官府買賣人口在唐代並非異事，史文中常有所見，試舉二例以見其一斑：

（羅讓）有仁惠名，或以婢遺讓者，問所從，答曰：「女兄九人皆爲
官所賣，留者獨老母耳。」讓慘然爲贖卷，召母歸之。〔註22〕

張登爲漳州刺史，貞元十七年死於州獄，登暴狼貪冒，擅賦百姓，
沒買州人爲奴婢者三十人，姦亂神將，家財非一。〔註23〕

女口被賣似多做爲官家奴婢之用，而官妓身份卑微與奴婢無異，因此，在買
賣奴婢的過程中，應該有不少女子被賣入樂營中成了官家妓女。

第二，是地方官員掠奪所得。唐代律法中對掠買奴婢一事，雖有明文規
定禁止，〔註24〕惟利之所趨，法令往往徒成具文，史料中掠奪奴婢之事屢
見不鮮：

（王）君廓在州屢爲非法，（李）玄道數正議裁之。嘗又遺玄道一婢，
玄道問婢所由，云本良家子，爲君廓所掠，玄道因放之，君廓甚不
悦。〔註25〕

會詔市河南河北牛羊、荊、益奴婢，置監登萊，以廣軍費，（張）廷
珪上書曰：「……荊、益奴婢多國家戶口，姦豪掠買，一入於官，永
無免期……」〔註26〕

掠奪的另一種形式，是官員間互相爭奪對方的妓女，如《雲溪友議》卷上〈襄
陽傑〉條載：

初，有客自零陵來，稱戎昱使君席上，有善歌者，襄陽公（于頔）
遽命召焉。戎使軍豈敢違命，逾月而至。及至，令唱歌，乃戎使君
送妓之什也。公曰：「丈夫不能立功立業，爲異代之所稱，豈有奪人
姬愛，爲己之嬉娛？以此觀之，誠可竄身於無人之地。」遂多以繒
帛臚行，手書遜謝於零陵之守也。〔註27〕

于頔尚屬明理之人，能慨允戎昱與女妓有情人終相守。但如果遇上官員雙方

---

〔註22〕見《新唐書》卷一九七〈羅讓傳〉，頁5628。
〔註23〕見《冊府元龜》卷七〇〇〈牧守部‧貪瀆門〉，頁8353欄上。
〔註24〕如《唐律疏議》卷二十〈盜賊四〉：「諸略人賣人爲奴婢者，絞，爲部曲者，
　　　　流三千里，爲妻妾子孫者，徒三年。」（頁251），又同書同卷同條：「諸略奴
　　　　婢者，以強盜論，和誘者，以竊盜論，各罪止流三千里。」（頁253）
〔註25〕見《舊唐書》卷七十二〈李玄道傳〉，頁2583～2584。
〔註26〕見《新唐書》卷一一八〈張廷珪傳〉，頁4261～4262。
〔註27〕此事亦見於《本事詩‧情感第一》及《唐語林》卷四〈豪爽〉，頁97～98，内
　　　　容略有差異，宜並參之。

都各有所恃，不肯輕言讓步時，爭執之餘甚至得勞動皇帝來爲之仲裁。世所著稱的大曆才子韓翃與柳氏妓的「章臺柳」故事，即爲此中顯例。〔註28〕

第三，是由於家道中落和自然災害等因素而淪爲官妓以謀生計者。例如《雲溪友議》卷上〈舞娥異〉條云：

> 李八座翱，潭州席上有舞柘枝者，匪疾而顏色憔悴……明府詰其事，乃故蘇臺韋中丞愛姬所生之女也，曰：「妾以昆弟天喪，無以從人，委身樂部，恥辱先人。」言訖涕咽，情不能堪。亞相爲之吁嘆，且曰：「吾與韋族，其姻舊矣。」……遂於賓榻中選士而嫁之也。

這件事在當時即傳爲佳話，文人士子紛紛著詩以稱其事。〔註29〕在唐代，人生境遇如這位柘枝妓者當爲數不少，但能如她一般幸運，遇上像李翱如此好官者，恐非易事矣。

## （三）家　妓

據岸邊成雄氏的研究，家妓的主要職能約有以下三項：〔註30〕

（1）以歌舞供主人娛樂。

（2）主人招待賓客時侍奉宴席，斡旋於酒餚之間。

（3）服侍主人枕席。

其中第（1）、（2）項可合而爲一，此誠爲唐代家妓的主要工作，至於薦枕席與否，則視主人的需求而定。蓄養家妓自魏晉以來即十分盛行，〔註31〕唐代的豪官富賈更是競相以此自誇，其家妓數目之眾，尤勝於前代，如「寧王（李）憲貴盛，寵妓數十人，皆絕藝上色。」，〔註32〕又「（隴西王李）博乂有妓妾數百人，皆衣羅綺，食必粱肉，朝夕弦歌自娛，驕奢無比。」。〔註33〕另外《本事詩・情感第一》中有載：

> 大和初，有爲御史分務洛京者，子孫官顯，隱其姓名，有妓善歌，時稱尤物，時太尉李逢吉留守，聞之，請一見，特說延之，不敢辭，盛妝而往，李見之，命與眾妓相面，李妓且四十餘人，皆處

〔註28〕其事見於《本事詩・情感第一》，另演成小說則有許堯佐的〈柳氏傳〉。
〔註29〕如殷堯藩有〈潭州席上贈舞柘枝妓〉詩（《全唐詩》卷四九二頁5577），又舒元輿有〈贈李翱〉詩（《全唐詩》卷四八九頁5548），均歌詠其事。
〔註30〕見《唐代音樂史的研究》下冊，頁367。
〔註31〕有關六朝時期蓄妓妾的情形，可參劉增貴〈魏晉南北朝時代的妾〉一文。
〔註32〕見《本事詩・情感第一》。
〔註33〕見《舊唐書》卷六十〈宗室・隴西王李博乂傳〉，頁2357。

其下。

御史本司風憲之職，猶能蓄妓，其餘可見一斑。據裴鉶《傳奇·崑崙奴》中所述，某一品高官家中有「十院歌妓」，其數目自然十分可觀。家妓不同於奴婢只須做些灑掃侍茶的粗活，她們必須在很多重要宴席上替主人取悅賓客，所以蓄養家妓並不是一件輕鬆的事。一方面要找人教導她們歌舞技藝，另一方面又得預妨她們逃跑，白居易晚年就曾感歎道：

> 莫養瘦馬駒，莫教小妓女，後事在目前，不信君看取，馬肥快行走，
> 妓長能歌舞，三年五歲間，已聞換一主，借問新舊主，誰樂誰辛苦？
> 請君大帶上，把筆書此語。〔註34〕

前言一品高官家中甚至要「有猛犬守歌妓院門，非常人不得輒入，入必噬殺之。」，連一代文宗韓愈的兩名侍妾絳桃與柳枝，也曾發生踰垣而遁的糗事，〔註35〕足見蓄家妓並不如一般人想像中容易。

家妓的來源與官妓相類似，首先是經由買賣。例如曾寫下「侯門一入深似海」名句的崔郊，年輕時寓居漢南（即宜城）而與其姑婢相愛，因其姑貧而「鬻婢於連帥，連帥愛之，以類無雙，給錢四十萬，寵眄彌深」。多情的崔郊遂藉一次見面的機會，贈婢一詩曰：「公子王孫逐後塵，綠珠垂淚滴羅巾，侯門一入深似海，從此蕭郎是路人。」此詩深深感動連帥于頔，「遂命婢同歸，至於幃幌奩匣，悉為增飾之。」〔註36〕以四十萬錢買一婢，其代價可謂不低，于頔雖屬性情中人，促成崔郊的美事，但類似如此以錢買妓之事，在當時想必亦非少見。

除了買賣之外，唐代家妓的另一取得方式是經由贈與。贈妓之事在唐人詩文中屢有所見，如《本事詩·情感第一》載：

> 劉尚書禹錫罷和州……李司空罷鎮在京，慕劉名，嘗邀至第中，厚
> 設飲饌，酒酣，命妙妓歌以送之。劉於席上賦詩曰：「鬢鬟梳頭宮樣
> 妝，春風一曲杜韋娘，司空見慣渾閒事，斷盡江南刺史腸。」李因
> 以妓贈之。

又如《舊唐書》卷一四二〈王庭湊傳〉云：

> 文宗授以袞海節度使，（李）同捷不奉詔，以珍玩器幣、妓女子弟投

---

〔註34〕見《全唐詩》卷四四四，頁4977。
〔註35〕事見《唐語林》卷六〈補遺〉，頁174。
〔註36〕事見《雲溪友議》卷上〈襄陽傑〉條。

款於王庭湊及幽州李載義。（頁 3887）

另外，「章臺柳」故事中的柳氏妓，當時也是在李姓將軍的一片好意下，基於「名色配名士」的豪情，慨贈給韓翃的。除官吏互贈外，皇帝將宮妓賜與臣子的事，也時有所見，如：

（代宗）遣內侍魚朝恩傳詔，賜（郭子儀）美人盧氏等六人，從者八人。〔註37〕

（貞元二年）六月，以（馬）燧守司徒，兼侍中、北平王如故，仍賜妓樂，奉朝請而已。〔註38〕

（貞元十年）三月乙亥……滄州程懷直來朝，賜安業坊宅、妓一人。〔註39〕

德宗復京師，賜勳臣宅第、妓樂，李令（晟）為首，渾侍中（瑊）次之。〔註40〕

當然，除了買賣、贈與之外，仍舊有部份不肖官豪，以掠奪的手段強佔民婦，如：

寧王曼貴盛，寵妓數十人，皆絕藝上色。宅左有賣餅者妻，纖白明媚，王一見注目，厚遺其夫取之，寵惜逾等。〔註41〕

又如裴鉶《傳奇‧崑崙奴》中的紅綃妓自言其身世曰：「某家本富，居在朔方，主人擁旄，逼為姬僕，不能自死，尚且偷生，臉雖鉛華，心頗鬱結。」由其自述可知身為家妓者內心的辛酸與悲哀。

一旦成為他人家妓，除非主人允許，否則想要脫籍亦非易事。例如《唐語林》卷七〈補遺〉載「盧澄為李司空蔚淮南從事，因酒席請一舞妓解籍，公不許。」（頁 204）不過，似乎也有例外者，如前引《傳奇‧崑崙奴》故事中，某一品官的家妓隨崑崙奴磨勒逃出後，匿於磨勒的主人崔生家中兩年，後來「因花時駕小車而遊曲江，為一品家人潛誌認，遂白一品」，在詰問崔生、瞭解家妓脫逃的始末緣由後，一品官竟未歸罪崔生，只說「是姬大罪過，但郎君驅使逾年，即不能問是非，某需為天下人除害。」隨即展開追捕磨勒的行動。若依唐

〔註37〕見《舊唐書》卷一二○〈郭子儀傳〉，頁 3461。
〔註38〕見《舊唐書》卷一三四〈馬燧傳〉，頁 3700。
〔註39〕見《舊唐書》卷一三〈德宗紀下〉，頁 379。
〔註40〕見《唐語林》卷六〈補遺〉，頁 158。
〔註41〕見《本事詩‧情感第一》。

代律法，並無家妓或奴婢逃亡「逾年即不能問是非」的規定，〔註42〕這有可能是當時的社會慣例所約定者，或許也因崔生爲顯僚世家，其父與此一品勳臣熟識，才特別法外開恩之故。

關於家妓的社會地位，由於欠缺有力史料，很難確言究竟，歷來學者多認爲，家妓的地位約介於妾與婢之間，略高於婢但低於妾。〔註43〕總之，其社會地位卑賤，是可以確定的，且看《唐語林》卷三〈方正〉中的這段記載：

> （柳）公綽爲西川從事，嘗納一姬，同院知之，或徵其出妓者，公
>
> 綽曰：「士有一妻一妾，以主中饋、備灑掃，公綽買妾，非妓也。」
>
> （頁61）

柳公綽斬釘截鐵地強調自己「買妾非買妓」，正是唐代家妓社會地位不如妾的寫照。

### （四）民　妓

有關民妓的來源，買賣自是其重要途徑之一，如《北里志・海論三曲中事》條所言：「諸女自幼丐育，或傭其下里貧家……亦有良家子，爲其家聘之，以轉求或厚賂，誤陷其中則無以自脫」。另外因爲妓女總以新鮮迷人爲尚，須時常更換新面孔，所以也有不少人口販子，專門從事拐騙良家婦女爲娼的非法勾當。例如與《北里志》作者孫棨頗有情好的王福娘，即曾自言其誤墮風塵的經過：「本解梁人，家與一樂工鄰，少小常依其家學針織、誦歌詩。總角爲人所誤，聘一過客云，入京赴調選，及挈至京，置之於是，客給而去。」（《北里志・王團兒》條）。只要有利可圖，即使法令明文禁止販賣人口，奸邪之輩仍會四處「潛爲漁獵」，平康諸妓中如王福娘般遭遇者，應該還大有人在。

除此之外，民妓中也不乏因家道中落或貧窮之故，導致親生母女成「個

---

〔註42〕按《唐律疏議》卷二十八〈捕亡律・宮戶奴婢〉條云：「諸官戶奴婢亡者，一日杖六十，三日加一等，部曲私奴婢亦同，主司不覺者，一日笞三十，五日加一等，罪止杖一百，故縱官戶亡者與同罪，奴婢準盜論。即誘導官私奴婢亡者準盜論，仍令備償。」（頁359），家妓的身份在唐律中雖無明確規定，但若準之以「部曲私奴婢」，當不致相去太遠。如此則其逃亡及誘使逃亡者皆須「準盜論」，處罰可謂不輕，而且也未見逃亡超過多少時日即可獲免的例外條款。在此案中，崔生實爲主謀且涉及窩藏逃亡奴婢，依上引同書同卷〈知情藏匿罪人〉條：「諸知情藏匿罪人，若過致資給令得隱避者，各減罪人一等，疏議曰：『藏匿無日限者，謂不限日之多少，但藏匿即坐』」。（頁362～363），以此觀之，一品官論罪僅及崑崙奴而放過崔生不問，顯係不公。

〔註43〕如宋師德熹即持此種看法，詳〈唐代的妓女〉，頁87～88。

體戶」營業。如北里女妓張住住即「其母之腹女也」（參《北里志·張住住》條），又如〈霍小玉傳〉中的小玉及〈李娃傳〉中的李娃，也是屬於此類出身的妓女。唐代中晚期之所以名妓輩出，且民營妓館達於極盛，除了因貴族文化衰退、市民力量抬頭之外，推測另有一可能原因是，安史之亂以後，宮廷教坊組織頹廢，不少昔日宮妓流落四方，她們在別無其它謀生技能的現實逼迫下，極有可能成爲民間妓館的新興主力。如曾經高歌一曲，使得勤政樓下成千上萬群眾，由喧嘩轉爲靜肅的名歌者許永新即其例：

> 泊漁陽之亂，六宮星散，永新爲一士人所得……後士人卒，與其母至京師，竟沒於風塵，及卒，謂其母曰：「阿母搖錢樹倒矣！」（見《樂府雜錄·歌》條）

自論爲「搖錢樹」，許永新可謂臨終都不忘幽默。另外唐代帝王爲了宣示德政或應天避禍，也往往以釋出宮廷女樂爲手段，且其數量均頗可觀，例如：

> （高祖武德九年八月）癸酉，放掖庭宮女三千餘人。[註44]

> （永貞元年）三月庚午，出宮女三百人於安國寺，又出掖庭教坊女樂六百人於九仙門，召其親族歸之。[註45]

> （開成二年）三月甲子朔，內出音聲女妓四十八人，令歸家。[註46]

爲數眾多的教坊宮妓出宮之後，史文未言及是否立即解籍，如果沒有，只怕要在社會上從良維生並非易事。即使出宮後即除籍從良，但迫於生活壓力，像許永新那般，憑藉既有色藝淪落風塵爲妓者，應該也不乏其人。或許這正可爲中晚唐時期民妓的大量湧現及妓館的問世，提供一個可能的答案。[註47]

---

[註44] 見《舊唐書》卷二〈太宗紀上〉，頁30。

[註45] 見《舊唐書》卷十四〈順宗紀〉，頁406，又見《韓昌黎全集·外集》卷七〈順宗實錄卷二〉頁504。

[註46] 見《舊唐書》卷十七〈文宗紀下〉，頁568。

[註47] 由本文所述四類唐妓的出身中，我們可清楚地看到這四類妓女相互間的流通十分普遍，其情形可以一簡圖明示之：

由此簡要流轉圖中可以看出，四類唐妓中的任兩類均有相互交換角色的可能，其原因也許是買賣、贈與、掠奪、徵選或由於天災人禍所逼等等，不一而足。我們雖不敢妄論唐妓的確切人數，但在中晚唐時期，教坊宮妓日

## 第二節　宮妓之組織與生活

　　唐代的宮妓，指的是教坊與梨園的樂妓，她們的身份與服務性質均異於一般的妓女，不能把她們與民間娼妓劃上等號。薦枕籍當然是宮妓的任務之一，但她們主要的工作，則是以曼妙的舞姿、悅耳的歌喉供帝王后妃們取樂，正確地說，她們形同皇室蓄養的專屬歌舞團。現存史料中，崔令欽的《教坊記》算是記載唐代教坊宮妓較為詳盡的資料，可惜其僅限於開元、天寶年間的盛唐時期，若再配合散載於其他史料中的記錄，我們大約可以為唐代宮妓的組織與生活情形，描繪出大概的輪廓。本節擬以《教坊記》為中心，由教坊的演進、外部環境直談到宮妓的組織、生活及其下場。至於宮妓的出身已見前節，此處從略，以下文中凡引及《教坊記》者，不另附註，特此說明。〔註48〕

### 一、內教坊之創設與變遷

　　唐制多淵源於隋，教坊制度亦同。據《隋書》卷十五〈音樂志下〉載「（大業）六年，（煬）帝乃大括魏、齊、周、陳樂人子弟，悉配太常，并於關中為坊置之，其數益多前代。」（頁 374），又據《資治通鑑》卷一八○〈隋紀四·煬帝大業三年冬十月〉載：「敕河南諸郡送一藝戶陪東都三千餘家，置十二坊於洛水南以處之。」（頁 5634），胡三省注云：「藝戶，謂其家以技藝名者」，其中當有不少擅於歌舞音樂者，此殆為教坊制度之嚆矢。唐代沿隋之舊，在高祖武德年間即設置內教坊：

　　　　武德以來，置於禁中，以按習雅樂，以中官人充使。則天改為雲韶
　　　　府，神龍後復為教坊。〔註49〕

---

　　　　漸沒落，蓄家妓也不再是時代風尚，官妓也可能因地方藩鎮間的連年征伐
　　　　而減少。或許正是這些緣故，使得這三類妓女轉換身份成為民妓者增加，
　　　　形成如下的一種單向流轉，才促成中晚唐以迄宋代民間妓業大盛，也不無
　　　　可能。

　　　　　　　　　　　　　　　　　宮妓
　　　　　　　　　　　　　　　　　↗
　　　　　　　官妓----------→民妓
　　　　　　　　　　　　　　　　　↘
　　　　　　　　　　　　　　　　　家妓

〔註48〕本節所述將偏重在教坊樂妓，至於梨園樂伎方面，因前輩學者對其沿革、組織等均已有相當詳盡之考證，如岸邊成雄《唐代音樂史的研究》上冊第三章〈梨園〉（頁 333～362）及任半塘先生《唐戲弄》下冊第八章〈雜考四·梨園考〉（頁 1111～1125）等，立論均十分精闢，難有筆者再贅書之處。

〔註49〕見《舊唐書》卷四十三〈職官二·內教坊〉條，頁 1854，另見《新唐書》卷

這是在玄宗以前內教坊大致的變革情形，從上述引文中可以看出：

（1）唐初的教坊，是以學習雅樂爲主。

（2）朝廷設有教坊使，以宦官爲之。

（3）武則天時一度改稱雲韶府。

按所謂雅樂，係指用於郊廟朝會等正式典禮的音樂，本是傳統音樂的正統所在，但自六朝以來，由於胡人文化的侵入，胡樂豐富的內容與多采多姿的變化，廣受中國不同階層的喜愛，使得一向以音樂正統自居的雅樂漸處劣勢，此一現象在隋代即已浮現，至唐則愈形明顯。〔註50〕但基於政治因素的考量，帝王們仍未敢忽視逐漸沒落的雅樂，尤其是開國的君主，更試圖以雅樂來彰顯其正統王朝的歷史地位，唐初設內教坊按習雅樂，其用意或亦在此。不過一般雅樂的演出，係由太常寺的男性樂工所擔任，用以招待外賓或國家的正式慶典，而內教坊所指者，當是在宮禁中專爲帝王皇室服務者，演奏者自以女性爲主，而負責管理內教坊的教坊使，也就順理成章地由皇帝親信的宦官來擔任。

至於「內教坊」一詞的正確含意，應是「內教之坊」而不是與外教坊對舉的「內之教坊」，因爲設於宮禁外的外教坊並非唐初即有，一直要遲至玄宗開元二年時才設立（詳見下文）。按內教之意本是指古代對婦女的教養，如《晉書》卷四十〈楊駿傳〉有言：「后妃所以供粢盛，弘內教也。」（頁1177）任半塘先生也認爲「教坊之始意，泛指教習之所，不限於伎樂一端，後始專教伎樂」。〔註51〕蓋教坊之設，本爲調教禁內宮女，使其略知皇室應對進退的基本禮儀，演至後來，因帝王本身的娛樂需求，才成了專習歌舞之場所。

內教坊改爲雲韶府後，約過了十四、五年，至中宗神龍年間，重新復名爲教坊（應該是內教坊的簡稱），其後七、八年間的變化情形如何則不得而知。至「開元二年，又置內教坊於蓬萊宮側，有音聲博士、第一曹博士、第二曹博士」，〔註52〕言「又置」似乎意味在此之前教坊曾遭廢置，或者其與武德初所設內教

---

四十八〈百官三·太樂署〉條，頁1244所言略同。

〔註50〕有關胡樂對隋及唐初社會文化的影響及其演變情形，沈冬博士論文〈隋唐西域樂部與樂律之研究〉中，有極精闢的論述，尤其是該論文的緒論、上編第一章、第三章及下編第二章等，最具參考價值。

〔註51〕見《教坊記箋訂》，頁16。

〔註52〕見《新唐書》卷四十八〈百官三〉，頁1244。

坊有異，因史料久缺，一時尚難獲致確證。但唐代的教坊制度自此之後，邁入一個蓬勃發展的新紀元，則是可以確定的，此一轉變關鍵在於玄宗：

> 玄宗爲平王，有散樂一部，定韋后之難，頗有預謀者。及即位，命寧王主藩邸樂，以亢太常，分兩朋以角優劣，置內教坊於蓬萊宮側，居新聲、散樂、倡優之伎，有諧謔而賜金帛朱紫者。〔註53〕

所謂「新聲」係指流行於當時的胡俗音樂，散樂則是來自西域的雜伎幻術，倡優自是歌舞戲弄之類。由原本以「按習雅樂」爲主的功能，一轉而爲學習此類適足以「亢太常」雅樂的內容，此一內教坊的性質已完全不同於武德初置時的情形，堪可稱之爲「新內教坊」。其與約於同時設置在宮外、專以俗樂歌舞表演爲主的左、右教坊（合稱外教坊），實已相差無幾。因玄宗的喜愛，教坊的發展也達到前所未有的盛況。據《新唐書》卷四十八〈百官三·太樂署〉條的注文云：「散樂三百八十二人，仗內散樂一千人，音聲人一萬二十七人」（頁 1244），總數高達一萬一千四百零九人，遠遠超過主管雅樂的太常寺。

　　玄宗時期所置的新內教坊位於蓬萊宮側，按蓬萊宮原名大明宮，〔註54〕位於長安皇城之東北角，出其南側的延政門及建福門，即可達分別位於長樂坊與光宅坊的左、右教坊，因此置內教坊於此亦屬合理。至於其確實位置，從宋敏求《長安志》卷六〈禁苑內苑〉章中的一段話，似可窺其端倪：

> 東內苑，南北二里，與大明宮城齊，東西盡一坊之地……會昌元年造內圍小兒坊，旁有看樂殿、內教坊（原注：元和十四年復置仗內教坊）。

可知武宗時的內教坊和憲宗時的仗內教坊，其位置均在大明宮東側南北狹長的東苑內。如此時的內教坊及承襲自玄宗時代，則推測其地當爲開元時新內教坊的確實設置地點（參見圖八）。

---

〔註53〕見《新唐書》卷二十二〈禮樂十二〉，頁475。另外劉肅《大唐新語》卷十云：「開元中，天下無事，玄宗聽政之後，從禽自娛，又於蓬萊宮側立教坊，以習倡優夢衍之戲。」（頁151）。

〔註54〕徐松《唐兩京城坊考》卷一〈大明宮〉條：「大明宮……龍朔二年……改名蓬萊宮。」，而宋敏求《長安志》卷六〈東內大明宮〉章則言改名在龍朔三年，未知何者爲是。

## 圖六：長安教坊位置圖

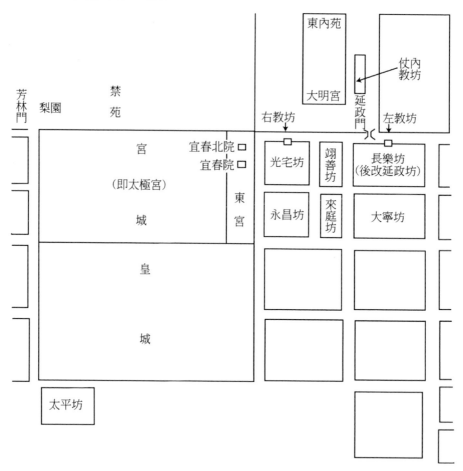

資料來源：改自任半塘《教坊記箋訂》，頁 196

　關於外教坊的設置情形，且容下文論及宮妓組織與生活時再一併介紹。
先來談談內教坊如何由極盛而衰，據《新唐書》卷二十二〈禮樂十二〉言：

> ……玄宗……君臣共為荒樂，當時流俗多傳其事以為盛。其後巨盜
> 起，陷兩京，自此天下用兵不息，而離宮苑囿遂以荒堙，獨其餘聲
> 遺曲傳人間，聞者為之悲涼感動。蓋其事適足為為戒，而不足考法，
> 故不復著其詳。（頁 477）

「巨盜」所指乃安史之亂，不過這段記載其實只說對了一半，安史亂後教坊
的確不如玄宗時盛，但也並未到只剩「餘聲遺曲傳人間」的悲慘地步。史書
上仍有不少關於安史亂後教坊情形的記載，如《舊唐書》卷二十四〈禮儀四〉

云，代宗永泰二年（西元 766 年）八月四日，「軍容使魚朝恩知監事，廟庭乃具宮懸之樂於講堂前，又有教坊樂籍雜伎，竟日而罷。」（頁 924），又同月二十四日，「於國子監上詔宰相及中書門下官，諸司常參官、六軍軍將送上，京兆府造食，內教坊音樂、竿木、脫渾，羅列於堂前。」（頁 924）足見代宗時內教坊仍存。教坊制度最後見於正史史料者，當是憲宗時的仗內教坊，據《舊唐書》卷十五〈憲宗紀下〉載：「（元和）十四年春正月壬午，復置仗內教坊於延政里」（頁 465）。〔註 55〕唐人喜稱坊為里，延政里者當即蓬萊宮南方延政門外的延政坊，〔註 56〕其地本是玄宗時代左教坊之所在，若再參以《樂府雜錄‧別樂識五音輪二十八調圖》條言：「開元中始別署左右教坊，上都在延政里，東都在明義里，以內官掌之。至元和中，只署一所。」當是言元和十四年將仗內教坊遷至延政坊，而與左右教坊合為一署，至此唐代的內外教坊宣告合一，但是合併後的教坊是何名稱，則未見史文提及。〔註 57〕不過可以確定的是，在內有宦官、外有藩鎮夾逼下的晚唐皇室，自保尚有困難，昔日專供皇室聲色之娛的教坊漸趨沒落，亦屬意料中事。且看《舊唐書》卷四十六〈經籍志上〉中的一段記載：

> 昭宗即位，志弘文雅，祕書省奏曰：「……御書祕閣見充教坊及諸軍人佔住。伏以典籍國之大經，祕府校讎之地，其書籍並望付當省小其殘缺，漸令補輯，樂人乞移他所。」（頁 1962）

是知唐末教坊不僅內外合一，規模大幅縮小，且因戰亂緣故，可能連延政坊的棲身之所都已殘破，所以要佔住祕書省的御書祕閣。此種人與書爭地的窘狀，正足以顯露出晚唐內教坊的衰頹，昔日盛況真正是一去不返矣！

〔註 55〕另據《唐會要》卷三十四〈雜錄〉：「（元和）十四年正月，詔徙仗內教坊於布政里。」（頁 735），按布政里當即布政坊，其坊在皇城西第一街（即朱雀門大街西第三街）以北第四坊，距離原來內教坊所在的蓬萊宮甚遠，疑其可能是延政坊的誤書。

〔註 56〕據《唐兩京城坊考》卷三〈長樂坊〉條云，延政坊本名長樂坊，因坊之北即延政門，故以門名坊而改名。

〔註 57〕岸邊成雄氏曾根據《舊唐書》卷十七上〈敬宗紀〉所言：「（長慶）四年三月庚午，賜內教坊錢一萬貫，以備遊興。……乙亥，幸教坊，賜伶官綾絹三千五百匹。」（頁 509），認為可將憲宗時合併的後的內外教坊稱作「教坊」（見《唐代音樂史的研究》上冊，頁 234）。惟筆者以為，唐代史料將內、外教坊直稱作教坊者不乏其例，可能只是當時一種習慣性的通稱，似乎不宜僅以此即判定其為中晚唐教坊的確切名稱。

## 二、外教坊之創設與位置

《新唐書》卷四十八〈百官三・太常寺・太樂署〉條云:「開元二年,又置內教坊於蓬萊宮側……京都置左右教坊,掌俳優雜技,自是不隸太常,以中官為教坊使。」(頁1244)這段史文頗有隱晦,不易看出玄宗設立左右教坊的真正動機。根據崔令欽在《教坊記》序文中言,玄宗即位之初,喜以散樂對太常樂,分棚「熱戲」。〔註58〕因賞賜豐厚,故「人心競勇」,競爭逐漸趨於白熱化。有一次以竿伎比賽「戴竿戲」,「太常鼓噪,自負其勝」,未料玄宗竟惱羞成怒,命內養五、六十人,袖中暗藏鐵馬鞭、骨檛等利器,想要趁亂攻擊太常音聲人,以挽回顏面。這場鬧劇最後是因為太常竿伎的旗竿竟符玄宗戲言應聲而斷,玄宗見狀大樂才告結束。〔註59〕「翌日詔曰:『太常禮司,不宜典俳優雜伎』,乃置教坊,分左右而隸焉,左驍衛將軍范安及為之使。」〔註60〕「熱戲」一事當時應是騰播人口,所以連一個低階的酸棗縣尉袁楚客都要上書極諫,〔註61〕玄宗也自知理虧,深明長此以往終非善計,於是把倡優雜伎之屬,另在宮外置左右教坊存之,以供自己聲色之需,這是左右教坊設置的由來。

平心而論,玄宗此舉雖係私心自用,卻也頗符合當時的社會潮流。因胡俗音樂、倡優雜伎等,自隋代以來即極為發達,而其性質迥異於太常雅樂,將其同歸太常寺管理,在教習與表演上均有所不便。俗樂百戲既普遍流行於民間,又廣為帝王親貴所喜愛,自有其存在之價值,將其自太常寺抽離而成

〔註58〕 所謂「熱戲」之意,殆即接近當今選舉活動中流行的「拼場」,分邊較勁以熱絡其場面,提高競賽的氣氛。

〔註59〕 原序文為「一伎戴百尺幢,鼓舞而進,太常所載即百餘尺,此彼一出則往復矣,長欲半之,疾仍兼倍。」據李建民先生《中國古代遊藝史》第四章第三節稱,上竿戲最早名為「扶盧」或「木熙」,另由西域都盧國傳來的稱「都盧尋橦」,其表演方式共有四種:「或立橦於車,或從設於地,或額上頂橦,或以掌托竿」,崔令欽所述似屬「額上頂橦」類,故云「戴竿」,盛唐時張祜有〈熱戲樂〉詩云「熱戲爭心劇火燒,銅鎚暗執不相饒,上皇失喜寧王笑,百尺幢竿果動搖。」(見《全唐詩》卷五一一,頁 5847),所詠即此事。

〔註60〕 另據《資治通鑑》卷二一一〈唐紀二十七・玄宗開元二年正月乙卯〉云:「舊制,雅俗之樂,皆隸太常,上精曉音律,以太常禮樂之司,不應典倡優雜伎,乃更置左右教坊以教俗樂,命右驍衛將軍范及為之使。」(頁 6694),所言首任教坊使的官稱及名字均與《教坊記》序文略有出入,因無從考證,今姑從《教坊記》。

〔註61〕 見《大唐新語》卷十,頁 151。

獨立機構，以便於對俗樂百戲做統一之管理與教習，甚至加以充實進而發揚光大，亦屬合情合理。

至於左右教坊的位置，《教坊記》中也有述及：

> 西京右教坊在光宅坊，左教坊在延政坊，右多善歌，左多工舞，蓋因相習。東京兩教坊，俱在明義坊，而右在南、左在北也。坊南西門外，即苑之東也，其間有頃餘水泊，俗謂之「月陂」，形似偃月，故以名之。

觀之圖六，可見左右教坊所在地，均緊臨大明宮，蓋為方便皇帝狎遊及樂妓進出，而二坊分左右之根據，徐松在《唐兩京城坊考》卷三〈西京・光宅坊〉條注曰：「自大明宮觀之，則光宅在右，延政在左也」。

另外由崔令欽所言可知，唐代東部洛陽也有左右教坊，二者均位於定鼎門西第二街的明義坊（參見圖七），左在北，右在南，坊南西門外即禁苑之東，惟所記「月陂」位置似有疑義，因《唐兩京城坊考》卷五〈東京・積善坊〉條云：「……坊北月陂……宇文愷版築之時，因築斜堤，束令東北流，當水衝捺，堰作九折，形如偃月，謂之『月陂』。」又據《資治通鑑》卷一九五〈唐紀十一・太宗貞觀十一年七月癸未〉條云：「大雨，穀、洛溢入洛陽宮」，胡三省注曰：「……玄宗開元二十四年，以穀、洛二水或氾溢，疲費人功，遂出內庫和雇，脩三陂以禦之，一曰『積翠』，二曰『月陂』……」（頁 6130），其所言月陂位置當在積善坊北、積翠宮附近，距離明義坊甚遠，疑崔氏文中可能有所脫誤。又唐制往往將西京府署同置於東都，只是規模略為縮小，洛陽既有左右教坊，似亦應有內教坊者。〔註62〕

---

圖七：洛陽教坊位置圖

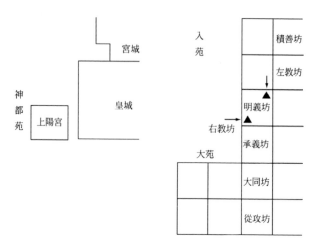

資料來源：改自《教坊記箋訂》，頁 197

## 三、外教坊樂妓之組織

　　唐代外教坊在管理方面，設有教坊使以主其事，首任者當即前述左驍衛將軍范安及，另有教坊副使，以佐助教坊使。教坊使具有對教坊監管之責，至於是否具備樂舞能力則不得而知。但擔任教坊副使者，似負實際指導樂舞教習之責，必須具有相當樂舞實力，而且他們常因提供皇帝耳目之娛，深受皇帝寵信，常可獲得異乎常人的拔遷機會，如文宗時的雲朝霞即其例：

> 教坊副使雲朝霞善吹笛，新聲變律，深愜主意，自左驍衛將軍授兼揚府司馬。宰臣奏曰：「揚府司馬品高，郎官、刺史迭處，不可授伶官。」上意欲授之，因宰臣對，亟言朝霞之善，（魏）謩聞之，累疏陳論，乃改授潤州司馬。〔註63〕

雲朝霞本人可能是身繫教坊籍的樂官，不純粹是中官，否則以當時宦官勢力之盛，其升遷應不致受到如此大的扞格。唐文宗已屬頗知自律之君尚且如此，教坊使、副使等在唐代權勢之大與地位之顯赫，可見一斑。〔註64〕

〔註63〕見《舊唐書》卷一七六〈魏謩傳〉，頁 4568，另《唐會要》卷三十四〈雜錄〉與《新唐書》卷九十七〈魏謩傳〉所記與《舊唐書》略同，惟《唐會要》書「揚府」爲「帥府」。

〔註64〕另如文宗大和年間的左補闕王直方，即曾爲文宗濫賞教坊人員事，而上〈諫厚賞教坊疏〉，見《全唐文》卷七五七，頁 9942 欄下～9943 欄上。

除教坊使、副使外，據岸邊成雄由宋制反推唐制認爲，應該還有都知、色長、部頭等管理人員，惟非本文論述重點，不擬在此詳論。〔註65〕以下即據《教坊記》所言，將樂妓組織分爲內人、宮人、搊彈家、雜婦女以及散樂雜伎等五類，分別就其相關問題加以討論。

## （一）內人

> 妓女入宜春院，謂之『內人』，亦曰『前頭人』，常在上前頭也。

宜春院的位置，可能是在宜春門之內或其東側靠近射殿之處，位處宜春宮東鄰（參見圖六）。「內人」一詞，本是指在宮禁內服侍皇室者，如《後漢書》卷十上〈和熹鄧皇后紀〉：「（鄧）康以太后久臨朝政，心懷畏懼，託病不朝，太后使內人問之。」（頁429）又唐代趙璘《因話錄》卷一〈宮部〉條稱：「代宗以郭尚父勳高，兼連姻帝室，長呼爲大臣而不名，每中使、內人往來，必詢其門內休戚。」文中的內人似即宮女或宮人的代稱。而在教坊中則專以能入侍宜春院、常在皇帝跟前服務者爲「內人」，此內人自不同於一般宮女，當係教坊內的專有名詞。觀之《教坊記》後文有「樓下戲出隊，宜春院人少」、「宜春院女教一日」、「令宜春院人爲首尾」等句，可知內人另亦稱「宜春院人」、「宜春院女」，其在宮妓中的地位殆屬最高，須色藝具佳方足堪任，因其必須常在皇帝御座前表演歌舞之故也。

## （二）宮人

> 樓下戲出隊，宜春院人少，即以雲韶添之。雲韶謂之『宮人』，蓋賤隸也，非直美惡殊貌，居然易辨明，內人帶魚，宮人則否。

這段話告訴我們幾件事情：

（1）教坊出戲時以宜春院的內人爲主，如果內人人數不足，即以宮人補之，顯然宮人的色藝不如內人。

（2）宮人亦稱「雲韶」，其出身應是官奴婢之類的「賤隸」，與內人相比「美惡殊貌」。

（3）教坊樂妓的待遇亦分等級，其中最高級的內人可帶魚袋裝飾，宮人則否。按唐代依制必須五品以上官員方給隨身魚袋，以明貴賤、示光寵，〔註66〕此可看出玄宗對內人的優寵。

〔註65〕參《唐代音樂史的研究》上冊，頁242～248。
〔註66〕參《唐會要》卷三十一〈魚袋〉條，頁676～677。

此中有兩個問題須再作討論者，首先是「宮人」一詞的正確意涵爲何，其次是「雲韶」何以會和宮人畫上等號？關於宮人的意涵，岸邊成雄認爲：

> 「宮人」一般稱宮女……係對天子、后妃、東宮、親王等奉侍女官之總稱……彼等并無一定名稱載於文獻者，爲宮人、宮女、宮妓、內妓、女樂、音聲人等。〔註67〕

將宮人、宮女、宮妓等混爲一談，此說曾遭宋師德熹的質疑，有云：

> 唐人於宮人（妓）和宮女，常疏於分辨，按顏師古說……所謂省中侍使官婢，殆即後世通稱的宮女，掖庭中的宮人則疑是宮妓，兩者應有所區別才是。〔註68〕

的確，宮人一詞在唐代史料中，被模糊使用的情形非常普遍，要正確判明相當困難。一般而言，宮人應是泛指爲宮廷服務的人員，其較明確的稱呼應該是宮女，如《舊唐書》卷二十八〈音樂一〉：「（上）又命宮女數百人自帷出擊擂鼓……遣宮女於樓前縛架出眺歌舞以娛之。」（頁 1051～1052）。而在唐人的詩文中與宮人有關的詩篇爲數眾多，其所言及的宮人種類繁多，不限定是教坊宮妓，也可能包括其他宮廷機構的宮女，如配置在掖庭宮者。所以《教坊記》在此以宮人代稱教坊中的第二類樂妓，應是一個僅適用於教坊內部的專有名詞，與一般史料上所見的宮人、宮女當有所區別。

關於稱宮人爲雲韶一事，在前文論及教坊的創設與變遷時曾提到，武后如意元年曾將內教坊易名爲雲韶府，雖然到中宗神龍年間又復名教坊，但「雲韶」一詞似仍爲唐人所習用，如唐玄宗〈示節儉敕〉文中有謂：「自立雲韶內府百有餘年，都不出九重，今欲陳於百姓，冀與諸公同樂。」〔註69〕若自如意元年（西元 692 年）起算至玄宗時尚不滿百年，故所謂「雲韶內府」應非專指雲韶府，而是代稱自武德初年設內教坊後的情形。則可知「雲韶」一詞蓋唐人用以代稱教坊之詞，至於以雲韶代稱宮人，其原因可能是玄宗以前的舊教坊中仍有部份色藝較差的宮妓，其出身也低微，這些人被編派到新教坊中，故仍以舊稱的雲韶一詞稱呼她們。

### （三）搊彈家

平人女以容色選入內者，教習琵琶、三弦、箜篌、箏等者，謂之「搊

---

〔註67〕見《唐代音樂史的研究》上冊，頁 257～258。
〔註68〕參氏著〈唐代的妓女〉一文之註37，頁 113。
〔註69〕見《全唐文》卷三十五，頁 461 欄上。

彈家」。

　　此種樂妓的出身與宮人不同，其原爲平民良家婦女，因容色出眾而被徵選入宮，依其學習內容來看，似乎主要任務是在歌舞表演時擔任音樂伴奏，且以演奏撥弦樂器爲主。由於所學專精不同，也就造成搊彈家與其他樂妓的屬性差異：

> 開元十一年初，製聖壽樂，令諸女衣五方色衣，以歌舞之。宜春院女教一日便堪上場，惟搊彈家彌月不成。至戲日，上令宜春院人爲首尾，搊彈家在行間，令學其舉手也。宜春院亦有工拙，必則尤者爲首尾。

歌舞表演，帶頭者最爲重頭戲，一出差錯則全盤皆墨，所以必須以專習歌舞的內人「尤者」擔任。而面述及用宮人以補內人不足，此當爲表演大型歌舞連宮人也不夠用時，才會用到搊彈家上場湊數。因其專司樂器演奏，歌舞自非所長，而致教習「彌月不成」，蓋學有專精、所業不同也。

## （四）雜婦女

> 凡樓下兩院進雜婦女，上必召內人姊妹入賜食，因謂之曰：『今日娘子不須唱歌，且饒姊妹並兩院婦女。』於是內妓與兩院歌人更代上舞臺唱歌，內妓歌則黃幡綽贊揚之，兩院人歌則幡綽輒訾詬之。

　　此處所稱「雜婦女」、「兩院婦女」、「兩院人」其意均同，指的都是色藝遠遜於內人的雜婦女，這些雜婦女當亦爲宮妓的一類，色藝均不如前述的三類宮妓，因此行文次序也列在四類宮妓的最末。至於文中所言及的黃幡綽，其人乃玄宗時代著名優伶，善以詼諧言談解紛救禍，甚得玄宗歡心。〔註70〕當時可能隨侍在玄宗身旁，由其贊揚內人、訾詬兩院人可知，雜婦女與內人的歌藝的確頗有差異，莫怪乎排名在四類宮妓的最後。

## （五）散樂雜伎

　　根據《教坊記》所載，教坊的樂妓組織，除以上所言四種主要角色外，另有所謂「諸家散樂」，似是在宮中表演百戲以娛人者，其人則男女皆有，「竿木家」、「筋斗家」以及繩妓等。這些散樂雜伎與一般宮妓的最大差異在於，其成員不限女性，而是男女皆有，且多有同色爲婚者。如表演筋斗的裴大娘

〔註70〕有關黃幡綽其人其事，可參任半塘《唐戲弄》下冊〈附載〉中所載「唐優語」篇及「關於黃幡綽之傳說」篇，有詳盡的考論。

即配於竿木家侯氏，因為成員屬性較為複雜，他們自然不可能與宮妓同住一處，極可能是平日在宮外的坊里中訓練與生活，待至節慶或皇室有需求時，方入宮表演。平時甚至可以赴民間邀約表演，如蘇五奴之妻張少娘「善歌舞，有邀迓者，五奴輒隨前」。也因為受到宮廷管制較少，以致這些樂伎間不時傳出有傷風化之事，如裴大娘即曾私通情夫，欲害死其夫侯氏，又如蘇五奴視其妻如搖錢樹，而有「鴇妻」之譏等等。

## 四、教坊宮妓之生活與習俗

宮妓除平常以歌舞侍候皇帝親貴外，也有她們公務表演之外的私生活與自成一格的風格習慣，此處分數項討論如下：

### （一）「內人家」與宮妓會見家屬

《教坊記》云：

> 妓女入宜春院……其家猶在教坊，謂之「內人家」，四季給米，其得幸者，謂之「十家」，給第宅賜無異等。初特承恩寵者有十家，後繼進者，猶故以十家呼之。每月二日、十六日，內人母得以女對，無母則姊妹若姑一人對。十家就本落，餘內人并坐內教坊對。內人生日，則許其母姑姊妹皆來對，其對所如式。

由文義來看，似乎入選宜春院的內人，其家屬（應該只限女性）可住在外教坊中，由朝廷供養。其得寵幸的內人家原本只有十家，後來陸續增加至數十家，但仍習慣性地稱這些受優寵的內人家為「十家」。從這裏可以看得出來，即使同為皇帝跟前的內人，待遇上也有些差別，正所謂「宜春院亦有工拙」。其工者可謂內人中的內人，只有這少數得寵的宮妓可成為「十家」，受特殊待遇。教坊內人平日行動受到高度限制，不得任意外出，朝廷特別安排每個月的初二、十六兩天，讓她們和女性親屬一人會面，以解思家之苦，所謂「十家就本落」，可能是允許十家內人暫出宜春宮，至其教坊本家會親。其他內人恐怕就無此優遇，必須在內教坊的固定場所會親；到了內人生日那天，則破例允許內人與母姑姊妹同時會面，這算是平時守衛森嚴的宮禁，較具人情味的措施。

除可定期與家屬會面外，在某些情況下，內人家還會獲得皇帝賜食，如「凡樓下兩院進雜婦女，上必召內人姊妹，入內賜食」。又如《舊唐書》卷十

七上〈敬宗紀〉載：「（寶曆）二年五月戊辰朔，上御宣和殿，對內人親屬一千二百人，并於教坊賜食，各頒錦綵。」（頁 519），則是屬於大型的賜食活動。

## （二）特殊的稱呼

在宮妓之間，往往有一種屬於她們自己內部瞭解，而外人不易會意的特殊語言，例如黃幡綽就常將雜婦女中「肥大年長者即呼爲『屈突干阿姑』，貌稍胡者即云『康太賓阿妹』，隨類名之，摽弄百端。」如眾所知，唐代是一個胡化頗深的社會，由上引宮中樂妓也不時以胡名相揶揄可見一斑。其中「屈突干阿姑」一詞，屈突本北魏胡姓，其先出於鮮卑族，〔註71〕屈突干乃是唐代契丹奚的首領，曾在開元十八年脅眾投突厥，屢寇邊地。〔註72〕其人可能身形肥大，所以被黃幡綽用來稱呼年紀較長且長相肥壯的教坊雜婦女。至於「康太賓阿妹」，據《新唐書》卷五〈玄宗紀〉載「開元九年四月庚寅，蘭池胡康待賓寇邊」（頁128），此太賓殆即其同音的訛稱。另外，還有一些不易解析的特殊隱語，如「諸家散樂，呼天子爲『崖公』，以歡喜爲『蜆斗』，以每日長在至尊左右爲『長入』」。據任半塘先生研究：「明李實《蜀語》曰：『官長曰「崖」，民間隱語，如長官曰「大崖」，左二曰「二崖」……考《說文》，崖，高邊也，又考『官』字，從『目』，音堆，崖也，官也，皆巍高之意」，〔註73〕其說大致可信。至於「蜆斗」一詞則至今難得其解，不過，從《唐語林》卷一〈政事上〉中的一段記載可以見出，這些隱語當時在宮中確實頗爲流行，成了一種次級團體中的特殊用語：

> 玄宗宴蕃客，唐崇勾當音聲……崇因「長入」人許小客求教坊判官，
> 久之未敢奏，一日過崇曰：「今日『崖公』甚『蜆斗』，欲爲弟請奏，
> 沈吟未敢。」……（頁 15）

又《羯鼓錄・黃幡綽》條云，有一次玄宗欲尋黃幡綽不至，憤怒之餘本欲加以處份，但因幡綽應付得宜，玄宗是以轉怒爲喜，并說道：「適方思之，『長入』供奉以五十餘日，暫一日出外，不可不放他東西過往。」連皇帝都能對這些隱語脫口而出，足見其普遍之一斑。

## （三）顛倒性別的「香火兄弟」

以下是一段《教坊記》中宮妓以氣味相投者相互結盟的相關記載：

---

〔註71〕參唐代林寶《元和姓纂》卷十頁 237 欄下，以及姚薇元《北朝胡姓考・內篇第三・內入諸姓》條，頁 137～142。

〔註72〕參上註所揭姚薇元書，頁 141 之註二與註三。

〔註73〕見《教坊記箋記》，頁 45。

坊中諸女，以氣類相似，約爲「香火兄弟」，每多至十四、五人，少
不下七、八輩。有兒郎聘之者，輒被以婦人稱呼，即所聘者兄見呼
爲「新婦」，弟見呼爲「嫂」。兒郎有任宮僚者，「宮參」與内人同日，
垂到内門，車馬相逢，或搴車簾，呼「阿嫂」若新婦者，同黨未達，
殊爲怪異，問被呼者，笑而不答。兒郎既聘一女，其香火兄弟多相
奔云「學突厥法」，又云「我兄弟相憐愛，欲得嘗其婦也」，主者知，
亦不妒，他香火即不通。

在神前焚香火以結拜，此俗殆自南北朝即有，如《北齊書》卷一〈神武紀上〉
云「其（按：指爾朱兆）長史慕容紹宗諫曰……兆曰：『香火重誓，何所慮也？』
紹宗曰：『親兄弟尙爾難信，何論香火？』」（頁 5）香火結拜風氣至唐猶盛，
相關史文頗多，如《舊唐書》卷一一一〈高適傳〉：「監軍李大宜與軍士約爲
香火」（頁 3328），又同書卷一九四上〈突厥傳〉：「太宗又前，令騎告突利曰：
『爾往與我結盟，急難相救，爾今將兵來，何無香火之情也？』」（頁 5156）
另外《國史補》卷上：「安祿山恩寵寖深，上前應對，雜以諧謔，而貴妃常在
坐。詔令楊氏三夫人約爲兄弟，由是祿山心動。」在此上自帝王下迄兵士均
競相結拜的風氣影響下，教坊宮妓也不免要隨俗一番，自結許多小團體以維
護己身利益。有趣的是，這些宮妓對男女性別的故意顛倒稱呼，雖是女妓，
卻以兄弟相稱，而對所謂「兒郎」反而稱爲婦人。

此處的「兒郎」，部份學者以爲是外間任官職的青年，而推及唐代宮妓可
能有私通外官之嫌。〔註74〕但按理在守衛嚴密的宮禁中恣意如此似不可能，
筆者以爲所謂「兒郎」應非指在宮外任官者，最合理的解釋應該是在東宮任
職的宮僚。按所謂宮僚，意指太子府的官屬，如《舊唐書》卷四十四〈職官
志三〉有云「……司直掌彈劾宮僚，糾舉職事」（頁 1907），而所謂「宮參」
者，疑其爲當時皇室特許，讓東宮僚屬有與内人聯誼的機會，其時間當亦爲

〔註74〕如岸邊成雄氏在《唐代音樂史的研究》上冊頁 273 中謂：「所謂兒郎，顧名思
義，當係指青年之意，此等青年當係具有相當高級身份人員之子弟或任職官
吏者。按教坊除所屬樂宮樂工外，原禁止男性人員進入，是則樂妓之應兒郎
邀請，是亦爲公開之祕密乎？」又同書頁 274 云：「根據作者見解，教坊必係
宮廷直屬之妓樂教習機構，表面上雖與外部禁止交往，但實際情形，似係默
認持有特權之官僚出入者。」另外宋師德熹在〈唐代的妓女〉一中也說「根
據元稹〈連昌宮詞〉『力士傳呼覓念奴，念奴潛伴諸郎宿』及《教坊記》所載
『有兒郎聘之者』等二句，可想像出私下宮妓亦有越軌行爲，此或係因左右
教坊設於光宅坊和延政坊，太靠近民間所致。」（頁 76～77）

每月的初二、十六，故言「與內人對同日」。此殆因宜春院位近東宮，其事難禁，遂有此權宜措施。而想要見哪位內人必須先預聘，到了宮參之日，情況熱絡、車馬奔忙，宮妓們甚至公然站在門口拉起兒郎們的車簾，直呼「阿嫂」、「新婦」以戲謔之。反而是這些被調侃的宮官們自覺尷尬、「笑而不答」，甚至宮妓們彼此之間也相互消遣。所謂「學突厥法」，據《北史》卷九十九〈突厥傳〉言突厥人「父、兄、伯、叔死，子、弟及姪等妻其後母、世叔母、嫂，唯尊者不得下淫。」（頁 3288），又《隋書》卷八十四〈突厥傳〉云「父兄死，子弟妻其群母及嫂」（頁 1864），此乃草原民族為求生存而衍生出的特殊人倫關係。一婦可與同親族的男性先後發生婚姻關係，以取得生存上的保障，教坊宮妓的香火兄弟團體成員之間，似乎也有這種風俗，只是性別角色調換而已。受聘的宮妓也習以為常不加嫉妒，可見其性觀念開放之一般，但有一個大前提是，「共嘗一婦」僅限於同一體系的香火兄弟才可以。非此一體系者即不被允許，此殆當時的一種不成文的慣例，顯見宮妓次級團體間彼此間具有相當的排他性。

### （四）唐詩中所見的宮妓生活

《教坊記》所記宮妓歌舞之外的私生活頗嫌簡略，此處有必要借助唐詩來展現宮妓生活的另一面。在唐人詩歌中，對宮妓生活描寫詳盡、份量也足以稱多的，大概要首推「宮詞」。而在諸多宮詞中，又以王建的〈宮詞一百首〉（實為 107 首）、王涯的〈宮詞三十首〉（實存 27 首）、和凝的〈宮詞百首〉（實為 95 首）以及花蕊夫人的〈宮詞〉（共 157 首），最具代表性。〔註75〕以下茲就這四位作者宮詞中所言，析分數項綜合敘述如後：

（1）習藝活動。前面曾提到，內教坊原意乃內教之坊，本非純習歌舞之處，而在宮詞中，更可以看到宮妓們其它的藝文學習活動，如：

> 「琵琶先抹六么頭，小管丁寧側調愁」（王建‧29，按：意即王建〈宮詞一百首〉之第 54 首，以下均同此例）
>
> 「十三初學擘箜篌，弟子名中被點留」（王建‧31）

---

〔註75〕王建、王涯、和凝與花蕊夫人的〈宮詞〉分別見於《全唐詩》卷三〇二頁 3439～3446、卷三四六頁 3877～3879、卷七三五頁 8393～8399 以及卷七九八頁 8971～8981。其中和凝與花蕊夫人雖已是五代時人，但因時代接近，其〈宮詞〉對我們瞭解唐代宮妓生活，仍有相當幫助，故依舊予以列入。

「別敕教歌不出房，一聲一遍奏君王」（王建・52）

「近被君王知識字，收來案上檢文書」（王建・54）

「暖殿奇香馥綺羅，窗間初學繡金鵝」（和凝・73）

「擘開五色銷金紙，碧鎖窗前學草書」（花蕊・44）

「獨自憑欄無一事，水風涼處讀文書」（花蕊・86）

等等，可見唐代訓練宮妓，除歌舞外，亦頗重視其藝文內涵。

（2）娛樂活動。這一類詩篇所佔的篇幅頗多，顯見宮妓的日常娛樂多采多姿，其中又可分「純娛樂」與「賭博性娛樂」兩類，純娛樂者如：

「五更三點索金車，盡放宮人出看花」（王建・20）

「殿前鋪設兩邊樓，寒食宮人步打毬」（王建・73）

「殿前宮女總纖腰，初學乘騎怯又嬌」（花蕊・21）

「自教宮娥學打毬，玉鞍初跨柳腰柔」（花蕊・22）

「內家追逐採蓮時，驚起沙鷗兩岸飛」（花蕊・24）

「慢擡紅袖指纖纖，學釣池魚傍水邊」（花蕊・101）

「內人深夜學迷藏，遍遶花叢水岸傍」（花蕊・133）

等等，種類繁多，不一而足。至於賭博性的娛樂更是五花八門，茲舉數例如次：

「百尺仙梯佐閣邊，內人爭下擲金錢，風來競看銅烏轉，遙指朱干在半天。」（王涯・14）

「錦褥花明滿殿鋪，宮娥分坐學摴蒲，欲教官馬衝關過，咒願纖纖早擲盧。」（和凝・39）

「日高房裏學圍棋，等候官家未出時，爲賭金錢爭路數，專憂女伴怪來遲。」（花蕊・99）

「寒食清明小殿旁，綵樓雙夾鬥雞場，內人對御分明看，先賭紅羅被十床。」（花蕊・124）

「分朋閒坐賭櫻桃，收卻投壺玉腕勞，各把沉香雙陸子，局中鬥累阿誰高。」（花蕊・150）

把圍棋、投壺、鬥雞等幾種娛樂，都和賭博相互掛鉤，可見宮妓間平日賭風之盛，此殆宮中生活煩悶閉鎖，而致尋求緊張刺激的一種自然現象吧！

（3）經濟收入。賭風既如此之盛，賭資又從何而來呢？一般而言，宮妓的收入約可分爲固定與不固定者類，固定者是按月支給的薪資：

> 月頭支給買花錢，滿殿宮人盡數千，遇著唱名多不應，含羞走過御
> 床前。（花蕊·88）

這眞是一幅有趣的畫面，原來宮妓也像政府官吏般，在月初支領「買花錢」，發錢時皇帝坐在御床上，看著中官唱名而內人們一個一個循序領錢，這些宮妓還不好意思聞名答應，連走過御床前也是含羞怯步，不敢讓皇帝多看一眼。所謂不固定收入，可算是宮妓們的「外快」，除前文所言皇帝的賞賜外，還有來自嬪妃的：

> 「妃子院中初降誕，內人爭取洗兒錢」（花蕊·144）

有來自宮庫的：

> 「寒食內人長白打，庫中先散與金錢」（花蕊·153）。〔註76〕

深居宮中無他消費，收入的門路又多，除可能部份利用會親的機會轉贈家屬外，花在賭博上的費用可能也不少，觀前引詩句有一次賭十床紅羅被的豪舉，即知其一斑。

（4）喜養寵物。刻板缺乏變化的宮廷生活，如能有心愛小動物在身邊作陪，庶幾可消減一些寂寞與孤單，所以日常生活中宮妓也好以飼養寵物自娛。其中尤以鸚鵡最受歡迎，原因可能是由於鸚鵡能學簡單的人類語言，與之逗笑玩要感覺較一般動物有趣的緣故，見之於詩句中的如：

> 「鸚鵡誰教轉舌關，內人手裏養來姦，語多更覺承恩澤，數對君王
> 憶隴山。」（王建·76）
> 「教來鸚鵡語初成，久閉金籠慣認名」（王涯·22）
> 「碧窗盡日教鸚鵡，念得君王數首詩」（花蕊·54）
> 「安排竹柵與笆籬，養得新生鵓鴿兒」（花蕊·74）
> 「羨他鸚鵡能言語，窗裏偷教鵓鴿兒」（花蕊·134）

顯見有些宮妓飼養鸚鵡的動機還不很單純，也有藉此邀君寵的用意在其中。

（五）宮妓的歸宿。教坊樂妓身處宮禁，雖享有優於一般庶民的物質生

---

〔註76〕所謂「白打」乃蹴鞠戲名，兩人對踢爲白打，三人角踢爲「官場」，勝者有采，晚唐韋莊〈長安清明〉詩即有「內宮初賜清明火，上相閒分白打錢」（見《全唐詩》卷七〇〇頁 8049）之句

活，卻也相對失去行動的自由，成為一群被隔絕於社會之外的籠中鳥，其內心的苦悶可想而知，花蕊夫人的〈宮詞〉中有一首詩很足以用來反映宮妓們的心情：

> 「宮人早起笑相呼，不識階前掃地夫，乞與金錢爭借問，外頭還似此間無？」（花蕊・142）

足見其與外界隔離之嚴重與內心眞正的渴望所在。而這些宮妓在享有優厚物質待遇之後，其最終的下場又是如何呢？一般而言，約有以下幾種情況：

第一，恩免歸家及賜贈給大臣做家妓。此在前節論及宮妓出身時已例舉甚多，此處僅以《唐會要》卷三〈出宮人〉條中二則為例再作說明：

> 貞元二十一年三月，出後宮人三百人。其月，又出後宮及教坊女妓六百人，聽其親戚迎於九僊門。（頁41）

> 元和八年六月，出宮人二百車，任其嫁配。（頁41）

首例點出釋出宮妓的地點，是在翰林院北側的九僊門，看得出來，宮妓入宮後應與其親屬仍保有相當聯繫，所以在放歸時，官府可預先通知其家屬領回。次例稱任由宮妓出宮後自行婚配，可能是在出宮的同時也註銷了宮妓們的教坊籍，使其回復良民身份，而可自由嫁配。

第二，墮入風塵成為民妓。前節所舉許和子即其例，另外據《北里志・序》中言，北里女妓「分別流品，衡尺人物，應對非次，良不可及」，素質果眞如此之高，頗令人懷疑其中應有在安史亂後自宮中淪落者。

第三，在社會上賣藝維生。若是不願進入妓館營生，也可憑靠本身在教坊所習才藝，在社會上求得立足，如：

> 龐三娘善歌舞……特工妝束，又有年，面多皺，帖以輕紗，雜用雲母和粉蜜塗之，遂若少容。嘗大酺汴州，以名字求雇。使者造門，既見，呼為「惡婆」，問龐三娘子所在。龐給之曰：「龐三是我外甥，今暫不在，明日來書奉留之。」使者如言而至，龐乃盛飾，顧客不之識也，因曰：「昨日已參見娘子阿姨」，其狀如此。〔註77〕

按「大酺」是古代帝王為表示歡慶特為民間舉行的大宴會，又稱「酺宴」，唐代其例甚多，如《舊唐書》卷九十九〈嚴挺之傳〉言「先天元年大酺，睿宗御安福門樓觀百司宴酺，以夜繼晝。」（頁3103）像如此大規模的臣民聚宴，

---

〔註77〕此段記事未見於一般版本之《教坊記》，乃錄自宋人曾慥的《類説》卷七所輯〈教坊記・賣假金賊〉條。

自然須有歌舞助興，如張祜〈大酺樂二首〉中即有「雙鬟笑說樓前鼓，兩妓爭論好落花」之句，〔註78〕外放的宮妓賴此糊口者必亦有之，龐三娘子應是淪落在外的教坊樂妓。從此例中也可見識到宮妓在教坊中所習之技藝確實相當可觀，尤其化妝術之高超，簡直令人歎爲觀止，足見王涯〈宮詞三十首之七〉云：「一叢高髻綠雲光，宮樣輕輕淡淡黃，爲看九天公主貴，外邊爭學內家妝。」當非虛美之詞。

　　第四，入寺觀出家，一般多入道觀爲女冠，花蕊夫人的〈宮詞〉中就有兩首是敘述宮妓入道觀的：

　　　　「會仙觀內玉清壇，新點宮人作女冠，每不駕來羞不出，羽衣初著
　　　　怕人看。」（花蕊・29）

　　　　「老大初教學道人，鹿皮冠子澹黃裙，後宮歌舞今拋擲，每日焚香
　　　　事老君。」（花蕊・30）

又如許渾有〈贈蕭鍊師〉詩，其序云：「鍊師，貞元初，自梨園選爲內妓，善舞柘枝。」〔註79〕另外有些可能入佛寺爲尼，如《唐會要》卷三〈出宮人〉條云：「文宗以早出宮人劉好奴等五百餘人，送兩街寺觀，任歸親戚」（頁41），因唐代寺院往往坐擁龐大的莊園田產，依之足可維生，所以文中雖言任由家屬領回，想必留在寺院中出家爲尼者亦不在少數。

# 第三節　民妓之組織與生活

　　本節將以孫棨的《北里志》爲中心史料，再配合其他史籍討論民妓的組織、生活與歸宿等，目的在勾繪出唐代民間私妓生活的眞貌，增進吾人對唐妓的瞭解，文中若有徵引《北里志》者，循前例不另加注以省煩。

## 一、北里妓館的內外環境

### （一）妓館外部環境

　　妓業的發達，通常與經濟狀況、社會風氣等相爲表裏，長安是唐代的政治、經濟與文化中心，各種活潑的市民文化及奢侈性消費蓬勃發展，妓館也在此蘊育成熟，根據五代王仁裕所著《開元天寶遺事・風流藪澤》條稱：

〔註78〕見《全唐詩》卷五一一，頁5838。
〔註79〕見《全唐詩》卷五三七，頁6128。

> 長安有平康坊，妓女所居之地，京都俠少萃集於此，兼每年新進士，
> 以紅箋名紙遊謁其中，時人謂此坊為「風流藪澤」。

白居易回憶自己與友好年輕時的風流往事，也說：「憶昔攜遊伴，多陪歡宴場，寓居同永樂，幽會共平康」，〔註80〕由王仁裕的記載來推測妓館之成立，當不會晚過玄宗時期，《北里志‧序》中所謂「自大中皇帝好儒術」云云，所述可能只是孫棨個人生前經歷，不能據此以為唐代妓館須遲至宣宗時才出現。

以下茲就平康坊的整體環境先作探討，再言及妓館的外部與內部環境。

平康坊位於長安皇城東第一街，亦即朱雀門街東第三街（參圖八），鄰接繁華的東市，與玄宗經常聚集臣民作樂的興慶宮也非常接近，其先天上似乎就具備成為聲色場所的條件。據日人石田幹之助的考證，平康坊東南的東市，萬商雲集，長安繁華半聚於此，北側的崇仁坊則為應試選人落腳之地，車馬輻湊，晝夜燈火喧囂不絕，西側務本坊又是國子監、孔廟、太學、四門學等所在地，年輕學子為數頗多，其南鄰的宣陽坊則是奢華蓋世的楊氏三夫人與權臣楊國忠的豪邸。坊北與崇仁坊間相隔的橫街，東至春明門，西至金光門，乃是京師交通要道，人馬往來頻繁，兩側旅館林立，是城內聞名鬧區，〔註81〕許多達官貴人均卜居於此，例如權傾一時的李林甫，其宅第就在平康坊的東南隅。

鄰近環境的繁華，間接造就平康坊成為孕育妓館的溫床，至於妓館在平康坊中的地理位置，據《北里志‧海論三曲中事》條云：

> 平康里，入北門，東回三曲，即諸妓所居之聚也。妓中有錚錚者，
> 多在南曲、中曲，其循牆一曲，卑屑妓所居，其南曲、中曲門前通
> 十字街。

曲即巷弄，依文意，平康坊內諸妓聚居之處應是從坊的北門走進去，向東迴的三條小巷弄中，其中較為出色的女妓，大多住在南曲與中曲，而靠著北面坊牆的一曲，則是色藝較差的妓女所居。據北宋宋敏求《長安志》卷七所載，平康坊是屬於東西六百五十步、南北三百五十步的矩形坊廓，其中間有十字街將全坊隔成四區，十字街端有東西南北四個坊門（參圖九）。至於妓館究竟

---

〔註80〕〈江南喜逢蕭九徹因話長安舊遊戲贈五十韻〉，見《白居易集‧外集》卷上，頁1508。

〔註81〕參氏著〈唐代風俗史抄‧五‧長安の歌妓（上）〉，頁106，另可參同氏著《長安汲古》，頁15～16。

集中在四區中的哪一區，歷來有兩種看法，一種是認為東北區及東南區上部臨十字街的地方都是（見圖十 a、b），此說大概始於岸邊成雄，宋師德熹承之。另一種說法是由大陸學者段浩然所提出，〔註 82〕認為三曲都應該集中東北區左上角一隅之地（見圖十 c），鄙見以為，這兩種說法恐怕均有再作商榷的餘地，理由是：

（1）從實際大小來看，根據考古挖掘，目前已測出平康坊全坊東西寬約 1022 公尺，南北長約 500 公尺，〔註 83〕坊內街道寬度約 15 公尺。若分四區來計算，則每一區約為寬 503 公尺、長 242 公尺的矩形，按前一說將北曲、中曲置於東北區，則每一曲的南北縱深足足有 121 公尺左右，實在太過闊大。如果按照第二說將其安排在東北區左上角的一隅之地，則每曲的縱深縮為 40 公尺，似乎較合於常理，但於《北里志》文義，即有解釋不通之處。

（2）所謂「其南曲、中曲門前通十字街」，文義甚明朗，意即此二曲的屋宅開門可達十字街，實不必像第二種說法將其解釋為距十字街還有相當距離，而連帶要將「妓女每以出里艱難」生硬地解釋成因距離十字街遠故出門不易（事實上 500 公尺左右的距離也稱不上遠或者艱難），否則，三曲都有同樣的情況，孫棨不應獨言中曲與南曲如此才是。

綜合以上所言，本文以為第一說仍屬可信，但須稍作修正：即孫棨所言三曲位置只是就其大概而言，按理一區的面積不應如此之大，其間可能還夾雜有其他民宅或店家，如此與妓館位處「狹邪曲弄」之意也才相合。

依《北里志》所言，名妓多集中在中曲與南曲，這與其門前通十字街、對外往來較為便利應不無關係，沿北面坊牆而立的北曲則多為「卑屑妓」所居。不過，這段敘述與後文似乎有矛盾之處，因為《北里志》全書以十二位妓女名字為題的十二條內文中，只見論及南、北二曲的妓女，未見述及中曲名妓者，然而也不能因此認為中曲無名妓，這可能與孫棨個人的狎遊經歷有關。而卑屑妓所居的北曲，亦非全無可觀者，如北曲鴇母王團兒手下的三名妓女均甚聰明敏慧，其中王福娘「甚明白，豐約合度，談論風雅且有體裁」，如此妓女如何能嗤其卑屑？可能整體而觀，中、南二曲的妓女風韻較佳，北曲妓女則品味略遜吧！

---

〔註 82〕見氏著〈《北里志》中的"三曲"〉，頁 45。
〔註 83〕詳參杭德州〈唐長安城地基初步探測〉文。

## 圖八：平康坊周圍環境圖

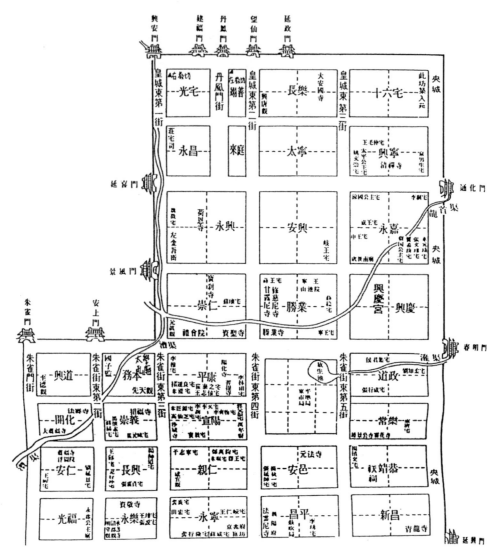

資料來源：平岡武夫《唐代的長安與洛陽・地圖》圖版一三

## 圖九：平康坊制圖

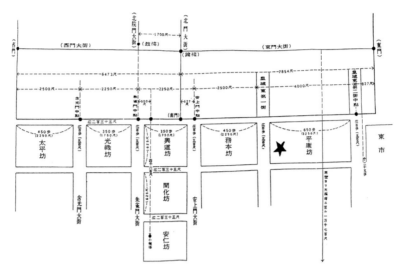

出處同圖八，圖版一○

## 圖十：平康坊三曲位置圖

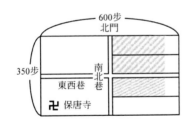

圖十a摘自岸邊成雄《唐代音樂史
的研究》下冊頁 379

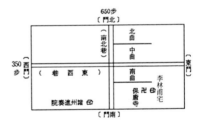

圖十b摘自宋師德熹〈唐代
的妓女〉頁 80

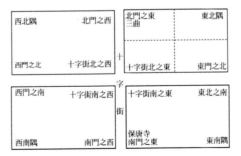

圖十c摘自段浩然〈《北里志中的"三曲"》〉，
圖中虛線與斜線為筆者所添繪

## （二）妓館之內部環境

平康妓館似多個體經營，規模不甚大，但環境頗雅致，《北里志·海論三曲中事》條載稱：

> 二曲（按指中、南二曲）中居者，各有三數廳事，前後植花卉，或
> 有怪石盆池，諸妓皆私有指占，廳事皆綵版，以記諸帝后忌日。

另如白居易有詩描繪平康妓坊的環境曰：

> 師子尋前曲，聲兒出內坊，花深態奴宅，竹錯得憐堂，庭晚開紅藥，
> 門開陰綠楊，經過悉同巷，居處盡連牆。〔註84〕

所敘全無一般妓女戶傳統給人的陰暗雜亂印象，足見當時妓館的經營水平不低，這也可能因爲當時到妓館消費的狎客多爲官豪、舉子，故對妓館環境要求較高有關。「廳事」本是官府辦公的所在，如劉禹錫有〈鄭州刺史東廳壁記〉云：「古諸侯之居，公私皆曰寢，其他室曰便坐，今凡視事之所皆曰廳，其他室以辦方爲稱」，〔註85〕所以廳事所指應是妓館招待狎客飲宴尋歡之處。至於寢臥之處，應是在垂簾的小堂，「諸妓皆有指占」意殆每位妓女各有私人的臥室，亦供陪宿之用，白居易所謂「結伴歸深院，分頭入洞房，綵帷開翡翠，羅薦拂鴛鴦，留宿爭牽袖，貪眠各占床」。〔註86〕而廳事牆壁綵版以記帝后忌日一事，按常規，帝后忌日均禁宴樂，此或即妓館之公休日。題詩文於壁是盛行於唐代文人雅士間的風流雅尙，妓館廳事上的綵版可能也具備此一功用。另外妓館其他地方，也不乏請人題詩以增加風雅的，如「（王福娘）持詩於窗左紅牆請予（孫棨）題之，及題畢，以未滿壁，請更作一兩篇」（〈王團兒〉條）、「予題於楣間訖」（〈俞洛眞〉條）、「飮次，標題窗曰……」（〈王蘇蘇〉條）等等。這些題詩除滿足狎客的風流心態外，也可爲妓館提升營業績效，如劉泰娘本是北曲內不爲人知的小妓，但因孫棨曾題一詩於其舍，「同遊人聞之，詰朝詣之者結駟於門矣」，如此看來，文士題詩眞可說是妓館最惠而不費的裝飾品。

## 二、民妓之組織、營業與生活

---

〔註84〕見〈江南喜逢蕭九徹因話長安舊遊戲贈五十韻〉，見《白居易集·外集》卷上，頁 1508。

〔註85〕見《劉禹錫集箋證》卷八〈記上〉，頁 198。

〔註86〕見〈江南喜逢蕭九徹因話長安舊遊戲贈五十韻〉，見《白居易集·外集》卷上，頁 1508。

### （一）組　織

在討論民妓本身組織之前，容先討論鴇母與樂工。其中鴇母是妓館的實際負責人，樂工是尋歡作樂時的助興者，均與整個平康妓館的狎遊活動息息相關，算是妓館構成的重要人員，故有一論的必要。

《北里志》中稱鴇母為「假母」，俗呼其為「爆炭」，可能因其待諸妓甚嚴苛，「微涉退怠，則鞭撲備至」，性情爆烈如炭火，因此才有此一渾號。這些假母一般都沒有丈夫，但也不甘寂寞，「未甚衰者，悉為諸邸將輩主之，或私蓄侍寢者，亦不以夫禮待」，恃靠邸將大概含有為多事的妓館找官府作靠山的用意。私蓄情夫除侍寢外，有時也可為妓館解決一些不測之事，有的鴇母會蓄養一群號為「廟客」的遊墮之徒，〔註87〕兼作妓館的保鑣，甚至幹一些不法勾當。不過，並非所有的假母都無夫，例如〈王蓮蓮〉條稱「假母有郭氏之癖，假父無王衍之嫌，諸妓皆攫余特甚，詣其門者，或酬酢稍不至，多被盡留車服賃衛而返，曲中惟此家假父頗有頭角，蓋無圖者矣。」根據《晉書》卷四十三〈王衍傳〉言，衍妻郭氏「剛愎貪鄙，聚斂無厭」，而王衍本人則對金錢頗為厭惡，幾乎口不言錢，後世有稱錢為「阿堵物」者即出自此人（見頁1237）。此處殆借用以描述王蓮蓮的假父假母均貪鄙特甚，有時甚至還訛留酬金給得少的狎客的財物，極盡可惡之能事，此例亦可見妓館假父假母性格之一斑。

妓館假母與妓女的關係十分密切，「諸女自幼丐育」，如此則假母應有養母之意，而女妓則被視同養女，因此曲中諸妓「皆冒假母姓呼」。之所以要從小就蓄養，一則可作妓館供使喚的奴婢，二則應是由於當時妓女非純以色相取勝，必須具備相當才藝方可吸引狎客，故其養成要花費不少的時間精神。「初教之歌令而責之，其賦甚急」，可能也因為從小長期相處，假母與妓女間頗有感情，有時假母甚至要受制於出色的妓女，如「楊萊兒以敏妙誘引賓客，倍於諸妓，權利甚厚，而假母楊氏未嘗優恤，萊兒因大詬假母，拂衣而去，後假母泣訴於他賓」。妓女是假母的搖錢樹，沒有她們妓館就維持不下去，遇上兇悍如楊萊兒般的妓女，即使性如暴炭的假母也只有忍氣吞聲的份。

至於樂工，他們雖是妓館的配角，卻也不可或缺，為求工作上的便利，樂工通常聚居在妓館附近，「或呼召之，立至」。樂工除隨席助興外，假母也

---

〔註87〕「廟客」之本意甚難解，依筆者淺見，可能是因其在妓館中鎮日遊手好閒、白吃白住，宛如強住寺廟寄食之客而得名。

央雇他們教導館中諸妓歌令舞蹈，故樂工與妓女相熟，間或發生妓女私通樂工之事，如〈顏令賓〉條云，「其鄰有喜羌竹、劉駝駝，聰爽能爲曲一詞，或云嘗私於令賓」，而後顏令賓過世，劉駝駝還將令賓臨終前遺留的哀挽詞譜曲傳唱，令賓詞中有「臨喪應有主，宋玉在西鄰」之句，「或詢駝曰：『宋玉在西，莫是你否？』駝哂曰：『大有宋玉在。』諸子皆知私於樂工及鄰里之人，極以爲恥，遞相掩覆。」

　　妓館女妓的組織，較不似教坊宮妓嚴密，等級觀念也不強，《北里志》所記有限，但仍能自其中窺出端倪：

　　（1）諸妓間也稱兄道弟。此一顛倒鸞鳳習慣與宮妓無異，不過民妓的結拜似有某種組織上的意義，而必須經過一定的程序，「以女弟女兄爲之行第，率不在三旬之內」。以楊妙兒一家四妓的排行來看，似是長妓萊兒最爲敏妙，其次永兒、迎兒與桂兒，才華均不如萊兒，惟不知其年齡差距如何。推測妓館女妓的排行可能是以色藝爲主、年齡爲輔，如此則必須作較長時間的比較觀察，方能確定其順序，故岸邊成雄解釋「不在三旬之內」爲排序須耗時三十天以上，〔註88〕應屬可信。

　　（2）席糾與都知。唐人聚飲好行酒令，因此須有人代爲錄事以行酒令，文人聚宴愛以女妓作陪以添風流，她們自然也就成爲席糾的極佳人選。如「鄭舉舉居曲中，亦善令章，嘗與絳眞，互爲席糾」、「天水僊哥，字絳眞，住於南曲中，善談謔，能歌令，常爲席糾，寬猛得所」。唐人行酒令，有其特殊的規矩，〔註89〕普通才品不佳的妓女是難以勝任的，得像鄭舉舉之類「負流品、巧談謔」又善令章的妓女，方有資格擔任。這在妓女圈中算是一項至高榮譽，王書奴先生謂「奴女以能做席糾者爲上」，〔註90〕甚至有酒糾換人竟被士子引以爲憾者：

> 左史劉郊文崇（魯）及第年，亦惑於舉舉，同年宴，而舉舉有疾不來，其年酒糾，多非舉舉，遂令同年李深之邀爲酒糾，覺狀元微哂，良久乃云一篇曰：「南行忽見李深之，手舞如蜚令不疑，任爾風流兼蘊藉，天生不似鄭都知」。

---

〔註88〕見《唐代音樂史的研究》下冊，頁384。
〔註89〕有關唐人飲酒行令之規矩，可詳參王小盾《唐代酒令藝術》一書的第一、二及八章。
〔註90〕見氏著《中國娼妓史》，頁77。

可見酒糾亦有由男性擔任者，以同年李深之喻於鄭舉舉，且言舉舉的風流蘊藉猶勝於李，可知優秀的酒糾妓女在士子心目中地位之崇高。不過同為酒糾的妓女中仍有等級之差，如俞洛眞「雖有風情，而淫冶任酒，殊無雅裁，亦時爲酒糾，頗善章程」，顯見其品味不如鄭舉舉多矣。

　　妓女之優者除可任酒糾外，其尤優者並可成爲「都知」，代行部份管理妓女之責：

　　　　曲內妓之頭角者，爲「都知」，分管諸妓，俾追召勻齊，舉舉、絳眞
　　　　皆都知也。

「都知」一詞原本應是教坊樂官的稱號，如《南部新書・丙》中記：

　　　　咸通中俳優侍恩，咸爲「都知」，一日聞喧嘩，上召都知止之，三十
　　　　人並進，上曰：「止召都知，何爲畢至？」梨園使奏曰：「三十人皆
　　　　都知」，乃命李可及爲「都都知」，後王鐸爲都都統，襲此也。

民妓之稱都知，當與此有關。都知在平康妓館中性質，就成了妓女次級團體首腦的代稱，其情形應是將全曲的妓女，區分成若干小團體，選其中頭角崢嶸的優秀者，負責管理或者兼教育其他妓女才藝，以使其水準能夠均勻整齊。另外一個功能應是用以分配妓館間的現實利益，因唐人宴席召妓往往人數眾多，也許不能一一聯絡諸妓，而由都知出面負責聯繫，因都知本身也是妓女，協調眾妓女較鴇母方便，且可藉此向鴇母爭取本身的權益。若此，則可推斷曲中諸妓大概也是同教坊宮妓般，以氣味相投者結盟，當然規模較大的妓館，也有可能是以本館爲單位，推舉一妓爲都知，而這些都知按理應是鴇母所信任喜愛者，協助鴇母管理諸妓，當然鴇母可能會私下予其某些特別利益，兩者之間應不致於因管理妓女而起衝突才是。

## （二）營　業

　　平康妓館的營業內容，大致可分陪侍酒宴與薦枕籍兩種，後者所費若干未見記載，前者倒有相當史料可供一探唐人的狎妓消費情形。

　　據《北里志・鄭舉舉》條注云：

　　　　曲中（按所指殆中曲、南曲）常價，一席四鐶，見燭即倍，新郎官
　　　　更倍其數

另據《唐摭言》卷三〈散序〉條云：

　　　　（新科進士）大凡謝（恩）後便往期集院……院內供帳宴饌，卑於
　　　　筆轂，其日，狀元與同年相見後，便請一人爲錄事……其餘主宴、

主酒、主樂、探花、主茶之類，咸以其日辟之。主（樂）兩人，一人主飲妓，放榜後，大科頭兩人（原注：第一部），常詰旦至期集院；常宴則小科頭主張，大宴則大科頭。縱無宴席，科頭亦逐日請給茶錢（原注：平時不以數，後每人日五百文），第一部樂官科地每日一千，第二部五百，見燭皆倍，科頭皆重分。（頁 24～25）

主樂的兩名進士，一人主飲妓，另一人按理應該主樂工，這裏的「科頭」、「科地」應是對稱，科頭指的應是酒糾或都知等較具頭角的妓女，科地則是受科頭指揮的一般樂妓。科頭本身也分大小等級，各有所司，索價均為科地之倍，所謂「第一部」、「第二部」的分類，按理大概是以妓女的才藝為標準，第一部較優，故索價加倍，夜宴索價則又是晝宴的兩倍。依古義，一鏹值銀六兩，而晚唐時銀一兩又約當一千文，〔註91〕折算一鏹值六〇〇〇文，綜合前引二文可知新科進士所須付與參加官宴的飲妓費用為：

| | | | |
|---|---|---|---|
| 第一部 | 科頭 | （晝）2000 文 | （夜）4000 文 |
| | 科地 | （晝）1000 文 | （夜）2000 文 |
| 第二部 | 科頭 | （晝）1000 文 | （夜）2000 文 |
| | 科地 | （晝）500 文 | （夜）1000 文 |
| 平日茶錢 | 每妓每日 500 文 | | |
| 妓宴一席 | （晝）24000 文 | （夜）48000 文 | |
| | （新郎君宴）96000 文 | | |

以此推算，官宴席上的飲妓人數，若以第一部科頭計，則可有十至十二名妓女，若聘第二部科頭妓，則約可有二十妓與宴，若是科地妓則又均倍之。以需求如此多的飲妓，當非單一妓館所能完全供應，足證前文推論所謂都知是跨妓館的次級團體首腦，負責在大型宴會中招攬並管理諸妓，應非無根之談。〔註92〕

妓館的營業並非全靠妓宴收入，另有其他雜項收入，例如妓女們每個月

〔註91〕 參日人加藤繁《唐宋時代之金銀研究》中譯本第一卷頁 273、《中國經濟史考證》中譯本卷一〈郢爰考〉，頁 14～19，以及彭信威《中國貨幣史》第四章，頁 327。一銀約當千文之說是參考彭氏依據同時期阿拉伯、印花等地流通的銀價所推估的結果。

〔註92〕 另據〈海論三曲中事〉條言：「樂工聚居其側，或呼召之，立至，每飲率以三鏹，繼燭即倍之。」依文意「三鏹」似指招樂工伴奏的代價，若再加給妓的四鏹，則一席妓宴至少須價七鏹，夜宴則為十四鏹。雖不知樂工人數，然其索價按理不應超過女妓，以一席三鏹計顯係偏高，疑其應非全歸樂工所有，可能是以某一比例與鴇母共分。

三八日（即八日、十八日及廿八日），可前往坊南的保唐寺聽講，依例每次需
繳一緡給鴇母，合計每月每人付三緡。以一緡千文計，則妓館每個月自一名
妓女身上收取的金額就有三千文，以此代價換取暫時外出的自由，若從前言
妓女的收入情況來看，應該不構成負擔。另外，妓館還有一種「買斷」制度，
即狎客可以日輸一緡的代價包下其中意的妓女，使此妓除赴官宴外，不另接
其他狎客，專供買斷者一人獨享。不過，如此算來每月僅需三萬文即可專包
一妓，代價似嫌太低，這大概只是北曲卑屑妓的買斷價碼，若是中、南二曲
的名妓，其價應不止於此。一般妓女除了陪宴陪宿等正規收入外，來自恩客
的大方贈與，也是其一大財源，例如太僕卿周皓曾迷戀靖恭坊名妓夜來，竟
慷慨地以錢數十萬為夜來的生日賀禮。〔註93〕

　　另外值得一提的是，唐代狎客對妓女也有著好求「處女」的癖好，如〈張
住住〉條云，狎客陳小鳳頗愛住住，但住住早已和青梅竹馬的龐佛奴有私，
到陪宿之日竟以雞冠混成紅色丹物灑在床上而矇騙過關。事後「小鳳以為獲
元，甚喜，又獻三緡於張氏，遂往來不絕」，當時曲中譏之日：「舍太雄雞傷
一德，南頭小鳳納三千」。處女妓的初夜權時價三千文，若再加上買斷所須的
每日一緡，則與處女妓共枕一宿的代價約四千文，普通梳攏過的妓女若以半
價計（實際應不致如此之低），則是一宿二千文，約相當前言第二部樂妓夜間
陪宴的所得，這樣的價錢大概只能狎遊較卑屑的妓女，名妓的夜渡資自然另
當別論。

## （三）生　活

　　妓館乃以營利為目的，對旗下妓女的監控嚴格，平時女妓們除陪客狎宴
侍寢外，難得有出外呼吸自由空氣的機會。這種精神上的空虛，使得到佛寺
聽講成了諸妓最熱衷的活動：

> 妓以出里艱難，每南街保唐寺有講席，多以月之八日，相率率聽焉，
> 皆納其假母一緡，然後能出於里……保唐寺每三八日，士子極多，
> 蓋有期於諸妓也。

保唐寺原名東菩提寺，位於平康坊南門之東，乃唐代名剎，講席甚盛。〔註94〕
妓女聽佛法殆當時京中盛事，難怪文人士子絡繹於途，欲一睹諸妓風采。除
定期到保唐寺聽佛學講席外，偶爾也可出遊到其他地方，但同樣必須「納資

〔註93〕見《酉陽雜俎・前集》卷十二，頁116。
〔註94〕見《唐兩京城坊考》卷三〈西京・平康坊〉條。

於假母」，這種出遊可以是「因人而遊或約人與同行」，地點則多在長安近郊的名勝風景區，如曲江附近。孫棨自述其於「春上巳日，因與親知禊於曲水，聞鄰棚絲竹，因而視之……其南二妓，乃宜之與母也」，又「亂離之春，忽於慈恩寺前見曲中諸妓同赴曲江宴」。曲江冶遊可暫時擺脫妓館的控制，又可感受到社會的多采多姿，對終日生張熟魏、送往迎來的妓女而言，無疑是生活上的一大調劑。

## 三、民妓的性格

　　若將《北里志》所述諸妓特色略作梳理，約可見出這些女妓的三項性格特徵，即「藝勝於色」、「慧點諧謔」及「愛恨分明」，以下分項說明之：

### （一）藝勝於色

　　首先且將孫棨所敘全部十八位有名字可循之妓女特色製一簡表羅列於下：

| 妓　名 | 特　色 |
|---|---|
| 1. 天水僊哥 | 善談謔，能歌令……其姿容亦常，但蘊藉不惡。 |
| 2. 楚　兒 | 素為三曲之尤，而辯慧，往往有詩句可稱。 |
| 3. 鄭舉舉 | 善令章……充博非貌者，但負流品，巧談諧。 |
| 4. 牙　娘 | 流輩翹舉者，性輕率，惟以傷人肌膚為事。 |
| 5. 顏令賓 | 舉止風流，好尚甚雅……事筆硯，有詞句。 |
| 6. 楊萊兒 | 貌不甚揚，齒不卑矣，但利口所言，詼諧臻妙。 |
| 7. 楊永兒 | 婉約於萊兒，無他能。 |
| 8. 楊迎兒 | 既乏豐姿，又拙戲謔，多勁詞以忤賓客。 |
| 9. 楊桂兒 | 窘於貌，但慕萊兒之為人，雅於逢迎。 |
| 10. 王小潤 | 少時頗籍籍者。 |
| 11. 王福娘 | 甚明白，豐約合度，談論風雅，且有體裁。 |
| 12. 王小福 | 雖乏風姿，亦甚慧點。 |
| 13. 俞洛真 | 有風貌，且辯慧。 |
| 14. 王蘇蘇 | 頗善諧謔。 |
| 15. 王蓮蓮 | 微有風貌。 |
| 16. 王小僊 | 王蓮蓮女弟，不及蓮蓮。 |
| 17. 劉泰娘 | 北曲內小家女……年齒甚妙，粗有容色。 |
| 18. 張住住 | 少而敏慧，能辨音律。 |

　　孫棨所言，應是當時一般宇子對妓女的品評標準。看得出來唐人的狎妓，

似是以女妓是否「詼諧風雅」、「敏慧有內涵」爲首要要求，如能兼善音律與詞章者自爲上品，最受狎客歡迎。反而對妓女是否年輕貌美、體態婀娜等皆不甚介意。此一現象除顯示出北里妓女藝勝於色的特質外，似乎也透露出唐人狎妓實係一時代風雅流尙，多數狎客只求在其中追尋精神上的滿足，而非肉體情慾的放肆，自不應以低層次的嫖妓行爲視之。

## （二）慧黠諧謔

妓女要能夠在宴席上同文人士子應酬，本身才情固然重要，尤其必須反應慧捷、談吐幽默，這也是決定一名妓女能否廣博士子青睞、在妓曲中佔一席之地的重要因素。綜觀北里諸妓，大部份都具有此一特色，茲舉鄭舉舉與王蘇蘇二人爲例說明之。鄭舉舉是曲中名妓，曾充酒糾、都知，流品頗高，爲朝士所眷，有一次名賢聚宴，邀舉舉與數妓同席共樂，當時的右貂（即右散騎常侍）鄭禮臣因初入內廷，矜誇不已，導致同座的王致君、孫文府、趙爲山等人「倦不能對，頗減歡情，舉舉知之，乃下籌指禮臣曰：『學士語太多，翹（按：應爲翰）林學士雖貴甚美，亦在人耳，至如李騭、劉允承、雍章（按：此處「劉允承、雍章」當爲「劉允章、劉承雍」之誤書。）亦嘗爲之，又豈能增其聲價耶？』致君已下，皆躍起拜之，喜不自勝，致禮臣因引滿自飲，更不復有言。於是歡極，至暮而罷，致君已下，各取彩繪遺酬。」雖是風塵女妓，卻也對朝官情事瞭如指掌，此殆有賴平日與朝士接飲時的細心謹愼。足見鄭舉舉確非凡庸之輩，一語打破宴會僵局，又能使志得意滿的鄭禮臣爲之緘口，不愧是妓筵上的靈魂人物。

另有王蘇蘇者，「在南曲中，屋宇寬博，厄饌有序，女昆仲數人，亦頗善諧謔」，進士李標有一回與王致君弟姪等數人同詣。飲次，標有意嘲弄諸妓，遂題詩於窗曰：「春暮花株遶戶飛，王孫尋勝引塵衣，洞中儸子多情態，留住劉郎不放歸。」蘇蘇自然不甘示弱，向李標說道：「阿誰留郎，君莫亂道。」更題一詩反諷曰：「怪得犬驚雞亂飛，羸童瘦馬老麻衣，阿誰亂引閒人至，留住青蚨熱趕歸。」〔註95〕李標性頗褊狹，聞言不知所措，面紅耳赤地立即命

---

〔註95〕青蚨本是昆蟲名，據晉干寶《搜神記》卷十三云：「南方有蟲，名蟥蠋，一名蝍蠋，又名青蚨，形似蟬而稍大，味辛美可食，生子必依草葉，大如蠶子，取其子，母即飛來，不以遠近，雖潛取其子，母必知處，以母血塗錢八十一文，以子血塗錢八十一文，每市物，或先用母錢，或先用子錢，皆復飛歸，輪轉無已，故淮南子術以之還錢。」後世因稱錢爲青蚨。

駕先歸。後來王蘇蘇每見王致君等人，輒詢其：「熱趕郎在否？」以爲調笑。李標因詩自取其辱，而王蘇蘇的慧黠與諧謔亦於此纖然畢露。

### （三）愛恨分明

妓女的社會地位特殊，雖被承認卻不爲世人所接受，狎客們通常也只在意與妓女相處時的聲色之歡，少有付出眞情者。多數妓女也早已看出此一社會人情的現實面，對狎客的殷勤侍奉只爲了換取名利，一旦床頭金盡，雙方情份自然宣告終結。不過，人究竟是感情的動物，妓女的情感，其實也不乏眞摯的一面，而且妓女在感情的付出上，較之普通女子，往往表現得更爲強烈。對世俗眼光毫無忌憚，其敢愛敢恨、勇往直前的執著，恐怕連很多良家婦女都要自歎不如。這些故事在文人墨客的烘托下，很多都成了膾炙人口的文學題裁，如世人熟知的〈李娃傳〉中的李娃及〈霍小玉傳〉中的小玉，均其佳例，《北里志》中的楚兒、王福娘與張住住三人，更可作爲北里妓女敢愛敢恨的典型代表。

楚兒字潤娘，辨慧善詩，本爲三曲之尤，退暮之後爲萬年縣的捕賊官郭鍛納爲妾。「嘗一日自曲江與鍛行，前後相去十數步，同版使鄭光業時爲補袞（即補闕），道與之遇，楚兒遂出簾招之，光業亦使人傳語」，「在娼中狂逸特甚」的楚兒，與人爲妾後卻仍不甘寂寞，公然在路上與昔日恩客相招引。此舉惹起本性暴躁的郭鍛滿腔炉火，氣得將她「曳至中衢，擊以馬箠，其聲甚冤楚，觀者如堵。」鄭光業遙視其狀也不敢出面相救，「明日特取路過其居偵之，則楚兒已在臨街窗下弄琵琶矣。」楚兒念舊情，似乎並不認爲自己有錯，知光業在屋外，使人持箋以一詩贈之曰：

> 應是前生有宿冤，不期今世惡姻緣，蛾眉欲碎巨靈掌，雞肋難勝子路拳，秪擬嚇人傳鐵卷，未應教我踏金蓮，曲江昨日君相遇，當下遭他數十鞭。

鄭光業也立即取筆答詩曰：

> 大開眼界莫言冤，畢世甘他也是緣，無計不煩乾偃蹇，有門須是疾連拳，據論當道加嚴篛，便合披緇念法蓮，如此興情殊不減，始知昨日是蒲鞭。

楚兒詩中流露出遇人不淑與命運坎坷的無奈哀歎，鄭光業則勸她凡事要看開，即使是一場孽緣，也未嘗不可因修行而得福，兩相惓惜之情表露無遺。

相較於楚兒，另一個北里煙花張住住所表現的愛情，就顯得熱切許多。

住住與其鄰人龐佛奴自幼兩小無猜，私有結髮之盟。然住住及笄之後，妓館即拘之甚嚴，兩人難通音訊。又正好有里南富人陳小鳳「欲權聘住住，蓋求其元，已納薄幣，約其歲三月五日」。龐佛奴經多方探聽得知其事，逼住住屋窗責問其何以失約，住住慰之曰：「上巳日（即三月三日）我家踏青去，我當以疾辭彼，即自爲計也。」佛奴於是央請鄰嫗宋氏協助，趁三月三日住住一人獨自在家，與之歡寢了遂平生風流心願，既而住住謂佛奴曰：「此我不能見聘，今且後時矣。隨子而奔，兩非其便，千秋之誓，可徐圖之，五日之言，其何如也？」佛奴曰：「此我不能也，但願保之他日。」住住又曰：「小鳳亦非娶我也，其旨可知也，我不負子矣，而子其可使負我家而辱之乎？子必爲我之計！」相對於住住強力激將之下，龐佛奴終於還是想出辦法，又託宋嫗以雞冠丹物致住住，演了一齣「假處女眞落紅」的把戲，騙過陳小鳳。此後小鳳「貪住住之明慧，因欲嘉禮納之，時小鳳爲平康富家，車服甚盛，佛奴傭於徐邸，不能給食，母兄諭之，鄰里譏之，住住終不捨佛奴，指階井曰：『若逼我不已，骨董一聲即了矣！』」爲追求愛情，不顧現實壓力，敢於以死相抗，即使平人女子，諒也不過如此。更可貴的是住住能夠毫不計較佛奴物質條件的欠缺，執意從一而終，不顧眾人反對，誓死不願嫁給自己不愛的人作妾，寧可苦等龐佛奴事業有成。也算蒼天見憐，這對苦命鴛鴦最後終成眷屬，住住的堅持與犧牲，爲自己換來感情的自由與希冀的幸福，較之遇人不淑的楚兒，堪稱幸運。世人盡知李娃爲鄭生不惜自費贖身的深情，其實以張住住對龐佛奴的一往情深、堅貞不移，即使與李娃相比也毫不遜色。

在眾多妓女中，情感遭遇最悽涼者，要屬與《北里志》作者孫棨頗有情好的王福娘。她未成年前即爲人拐騙，從山西鄉間被賣入妓館，鴇母對她「初是家（按：應爲加）以親情，接待甚至，累月後乃逼令學歌令，漸遣見賓客，尋爲計巡遼（應爲僚）所嬖，韋宙相國子及衛增常侍子所娶……間者亦有兄弟相尋，便欲論奪，某量其兄力輕勢弱不可奪，無奈何。」這是福娘認識孫棨之前的人生遭遇。曾兩入人家爲嬖妾，最後又因命運作弄，逼使其回妓館重操舊業。雖然如此，但福娘本身頗有自覺，亟欲從良，有一天忽以紅箋賦詩致孫棨曰：「日日悲傷未有圖，懶將心事話凡夫，非同覆水應收得，只問僬郎有意無？」福娘本以爲自己尚未繫籍教坊，贖身不過是一、二百金之費，希望孫棨能成爲終身伴侶。豈料孫棨其實也只是凡夫，深恐娶妓有礙仕途，不敢消受這飛來豔福，遂和詩曰：「韶妙如何有遠圖，未能相爲信非夫，泥中蓮子雖無染，移入家園未

得無。」自是不復言，情意頓薄，其後孫棨赴東都，待再回長安時，福娘已為豪主張言所買斷，難得一見，等到春季上巳日，孫棨與親知襖於曲江，偶知福娘仍在曲中，一時舊情復燃，欲續前歡。第二天一早就騎馬赴妓館相訪，但福娘似乎已由愛生恨，不想再給孫棨任何機會，書一詩於紅巾擲之曰：「久賦恩情欲託身，已將心事再三陳，泥蓮既沒移栽分，今日分離莫恨人！」孫棨觀後大慚，悵然而回，自此不復及其門。王福娘的詩，表現出歡場女子對紅塵俗情的看破，也充份展現出其個性中剛烈、愛恨分明的一面。

## 四、民妓的歸宿

終日生張熟魏、倚門賣笑的生活，終非長久之計，但既已淪落風塵，意欲從良亦不易為世人所接受，江淮妓女徐月英的〈敘懷〉詩最能道出妓女們內心的無奈：「為失三從泣淚頻，此身何用處人倫，雖然日逐笙歌樂，長羨荊釵與布裙。」〔註96〕另外像《北里志》中的王福娘「每宴洽之際，常慘然鬱悲，如不勝任，合座為之改容，久而不已，靜詢之，答曰：『此蹤跡安可迷而不返耶？又何計以返？每思之，不能不悲。』」福娘所言甚符實情，妓女從良不僅耗資鉅大，〔註97〕更令人氣餒的是，往往付出真情後，所獲得的多是世人冷酷的回應，如孫棨對王福娘即其一例。小說〈霍小玉傳〉中的女妓小玉與李益間的愛情，最後也不得不以悲劇收場。像〈李娃傳〉中李娃與鄭生的喜劇結局，恐怕也只是小說家一廂情願的假想，現實世界裏大概不易存在。對大多數的妓女而言，其歸宿不出以下幾種情況：

第一，升格為鴇母。經營妓館須有相當社會歷練，正邪兩道均須關係良好，才能確保妓館營運順利。而且對旗下女妓也要有充份瞭解，關於女妓的訓練、管理等都要有豐富經驗。因此鴇母人選，自以長年在風塵中打滾過的老版妓女來擔任最為適當，《北里志》中的楊妙兒、王團兒等假母，就是從妓女出身，繼而自營妓館、升格做鴇母的。

〔註96〕見《全唐詩》卷八○二，頁 9033。

〔註97〕據彭信威所著《中國貨幣史》第四章〈唐代貨幣〉頁 327 言：「中國當時（唐朝）的金銀比價是一比五到一比六之間，所以開成年間的銀價大概每兩自八九百文到一千一二百文，整個第九世紀的錢價大約是每兩一千文，而王福娘自云其從良須「一二百金之費」，之前福娘「為計巡僚所娶，韋宙相國子及衛增常侍子所娶，輸此家不啻千金矣！」若以唐代大中、咸通年間長安米價一斗四十文（參全漢昇〈唐代物價的變動〉頁 186）來比較，如此從良費用真不啻天價。

第二，從人為妾滕。唐人門當戶對的婚姻觀很重，士庶通婚即不為時所允，良賤相婚更有法條明文處罰。〔註 98〕妓女屬於賤民階級，依法自不得與良人為婚，頂多也只能嫁人做妾，如楚兒即被萬年縣捕賊官郭鍛納為妾，又王福娘也曾兩度為韋宙相國子及衛增常侍子的妾。與人為妾滕雖在社會人格上並無多大提升，但至少可取得正式法定地位，也不必再過每天送往迎來、生張熟魏的日子，對亟欲脫離火坑的妓女而言仍不失為終身最佳的歸宿，但若遇人不淑，像楚兒那般受虐，亦屬可憐之至。

第三，從良後又重操妓業。造化弄人的結果，往往使得很多妓女在從良一段時間之後，又不得不返回妓館再作馮婦，前言兩度嫁人為妾的王福娘即是一例。另外知性情淫冶的俞洛真，本來也是左揆于琮的別室，後因與其姪于梲私通，事發後得數百金而遭逐出，又「嫁一胥吏，未期年而所有索盡，吏不能給，遂復入曲」。妓女在妓館中每天風花雪月，「十指不動衣盈箱」，〔註 99〕享有優裕的物質生活，一旦稍事勞動即嫌辛苦，不堪忍受者如俞洛真輩，大概都會選擇回妓館重操舊業。

第四，出家入道。另外也有不少妓女，在歷經人世滄桑後，深感紅塵俗世終非託身之所，而選擇出家入道，遁入空門求取心靈上的寄託。且看以下幾首送妓女出家的詩作：

盡出花鈿與四鄰，雲鬟剪落厭殘春，暫驚風燭難留世，便是蓮花不染身，貝葉欲翻迷錦字，梵聲初學誤梁塵，從今豔色歸空後，湘浦應無解珮人。〔註 100〕

荀令歌鏡北里亭，翠娥紅粉敝雲屏，舞衣施盡餘香在，今日花前學誦經。〔註 101〕

碧玉芳年事冠軍，清歌空得隔花聞，春來削髮芙蓉寺，蟬鬢臨風墮綠雲。〔註 102〕

〔註 98〕 如《唐律疏議》卷三〈戶婚下〉云：「人各有耦，色類須同，良賤既殊，何宜配合？……諸雜戶不得與良人為婚，違者杖一百……雜戶配隸諸司，不與良人同類，止可當色相娶，不和與良人為婚。」（頁 186～187）
〔註 99〕 見王建〈當窗織〉詩中句，《全唐詩》卷二九八，頁 3380。
〔註 100〕 楊郇伯〈送妓人出家〉，《全唐詩》卷二七二，頁 3060。
〔註 101〕 楊巨源〈觀妓人入道三首〉，《全唐詩》卷三三三，頁 3739。
〔註 102〕 見同上註。

另外吳融有〈還俗尼〉詩，其注曰此女尼「本是歌妓」。〔註103〕又如〈霍小玉傳〉中當小玉知悉李益登科、將要赴任的前夕，在餞別酒宴中也若有感傷地說道：「妾年始十八，君纔二十有二，迨君壯室之秋，猶有八歲，一生歡愛，願畢此期，然後妙選高門，以諧秦晉，亦未爲晚，妾便捨棄人事，剪髮披緇，夙昔之願，於此足矣！」她也覺得披緇爲尼，會是自己的最後歸宿。風月人生總如過眼雲煙，或許青紗佛燈才眞的是她們的終身伴侶。

## 結　語

　　唐代妓女依其所有權與使用權的不同，約可分爲宮妓、官妓、家妓與民妓四大類。其中宮妓只對皇室開放，官妓服務對象則爲地方政府官員，家妓乃豪主富賈所私蓄，這三類女子雖亦名之爲「妓」，但嚴格說來，她們與現代概念中的娼妓是不能畫上等號的。因爲她們提供服務的對象有限制，且和服務對象間也沒有金錢交易的行爲，而主要是提供歌舞歡娛與酒宴助興。宮妓可說是皇家的專屬歌舞團，官妓則是地方政府所屬的康樂隊，至於家妓則可說是另一種性質較特殊的奴婢而已。只有民妓是以私營妓館對外公開營業的方式存在，也纔堪稱爲娼妓。惟因唐代文獻於妓的分類無所辨別，極易使人一概視之，此乃閱讀唐妓史料時一大困擾，但卻是討論唐妓諸問題的重要前提，不可不知。另外可以發現，唐代的民妓雖已具備後世娼妓特性，但仍有本質上的差異，一般而言，唐代民妓賣藝重於賣色，她們多半在文人雅士的宴聚中，擔任穿針引線的酒糾、錄事等工作，相貌不甚出眾但才華洋溢者，仍可廣受狎客喜愛。侍寢可能是工作內容之一，但並未像後世妓女戶般，純以肉體交易爲唯一的營業內容，這是唐妓最大的特色，也是我們討論唐妓時所應具備的基本認知。

---

〔註103〕見《全唐詩》卷六八四，頁 7859。

# 第四章　妓與唐代士人

　　狎妓之所以成為唐人風尚，除繁華之商品經濟為其提供堅實之物質基礎外，文人雅士與女妓關係密切、交相唱酬，因而留下許多風流動人的詩歌、傳奇，也是為狎妓風氣推波助瀾的主因之一。劉開榮先生即曾以「娼妓文學」一詞，指稱唐代進士與倡妓間，社交與戀愛關係所產生之文學創作。〔註1〕其實非止進士，舉凡唐代士人，包括舉子（含中舉與不中舉者）、文人與政府官員等等，與當時女妓均有頗親密之交往，其中自然又以進士為主角，而舉子、文人與政府官員彼此間的角色身份常有重疊，在此我們以「士人」一詞來統括，而不用文人或官人。一則避免文武對舉式的誤解，因為唐代有不少文士出身者亦兼任武職，而狎妓的士人中有許多也是地方武人。另外狎妓的士人雖多有任官，然亦非不任官時即不狎妓，在此二層考量下，士人一詞應算是爭議較少之代稱詞。雖自文獻上可得知唐妓與士人間的交往頻繁、關係密切，然自歷史研究之角度以觀之，是否在有唐近三百年之漫長歲月中，其二者之間的關係均自始至終一成不變？亦或隨著不同歷史時期之政治、經濟、文化背景，妓與士人的關係亦呈現某種不同特色之變化？此乃本章首要探討者。又，自縱向之時間觀念而言，妓與士人的關係可能有所變化，但若自橫向之交往內容以觀之，不同時期之士妓關係中，亦可能有著相似之交往內容，因此在本章第二節中擬採取「類型分析」之模式，擷取士妓交往中較具代表性之個案深入分析，試圖為唐代妓與士人之關係釐整出幾項特徵，以進一步瞭解唐代士妓交往之實質內容。

---

〔註 1〕 參氏著《唐代傳奇研究》，頁 73。

# 第一節　關係之演變

　　初唐時期，因天下大亂方休、百廢待舉，社會上缺乏娼妓可充份發展之客觀條件，除少數王公貴族與本身豢養之家妓時而尋歡作樂外，類似中唐以後，士人與官妓、民妓間交相唱酬的熱烈情景尚屬鮮見。直到盛唐時期，才因政治、經濟情況的轉變而有所改變。關於初、盛唐時期士妓交往的情況，所留文獻相當有限，但我們仍不妨從《全唐詩》以妓為主題的詩作中，一窺其概況，為求便於下文討論，且先製一「《全唐詩》初、盛唐時期以妓為主題詩作一覽表」如下：

表七　《全唐詩》初、盛唐時期以妓為主題詩作一覽表

| 詩　　題 | 作　者 | 卷、頁 |
|---|---|---|
| 1. 益州城西張超亭觀妓 | 王　績 | 37、486 |
| 2. 詠妓 | 王　績 | 37、486 |
| 3. 辛司法宅觀妓 | 王　績 | 37、486 |
| 4. 賦得妓 | 陳子良 | 39、497 |
| 5. 酬蕭侍中春園聽妓 | 陳子良 | 39、497 |
| 6. 和崔司空傷姬人 | 楊　炯 | 50、615 |
| 7. 廣州朱長史座觀妓 | 宋之問 | 53、658 |
| 8. 倡婦行 | 李　嶠 | 61、725 |
| 9. 倡女行 | 喬知之 | 81、876 |
| 10. 溫泉馮劉二監客舍觀妓 | 張　說 | 88、971 |
| 11. 傷妓人董氏四首 | 張　說 | 89、980 |
| 12. 李員外秦援宅觀妓 | 沈佺期 | 97、1048 |
| 13. 歧王席觀妓 | 崔　顥 | 130、1327 |
| 14. 送山陰姚丞攜妓之任兼寄蘇少府 | 李　頎 | 133、1357 |
| 15. 夜觀妓 | 儲光羲 | 139、1413 |
| 16. 五日觀妓 | 萬　楚 | 145、1468 |
| 17. 過李將軍南鄭林園觀妓 | 劉長卿 | 147、1496 |
| 18. 陪辛大夫西亭宴觀妓 | 劉長卿 | 148、1507 |
| 19. 揚州雨中張十宅觀妓 | 劉長卿 | 148、1512 |
| 20. 崔明府宅夜觀妓 | 孟浩然 | 160、1642 |

| 21. 宴崔明府宅夜觀妓 | 孟浩然 | 160、1661 |
|---|---|---|
| 22. 送侄良攜二妓赴會稽戲有此贈 | 李　白 | 176、1797 |
| 23. 秋獵孟諸夜歸置酒單父東樓觀妓 | 李　白 | 179、1823 |
| 24. 攜妓登梁王棲霞山孟氏桃園中 | 李　白 | 179、1824 |
| 25. 邯鄲南亭觀妓 | 李　白 | 179、1825 |
| 26. 在水軍宴韋司馬樓船觀妓 | 李　白 | 179、1829 |
| 27. 出妓金陵子呈盧六四首 | 李　白 | 184、1885 |
| 28. 觀公孫大娘弟子舞劍器行 | 杜　甫 | 222、2356 |
| 29. 陪諸貴公子丈八溝攜妓納涼晚際遇雨二首 | 杜　甫 | 224、2400 |
| 30. 數陪李梓州泛江有女樂在諸舫戲為豔曲二首贈李 | 杜　甫 | 227、2462 |

　　從上表可見出一個明顯的現象是，因初、盛唐時期狎妓風氣尚未普遍，士人與女妓間關係不甚密切，因此極少見士人與個別妓女間的酬唱之作。寫妓的詩作則多以「觀妓」詩為大宗，約佔半數以上，一般多是士人在仕宦官豪的酒宴之餘，從旁觀者的角度欣賞女妓的歌舞表演之後，因心有所感而成詩。所表達的情緒較為平淡，遣詞用句也多憑直覺主觀描述，少見刻意營造的華麗辭藻，茲舉數例以說明之：

> 南國佳人至，北堂羅薦開，長裙隨鳳管，促柱送鸞杯，雲光身後蕩，雪態掌中回……（王績〈辛司法宅觀妓〉）

> 金谷多歡宴，佳麗正芳菲，流霞席上滿，回雪掌中飛，明月臨歌扇，行雲接舞衣……（陳子良〈賦得妓〉）

> 白雪宜新舞，清宵召楚妃，嬌童攜錦薦，侍女整羅衣，花映垂鬟轉，香迎步屧飛，徐徐斂長袖，雙燭送將歸。（儲光羲〈夜觀妓〉）

> 畫堂觀妙妓，長夜正留賓，燭吐蓮花豔，妝成桃李春，鬓髮低舞席，衫袖掩歌脣，汗溼偏宜粉，羅輕託著身……（孟浩然〈宴崔明府宅夜觀妓〉）

> 歌妓燕趙兒，魏妹弄鳴絲，粉色豔日彩，舞袖拂花枝，把酒顧美人，請歌邯鄲詞，清箏何繚繞，度曲綠雲垂……（李白〈邯鄲南亭觀妓〉）

觀察這些詩作，多屬平舖直敘的描寫，少有詩人寓寄的深意，甚至連詩中所用的意象表徵，也不乏雷同之處，如以「行雲」、「回雪」形容舞姿，以「長袖」、「羅衫」統稱舞衣等，顯然都是得自一時的視覺印象，缺乏深入的精神

交流。妓女充其量只不過是士人在飲宴中添歡助樂的點綴品,士妓間仍有著相當的隔閡,談不上親密的關係。

從此種現象亦可見出中唐以前的士林風氣,由於初、盛唐時期之唐代帝王,如太宗、武后、玄宗等人,多屬英明有爲之君,所以雖然在內政上小有波瀾,然而大體上唐代的國力,確是從初唐的戰後重建,逐步邁向盛唐的空前高峰。士人們可藉由科舉或軍功而擠身仕宦之列,胸懷經綸天下的雄心、滿腹報效國家的壯志,遂成爲中唐以前多數士人的共同特徵。如武后時的陳子昂著名的〈幽州臺歌〉,就充份道出當時士人試圖創建功業以上求爲國盡忠、下求不愧對生命的心聲。至盛唐時國力已達顛峰,士人在深慶有幸身處盛世之餘,更紛紛以作「帝王師」自許,希望能使唐代盛世永垂不朽。如李白就曾經豪放地自我期許願「申管晏之談,謀帝王之術,奮其智能,願爲輔弼,使寰區大定,海縣清一。」〔註2〕詩聖杜甫也曾緬懷自己早年的人生抱負道:

> 甫昔少年時,早充觀國賓,讀書破萬卷,下筆如有神,賦料揚雄敵,
> 詩看子建親,李邕求識面,王翰願爲鄰,自謂頗挺出,立登要路津,
> 致君堯舜上,再使風俗淳……〔註3〕

高自稱許、以天下爲己任,正是初、盛唐時期多數文人士子的行爲模式。也因爲心思在彼,所以士人與女妓的交往,通常僅侷限於社交宴酬的場合,當歌歇舞罷、酒闌燈熄後,彼此也就各走各的路。妓女作爲娛人的工具,只是空給士人留下美好的回憶,卻未能步入其心靈世界。

此一時期士人與妓女關係之另一特點爲,某些滿懷理想卻壯志難酬的士人,往往藉與女妓逍遙共樂,以抒發內心鬱悶,如仕途不甚如意的詩仙李白即其著例。李白雖然「少有逸才,志氣宏放」,但因恃才傲物,得罪宮廷權貴,一生官運極爲坎坷,晚年還因捲入永王李璘的叛亂案而險遭冤死。縱懷「起世之心」,但最後也只落得「浪跡江湖,終日沈飲」的悽涼下場,〔註4〕其內心的苦悶與無奈可想而知。於是,攜妓冶遊、縱酒狂歡,便成爲其壯志難酬下的生活寫照:

> 木蘭之枻沙棠舟,玉簫金管坐兩頭,美酒樽中置千斛,載妓隨波任

---

〔註2〕 見李白〈代壽山答孟少府移文書〉,《李白集校注》卷二十六,頁1526。
〔註3〕 見杜甫〈奉贈韋左丞丈二十二韻〉,《杜詩詳注》卷一,頁74。
〔註4〕 以上引文均見《舊唐書》卷一九〇下〈李白傳〉,頁5053~5054。

去留……〔註5〕

而東晉時曾攜妓隱遊東山的名臣謝安，自然也成爲李白極其仰慕的對象，他有不少詩作，所詠都是謝安的風流情懷，例如：

攜妓東土山，悵然悲謝安，我妓今朝如花月，他妓古墳荒草寒……
彼亦一時，此亦一時，浩浩洪流之詠何必奇？〔註6〕

……謝公自有東山妓，金屏笑坐如花人，今日非昨日，明日還復
來……分明感激眼前事，莫惜醉臥桃園東。〔註7〕

我今攜謝妓，長嘯絕人群，欲報東山客，開關掃白雲。〔註8〕

據史書載，謝安早年因無意仕宦而遭有司所參，以致被「禁錮終身」。於是他就「棲遲東土，常往臨安山中，坐石室、臨濬谷，悠然歎曰：『此去伯夷何遠？』……既放情丘壑，然每遊必以妓女從」，後來雖勉力受召，並爲東晉王朝贏得淝水之戰，保住半壁江山，然「東山之志，始末不渝」。〔註9〕謝安文才武略俱備，這一點李白自認並不輸他，差的是時運不濟，一生苦無像謝安那樣，可以運籌全局、卻敵報國的表現機會。因此其詩中所詠，雖是與女妓流連的放誕情態，然其深層的心理寄託卻極爲蒼涼悲壯。他的另一首詩，頗能道出其內心眞正的渴望：

君思潁水綠，忽復歸嵩岑，歸時莫洗耳，爲我洗其心，洗心得眞情，
洗耳徒買名，謝公終一起，相與濟蒼生。〔註10〕

非僅李白如此，和他前後期的許多士人，如崔泰之、王丘、蕭穎士等人，也都曾有不如攜妓東山遊之感歎。〔註11〕另一位與李白齊名的詩聖杜甫，前面言及他年少時，也曾滿懷雄心壯志要「致君堯舜上，再使風俗淳」，但在仕途屢遭挫

〔註5〕見李白〈江上吟〉，《李白集校注》卷七，頁480。

〔註6〕見〈東山吟〉，《李白集校注》卷七，頁521～522。

〔註7〕見〈攜妓登梁王棲霞山孟氏桃園中〉，《李白集校注》卷二十，頁1161。

〔註8〕見〈憶東山二首之二〉，《李白集校注》卷二十三，頁1362。

〔註9〕參《晉書》卷七十九〈謝安傳〉，頁2072～2076。

〔註10〕見〈送裴十八圖南歸嵩山二首之二〉，《李白集校注》卷十七，頁1015。

〔註11〕如崔泰之〈奉酬韋嗣立祭酒偶遊龍門北溪忽懷驪山別業以言志示弟淑奉呈諸
大僚之作〉詩中有「謝公兼出處，攜妓玩林泉」之句（見《全唐詩》卷九十
一頁990），又王丘〈詠史〉詩有「偉哉謝安石，攜妓入東山」之句（見《全
唐詩》卷一一一頁1136），再如蕭穎士〈山莊月夜作〉詩有「未奏東山妓，先
傾北海尊」之句（見《全唐詩》卷一五四頁1598），可見東晉謝安攜妓東山遊
之風流韻事，在初盛唐時人的內心深處，是極爲欣羨與嚮往的。

敗、且歷經安史亂事的顛沛流離之苦後，一向自奉甚謹的杜甫，也不免要和不拘細行的李白一樣，有著「誰能載酒開金盞，喚取佳人舞繡筵」〔註12〕、甚至想「暫醉佳人錦瑟旁」〔註13〕的放縱，不如意時他也想學謝安「杳杳東山攜妓去」，〔註14〕暫絕塵俗的煩雜。

討論中唐以前士妓關係，除詩作外，更不能忽視另一部重要作品——張鷟的〈遊仙窟〉。這篇原於中土失傳卻在東洋日本大行其道的盛唐遊記傳奇，據多數學者研究，幾可確定是一篇假借幻遊神仙之窟，其實是隱喻妓館狎遊經歷的作品。〔註15〕基於隱晦狎妓行為的顧慮，遂用仙以代稱女妓，用仙窟代稱妓館，有關唐人以仙稱妓之事，本書在第一章中已頗多討論，此處所欲著力的，是〈遊仙窟〉這篇傳奇，究竟反映出初、盛唐時期何種面貌的士妓關係？

首先來看文中女主角崔十娘的出身，說是「博陵王之苗裔，清河公之舊族」。博陵崔氏與清河崔氏乃北朝隋唐第一高門，文人士子對崔族名媛，無不求之若渴，作者在此為崔十娘貼上出身望族的高貴標籤，實際上只是為了掩飾其為娼妓之真實身份，藉以提升其奎狎冶士人心目中的地位，也藉此一慰士人無法親近名門貴媛的遺憾。從文中崔十娘與男主角唱酬的邪謔之語及目挑意蕩之情狀來判斷，並無絲毫名門孀婦應有的矜持自重，反倒與善於調情挑逗的北里名妓幾無二致。另一位號稱是「太原公第三女」的五嫂，所言所行之風流放蕩，更儼然一副煙花老手、妓館鴇母的形象。唐世娼妓往往好託高門以自抬身價，此事早為陳寅恪先生抉其微，無庸在此贅論。十娘、五嫂如此，日後蔣防〈霍小玉傳〉中的女妓小玉，也自稱是初唐霍王李元軌之後，似乎是頗受〈遊仙窟〉影響者。且兩篇行文有許多相似處，如〈遊仙窟〉中男主角張鷟自述「少娛聲色，早慕佳期，歷訪風流，遍遊天下」，而〈霍小玉傳〉敘李益為人有「每自矜風調，思得佳偶，博求名妓，久而未諧」數語，與其幾乎如出一轍。又張鷟言其初見十娘簡直是「遇神仙，不勝迷亂」，而當鮑十一娘向李益介紹小玉時則說是「有一仙人，謫在下界，不邀財貨，

〔註12〕見杜甫〈江畔獨步尋花七絕句之四〉，《杜詩詳注》卷十，頁818。
〔註13〕見杜甫〈曲江對雨〉，《杜詩詳注》卷六，頁451。
〔註14〕見杜甫〈戲作寄上漢中王二首之二〉，《杜詩詳注》卷十二，頁1029。
〔註15〕有關〈遊仙窟〉一書之版本與流傳情形，可詳參汪辟疆先生校錄《唐人小說·遊仙窟》條，頁41～44之論述，而有關〈遊仙窟〉性質之討論，請參本書第一章。

但慕風流」。「以仙喻妓」之斑跡歷歷可尋，而風流才子對美艷名妓的渴求，也都到了不惜性命相許的地步。如張鷟懇求崔十娘一見，以免「空懸欲斷之腸」，並「請救臨終之命」，李益則是聽聞鮑十一娘的介紹後，隨即爲之「驚躍，神飛體輕」，趕忙拜謝道：「一生作奴，死亦不憚」，此正唐代士人「名妓懷中死，作鬼也風流」的放浪心態，前有張鷟，後有李益，時代有異，其行則同也。

不過，狎妓風流雖是一般，但因時代背景不同，最後的收場也有其時代性的差異。李益與小玉及〈李娃傳〉的鄭生與李娃最後分別以悲、喜劇收場，乃因中唐時期士妓關係已趨緊密，因而衍生出妓館狎歡外的深濃情感所致。而初、盛唐時士妓關係則尚未進展到如許程度，因此張鷟與十娘雖然一夕風流後猶纏綿不已，臨別前還互贈寶物以表相思不忘之意，但最後依舊不免「人去悠悠隔兩天」（張鷟語）、「淚眼千行、愁腸寸斷」地互道別離。仍如前文所言，〈遊仙窟〉所展現的士妓關係，基本上與妓女狎歡，還是只給士人留下美好的回憶，而未能進入其心靈深處，或者繼續蘊釀發展成更深遠的感情結局。當然，歷史現象多元且複雜，自非某一定律可完全解釋，中唐以前的士妓關係中，自亦不乏真情相許、交流密切者，如《開元天寶遺事・雞聲斷愛》條中，所述長安名妓劉國容與進士郭昭述相愛之事即其例。不過就整體文獻之比重而言，初盛唐時期士妓交往之密切程度，確是不如中唐以後。

擾攘長達八年之久的安史之亂，不僅是唐代政治、經濟及文化上的重大轉捩點，亂事前後的社會變化，所反映在妓女與士人交往關係的演變上，也有著耐人尋味的時代差異。安史亂後李唐皇室雖獲殘喘，然國家已呈風中殘燭之象，外朝藩鎮割據、內廷權閹專政，社會紛擾不安，士人的報國熱忱受到極大的斲傷，官運較佳者如李德裕、牛僧孺、段文昌等人，有幸可一時在朝爲相，然其行徑卻已非傳統儒士所敢恭維。如李德裕飲食「奢侈，每食一杯羹，其費約錢三萬」，〔註16〕奢侈之餘，還因思念亡妓謝秋娘而以其名製成曲子詞傳誦一時。〔註17〕至於其政壇宿敵牛僧孺的奢侈與聲色之好，則較李德裕有過之而無不及，甚至還以自己服鐘乳三千兩、歌舞之妓眾多而嘲謔白居易的羸弱，以致招來白居易的反唇相譏。〔註18〕另外一位出身寒微的宰相段文昌，據正史本傳言

〔註16〕見《雲仙雜記》卷九〈一杯羹三萬錢〉條，頁180，注引自《博異志》。
〔註17〕參《樂府雜錄・望江南》條。
〔註18〕參白居易〈酬思黯戲贈同用狂字〉詩，《白居易集》卷三十四，頁767，另可

其「布素之時，所向不偶，及其達⋯⋯服飾玩好，歌童妓女，苟悅於心，無所愛惜」，〔註 19〕其之奢侈竟至「以金蓮花盆盛水濯足」，有人勸他不可如此，段文昌卻自解道：「人生幾何，要酬平生不足也。」〔註 20〕至於官運較不亨達者，如曾經「四舉於禮部乃一得，三選於吏部卒無成」，〔註 21〕嗣後又因諫迎佛骨而遭貶流潮州的一代文宗韓愈，在落魄之餘，也不免要留情妓樂以消解內心鬱悶。晚年竟自敗於女妓與藥餌，與其平生自我標榜的嚴正形象大相牴牾，致為後人引以為鑑。〔註 22〕這種因仕途不順而致縱情妓樂，以求解脫的士人情態，非僅韓愈如此，被尊稱為「詩界廣大教化主」〔註 23〕的白居易更是如此。白氏早年官運尚稱不差，「十年之間，三登門第，名入眾耳，跡升清貴」，〔註 24〕且能在牛李黨爭的夾縫中潔身自愛、不為所禍。但最後仍不免「始得名於文章，終得罪於文章」（同上註），因其母親觀花墜井致死，白居易卻巧作〈賞花〉、〈新井〉詩，而被有宿冤者指為傷害名教，從太子左贊善大夫一貶而為江州司馬。〔註 25〕此後終其一生宦海有浮有沉，歷任外州刺史，晚年雖得回東都為官，但終究無緣再擠身中央，一展報國壯志。在白居易的詩中，常可見其對人生失意的感慨，其中最著稱者，當屬任江州司馬時，因月夜潯陽江口送客而巧逢已嫁作商人婦的琵琶女妓，在聽聞此女悽涼身世後而作的〈琵琶行〉詩。〔註 26〕尤其想到自己謫遷荒遠、無所依靠，竟不禁道出「同是天涯淪落人，相逢何必曾相識」的深切感歎，將自己的遭遇，比喻等同於一名從良的娼妓，而不再只是純粹以旁觀者的角度欣賞女妓的音樂演奏。白氏〈琵琶行〉中所標示的意境，正是中唐

<hr />

參宋代尤袤《全唐詩話》卷三〈牛僧孺〉條。

〔註 19〕 見《舊唐書》卷一六七〈段文昌傳〉，頁 4369。

〔註 20〕 參《唐語林》卷六〈補遺〉，頁 170。

〔註 21〕 見韓愈〈上宰相書〉，《韓昌黎全書》卷十六，頁 239。

〔註 22〕 有關韓愈留情妓樂之事，可參《唐語林》卷六頁 174，宋代陳師道《後山詩話》中亦略有提及。不過，最詳盡的綜合資料應是宋人胡仔纂集的《苕溪漁隱叢話・前集》卷十六〈韓吏部〉條所云，共徵引《唐語林》、《雜說》、《後山詩話》，《西清詩話》等書，詳述韓愈蓄妓服藥之事，其中引孔毅夫《雜說》云：「退之晚年有聲妓，而服金石藥⋯⋯退之嘗譏人不解文字飲，而自敗於女妓乎？⋯⋯戒人服金石藥，而自餌硫黃乎？」可謂對韓文公前後言行不一之極嚴屬批判。

〔註 23〕 見晚唐張為《詩人主客圖・廣大教化主》條。

〔註 24〕 見白居易〈與元九書〉，《白居易集》卷四十五，頁 963。

〔註 25〕 參《舊唐書》卷一六六〈白居易傳〉，頁 4344～4345。

〔註 26〕 見於《白居易集》卷十二，頁 241～242。

士人與妓女關係，另一個不同於前期的親密交流之寫照。

　　在中唐以前，士人大多是像李白、杜甫那樣，仕途不順時才藉酒色澆愁。但到了中唐時期，如前面提及的段文昌，則是在仕途尚稱得意時，便懷抱及時行樂之心，狂放地狎妓求歡，且非僅段氏如此，一般由貧寒驟登富貴的中唐士人，大多有此傾向，宋代胡仔就曾論道：

> 富貴於人，造物所靳，自古以來，多不在少年，嘗在於晚景，若少年富貴者，非曰無之，蓋亦鮮矣！人至晚景得富貴，未免置第宅、售妓妾，以償其平生所不足。〔註27〕

此中代表也是白居易，清代趙翼稱其「貧儒驟富，露出措大本色，……歷守杭、蘇，無處不挾妓出遊」。〔註28〕這種無論窮達均好與女妓爲伴的時代風氣，非僅是中唐士妓關係的一大特色，也使得女妓能在與士人交往的歷程中，進駐士人的心靈世界，甚至成爲士人筆下的詩歌主角。其本身的才藝，更因與士人的接觸而大受激發，留下許多動人的藝術成就。唐妓自此遂能在歷史舞臺上掙得一席之地，正式登名於士人詩文中，有些則留詩於典策之中。妓女一詞，不再只是文人筆下與妾、婢不分的代名詞，而成爲歷史上有名有姓的活動主體，這樣的轉變，其關鍵就在中唐時期。

　　士妓交往轉趨密切之後，士人對妓女的關心，自然也就大大超越之前「觀妓」的膚淺層次，詩文中開始有較多情感深濃的作品問世。循前之例，在此先將《全唐詩》中唐時期以妓爲詩題的作品分類製一簡表如下，再作討論：

### 表八　《全唐詩》中唐時期以妓爲詩題作品分類一覽表

| 分　類 | 作　者　及　詩　題 | 卷、頁 |
|---|---|---|
| 一、寄贈妓女 | 1. 楊炎：〈贈元載歌姬〉 | 121、1213 |
| | 2. 賈至：〈贈薛瑤英（原注：元載姬人）〉 | 235、2597 |
| | 3. 韓翃：〈寄柳氏〉 | 245、2759 |
| | 4. 王建：〈寄蜀中薛濤校書〉 | 301、3434 |
| | 5. 崔瓘：〈贈營妓〉 | 311、3515 |
| | 6. 歐陽詹：〈初發太原途中寄太原所思〉 | 349、3903 |
| | 7. 劉禹錫：〈贈李司空妓〉 | 365、4121 |
| | 8. 劉禹錫：〈寄贈小樊〉 | 365、4122 |

〔註27〕見《苕溪漁隱叢話・前集》卷二十一〈香山居士〉條，頁139。
〔註28〕參《甌北詩話》卷四〈白香山詩〉條。

| | | |
|---|---|---|
| | 9. 元稹：〈重贈（原注：樂人商玲瓏能歌，歌予數十詩）〉 | 417、4598 |
| | 10. 元稹：〈和樂天示楊瓊（楊瓊本名播，少爲江陵酒妓）〉 | 422、4639 |
| | 11. 元稹：〈寄舊詩與薛濤因成長句〉 | 422、4641 |
| | 12. 元稹：〈寄贈薛濤〉 | 423、4651 |
| | 13. 元稹：〈贈劉採春〉 | 423、4651 |
| | 14. 白居易：〈醉歌（原注：示伎人商玲瓏）〉 | 435、4823 |
| | 15. 白居易：〈微之到通州日授館未安見塵壁間有數行字讀之即僕舊詩其落句云涤水紅蓮一朵開千花百草無顏色然不知題者何人也微之吟歎不足因綴一章兼錄僕詩本同寄省其詩乃十五年前初及第時贈長安妓人阿軟絕句緬思往事杳若夢中懷舊感今因酬長句〉 | 438、4868 |
| | 16. 白居易：〈醉後題李馬二妓〉 | 438、4876 |
| | 17. 白居易：〈盧侍御小妓乞詩座上留贈〉 | 438、4876 |
| | 18. 白居易：〈寄李蘇州兼示楊瓊〉 | 442、4948 |
| | 19. 白居易：〈代賣薪女贈諸妓〉 | 443、4962 |
| | 20. 白居易：〈問楊瓊〉 | 444、4976 |
| | 21. 白居易：〈聞歌妓唱嚴郎中詩因以絕句寄之〉 | 446、5006 |
| | 22. 白居易：〈諭妓〉 | 451、5104 |
| | 23. 白居易：〈山遊示小妓〉 | 452、5112 |
| | 24. 白居易：〈贈薛濤〉 | 462、5254 |
| | 25. 劉言史：〈贈陳長史妓〉 | 468、5329 |
| | 26. 李涉：〈遇湖州妓宋態宜二首〉 | 477、5433 |
| | 27. 張又新：〈贈廣陵妓〉 | 479、5452 |
| | 28. 楊汝士：〈賀筵占贈營妓〉 | 484、5500 |
| | 29. 鄭還古：〈贈柳氏妓〉 | 491、5556 |
| | 30. 殷堯藩：〈潭州席上贈舞柘枝妓〉 | 492、5577 |
| | 31. 張祜：〈贈內人〉 | 511、5840 |
| | 32. 李遠：〈贈箏妓伍卿〉 | 519、5936 |
| | 33. 杜牧：〈不飲贈官妓〉 | 522、5970 |
| 二、追念、感懷女妓 | 1. 竇鞏：〈悼妓東東〉 | 271、3054 |
| | 2. 劉禹錫：〈傷秦姝行（按：秦姝乃房開士妓人）〉 | 356、4002 |
| | 3. 劉禹錫：〈憶春草（原注：春草，樂天舞妓名）〉 | 356、4003 |
| | 4. 劉禹錫：〈夔州竇員外使君見示悼妓詩顧余嘗識之因命同作〉 | 359、4056 |
| | 5. 劉禹錫：〈竇夔州見寄寒食日憶故姬小紅吹笙因和之〉 | 359、4056 |
| | 6. 劉禹錫：〈懷妓四首〉 | 361、4081 |

| | | |
|---|---|---|
| | 7. 劉禹錫：〈和西川李尚書傷孔雀及薛濤之什〉 | 365、4121 |
| | 8. 劉禹錫：〈夢揚州樂妓和詩〉 | 868、9830 |
| | 9. 白居易：〈琵琶行并序〉 | 435、4821 |
| | 10. 白居易：〈感故張僕射諸妓〉 | 436、4834 |
| | 11. 白居易：〈和劉郎中傷鄂姬〉 | 448、5044 |
| | 12. 白居易：〈和楊師皋傷小姬英英〉 | 449、5071 |
| | 13. 白居易：〈不能忘情吟并序〉 | 461、5250 |
| | 14. 長孫佐輔：〈傷故人歌妓〉 | 469、5333 |
| | 15. 楊虞卿：〈過小妓英英墓〉 | 484、5498 |
| | 16. 姚合：〈楊給事師皋哭亡愛姬英英竊聞詩人多賦因而繼和〉 | 502、5711 |
| | 17. 崔涯：〈悼妓〉 | 505、5741 |
| | 18. 張祜：〈感王將軍柘枝妓歿〉 | 511、5827 |
| | 19. 張祜：〈讀池州杜員外杜秋娘詩〉 | 511、5839 |
| | 20. 杜牧：〈池州李使君沒後十一日處州新命始到後見歸妓感而成詩〉 | 522、5966 |
| | 21. 杜牧：〈傷友人悼吹簫妓〉 | 525、6009 |
| 三、送別、遣、嫁女妓 | 1. 戎昱：〈送零陵妓〉（一作〈送妓赴于公召〉） | 270、3022 |
| | 2. 楊郇伯：〈送妓人出家〉 | 272、3061 |
| | 3. 司空曙：〈病中嫁女妓〉 | 292、3324 |
| | 4. 楊巨源：〈觀妓人入道二首〉 | 333、3738 |
| | 5. 白居易：〈武丘寺路宴留別諸妓〉 | 447、5034 |
| | 6. 白居易：〈池上送考功崔郎中兼別房竇二妓〉 | 454、5140 |
| | 7. 何扶：〈送閬州妓人歸老〉 | 516、5900 |
| | 8. 杜牧：〈見劉秀才與池州妓別〉 | 522、5967 |
| | 9. 杜牧：〈見吳秀才與池妓別因成絕句〉 | 522、5975 |
| | 10. 許渾：〈重別（原注：時諸妓同餞）〉 | 538、6136 |
| 四、詠贊女妓 | 1. 顧況：〈王郎中妓席五詠〉 | 267、2968 |
| | 2. 范元凱：〈章仇公席上詠眞珠姬〉 | 311、3516 |
| | 3. 劉禹錫：〈泰娘歌〉 | 356、3996 |
| | 4. 張仲素：〈燕子樓詩三首〉 | 367、4139 |
| | 5. 元稹：〈崔徽歌〉 | 423、4652 |
| | 6. 元稹：〈李娃行〉 | 423、4652 |
| | 7. 白居易：〈燕子樓詩三首并序〉 | 438、4869 |
| | 8. 白居易：〈柘枝妓〉 | 446、5006 |
| | 9. 孟簡：〈詠歐陽行周事并序〉 | 473、5369 |

| | | |
|---|---|---|
| | 10. 杜牧：〈杜秋娘詩并序〉 | 520、5938 |
| | 11. 杜牧：〈張好好詩并序〉 | 520、5940 |
| | 12. 羅虬：〈比紅兒詩百首〉 | 666、7625 |
| | 13. 李宣古：〈詠崔雲娘〉 | 870、9859 |
| 五、代妓作 | 1. 白居易：〈代謝好妓答崔員外〉 | 442、4947 |
| | 2. 白居易：〈湖上醉中代諸妓寄嚴郎中〉 | 443、4965 |
| | 3. 白居易：〈九日代羅樊二妓招舒著作〉 | 444、4780 |
| | 4. 劉方平：〈擬娼樓節怨〉 | 251、2839 |
| | 5. 劉方平：〈代諸妓贈送周判官〉 | 447、5021 |
| | 6. 施肩吾：〈妓人殘妝詞〉 | 494、5597 |
| | 7. 杜牧：〈代吳興妓春初寄薛軍事〉 | 522、5971 |
| 六、嘲、戲女妓 | 1. 白居易：〈醉戲諸妓〉 | 446、5005 |
| | 2. 白居易：〈同諸客嘲雪中馬上妓〉 | 454、5142 |
| | 3. 杜牧：〈倡樓戲贈〉 | 524、5990 |
| | 4. 杜牧：〈嘲妓〉 | 870、9859 |
| | 5. 崔涯：〈嘲妓二首〉 | 870、9858 |
| | 6. 崔涯：〈嘲李端端〉 | 870、9859 |
| 七、聽、觀女妓 | 1. 司空曙：〈觀妓〉 | 293、3328 |
| | 2. 王建：〈觀蠻妓〉 | 301、3434 |
| | 3. 劉商：〈白沙宿竇常宅觀妓〉 | 304、3462 |
| | 4. 李愿：〈觀翟玉妓〉 | 314、3535 |
| | 5. 盧仝：〈聽蕭君姬人彈琴〉 | 389、4389 |
| | 6. 白居易：〈聽崔七妓人箏〉 | 438、4876 |
| | 7. 白居易：〈清明日觀妓舞聽客詩〉 | 443、4958 |
| | 8. 白居易：〈聽琵琶妓彈略略〉 | 447、5035 |
| | 9. 劉言史：〈觀繩伎〉 | 468、5323 |
| | 10. 許渾：〈聽歌鷓鴣辭（原序：余過陝州，夜讌將罷，妓人善歌鷓鴣者，詞調清怨、往往在耳，因題是詩）〉 | 534、6097 |

　　仔細觀察上表，可使我們對中唐的士妓關係得到幾點認識：

　　首先，不同於初、盛唐時期的是，「觀妓」型的作品比率大幅降低（約只佔全數的十分之一），反之寄贈、感懷與追念妓女的詩作大增，成爲中唐士人寫妓的主題。顯示士妓交往已由前期的隔鄰遠觀，提升到心靈交流的層次，某些與妓女過從甚密的士人如白居易之流，其生活更是幾乎與女妓形影相隨。而且此一時期士人所交遊的妓女種類，也不再像前期多侷限於官豪的家

妓，各地方蓬勃發展的官妓，取而代之成為士人交往的主要對象。

其次，妓女與士人的交往，雖不無一對一廝守之例，如〈李娃傳〉中的鄭生與李娃、〈霍小玉傳〉中的李益與小玉等。但若是多才多藝的名妓，其交往之對象則極其複雜，充份顯現中唐士妓關係的風雅性格，即與女妓交往主要是想獲取精神上的慰藉與解脫，並不想獨佔某一名妓。因此當時一些較有才情、交遊廣闊得女妓，無論其屬家妓、民妓或官妓，往往周旋於眾多士人之間，或在士人圈中成為眾所週知的交際花。例如楊師皋的家妓英英過世後，除楊師皋本人悲悼不已外，平日與英英相熟的幾位名士，如白居易、姚合等也紛紛著詩同和，以一女妓而能獲此待遇，英英身後可謂哀榮備至。又如元稹與白居易，不僅二人私交甚篤，在狎妓冶遊上更有許多共同的紅粉知己，如有女妓名秋娘者，據白居易〈和元九與呂二同宿話舊感題〉詩云：

> 見君新贈呂君詩，憶得同年行樂時，爭入杏園齊馬首，潛過柳曲鬥蛾眉，八人雲散俱遊宦，七度花開盡別離，聞道秋娘猶且在，至今時復問微之。〔註29〕

詩中的秋娘，就是白居易、元稹與呂溫等人年輕時，共遊相狎的京師名妓。在分別七年後仍舊對昔日狎客多所惦念，可見彼此交情之深厚。另如楊瓊，也是元、白二人共同愛慕的江陵女妓，據元稹〈和樂天示楊瓊〉詩追憶其交往情景云：

> 我在江陵少年日，知有楊瓊初喚出，腰身瘦小歌圓緊，依約年應十六七，去年十月過蘇州，瓊來拜問郎不識，青衫玉貌何處去，安得紅旗遮頭白？我語楊瓊瓊莫語，汝雖笑我我笑汝，汝今無復小腰身，不似江陵時好女，楊瓊為我歌送酒，爾憶江陵縣中否？〔註30〕

元稹是在憲宗元和五年（西元810年），因與宦官爭執而遭貶放江陵，時年卅二歲，此後五年一直都在江陵任職。〔註31〕其與楊瓊結識當在此際，而作此詩時已是十多年後，穆宗長慶四年（西元824年）元稹四十六歲時。〔註32〕如以詩中言楊瓊當年初識元稹時年僅十六七，此時也應是三十開外的成年婦人，不知是否仍執舊業？據元稹在詩題下自注云「楊瓊本名播，少為江陵酒

---

〔註29〕見《白居易集》卷十四，頁285。
〔註30〕見《元稹集·外集》卷七續補，頁684。
〔註31〕參薛鳳生《元微之年譜》頁48～65，以下本文有關元稹生平之行事紀年，若非特別注明，否則均採自此一年譜，不另加註。
〔註32〕參同上註，頁100。

妓，去年姑蘇過瓊敘舊，及今見樂天此篇，因走筆追思此曲」。可見此時楊瓊
已離開江陵寓居蘇州，在元積寫詩的前一年，白居易正任杭州太守，〔註33〕
楊瓊可能是在這一年經由元積的介紹，赴杭與白居易相會，因而獲得樂天贈
詩。元積本人則在長慶三年（西元 823 年）出守越州的途中，曾到杭、蘇一
遊，〔註34〕順道拜訪楊瓊時，見到白居易寫給楊瓊的詩，因而有此一和。普
通人狎妓通常是露水恩情，尤其當女妓年老色衰時，更是乏人問津。但像元
積與楊瓊卻是十多年交情不變，甚至成為心腹之交，還代向至友引薦，毫不
在乎女妓的年齡與容貌，仍以知己相待。可見中唐時期士人狎妓，聲色之娛
固亦有之，然所重者實在狎妓之風雅情懷也。

　　另外，我們也可以從名妓的詩作中，來解釋中唐士妓關係的多元面貌與
風雅性格。中唐時期名妓輩出，而其中交往層面最廣、詩文才華也最為人稱
頌者，恐得首推成都官妓薛濤。薛濤因「能篇詠、饒詞辯」，〔註35〕所以「當
時人多與酬贈」。〔註36〕據現存於《全唐詩》卷八○三中的八十九首薛濤詩中
的唱酬詩來考察，即可見其交遊複雜之一斑，請觀下表所示：

表九　薛濤詩中之唱酬對象一覽表〔註37〕

| 詩　題 | 唱酬對象 | 職　稱 | 身　份 |
|---|---|---|---|
| 1. 酬人雨後玩竹 | ？ | ？ | ？ |
| 2. 宣上人見示與諸公唱和 | 廣宣和尚 | 內供奉 | 僧 |
| 3. 罰赴邊有懷上韋令公二首 | 韋皋 | 劍南西川節度使 | 鎮　帥 |
| 4. 賊平後上高相公 | 高崇文 | 劍南西川節度使 | 鎮　帥 |
| 5. 送友人 | ？ | ？ | ？ |
| 6. 酬郭簡州寄柑子 | 郭　？ | 簡州刺史 | 郡　守 |
| 7. 上川主武元衡相國二首 | 武元衡 | 平章事兼劍南西川節度使 | 宰　相 |
| 8. 斛石山曉望寄呂侍御 | 呂　？ | 殿中侍御史 | 朝　官 |

〔註33〕參羅聯添《白樂天年譜》頁 210～218，以下有關白居易之行年紀事，均參考
　　　　自此書，不另加註。
〔註34〕參薛鳳生《元微之年譜》，頁 98 及頁 100 之考述。
〔註35〕見《雲溪友議》卷下〈豔陽詞〉條。
〔註36〕參宋代晁公武《郡齋讀書志》卷十八〈薛洪度詩一卷〉條，頁 1106。
〔註37〕本表中有關薛濤唱酬對象之考證，乃參考自《唐子才傳校箋》第三冊卷六頁
　　　　102～113，吳企明有關薛濤生平之考述，以及陳文華編《唐女詩人集三種‧
　　　　之二：薛濤詩》，頁 25～85。

| 9. 斜石山書事 | 王　宰 | ？ | 畫　家 |
|---|---|---|---|
| 10. 送姚員外 | 姚　？ | 員外郎 | ？ |
| 11. 酬祝十三秀才 | 祝　？ | ？ | 進　士 |
| 12. 別李郎中（一作中郎） | 李　程 | 兵部郎中 | 朝　官 |
| 13. 送扶鍊師 | 扶　？ | ？ | 道　士 |
| 14. 摩訶池贈蕭中丞 | 蕭　祐 | 御史中丞 | 朝　官 |
| 15. 和李書記席上見贈 | 李　？ | 掌書記 | 鎮　幕 |
| 16. 棠梨花和李太尉 | 李德裕 | 太　尉 | 朝　官 |
| 17. 酬文使君 | 文　？ | 刺　史 | 郡　守 |
| 18. 酬吳隨（一作使）君 | 吳　？ | 刺　史 | 郡　守 |
| 19. 酬李校書 | 李　？ | 校　書 | 鎮　幕 |
| 20. 酬雍秀才貽巴峽圖 | 雍　？ | ？ | 進　士 |
| 21. 上王尚書 | 王　播 | 禮部尚書兼劍南西川節度使 | 朝　官 |
| 22. 和劉賓客玉蕊 | 劉禹錫 | 太子賓客 | 宮　官 |
| 23. 送盧員外 | 盧士玫 | 吏部員外郎 | 朝　官 |
| 24. 贈蘇十三（一作三十）中丞 | 蘇　？ | 御史中丞 | 朝　官 |
| 25. 和郭員外題萬里橋 | 郭　？ | 員外郎 | ？ |
| 26. 送鄭眉州 | 鄭　？ | 眉州刺史 | 郡　守 |
| 27. 江亭餞別 | 李　？ | 并州刺史 | 郡　守 |
| | 范　？ | 并州郡僚 | 郡　吏 |
| | 汪　？ | 并州郡僚 | 郡　吏 |
| 28. 春郊遊眺寄孫處士二首 | 孫　？ | ？ | 處　士 |
| 29. 酬楊供奉法師見招 | 楊　？ | 內供奉 | 僧 |
| 30. 寄張員夫 | 張員夫 | 校　書 | 鎮　幕 |
| 31. 酬辛員外折花見遺 | 辛　？ | 員外郎 | ？ |
| 32. 續嘉陵驛詩獻武相國 | 武元衡 | 劍南西川節度使 | 鎮　帥 |
| 33. 段相國遊武擔寺病不能從題寄 | 段文昌 | 平章事兼劍南西川節度使 | 宰　相 |
| 34. 贈段校書 | 段　？ | 校　書 | 鎮　幕 |
| 35. 十離詩 | 韋　皋 | 劍南西川節度使 | 鎮　帥 |
| 36. 酬杜舍人 | 杜元穎 | 中書舍人 | 朝　官 |
| 37. 贈韋校書 | 韋　？ | 校　書 | 鎮　幕 |
| 38. 寄舊詩與元微之 | 元　稹 | 監察御史 | 朝　官 |

從表中唱酬對象的身份來看，含括了宰相、朝官、鎮帥、郡守、僚吏以及進士、畫家、僧人、道士等各個不同階層。中唐的幾位名士，如元稹、白居易、劉禹錫等人，都赫然見於薛濤的交酬名單中，在薛濤大約六十三年的人生歲月中，〔註38〕有幸「出入幕府，自（韋）皋至李德裕，凡歷事十一鎮，皆以詩受知」。〔註39〕其中韋皋還特地奏請朝廷封其為西川節度府的女校書，事雖未成，卻為蜀地官妓贏得「校書」的美稱。〔註40〕其死後適逢段文昌二度出任西川鎮帥，還親手為她撰寫墓誌銘，〔註41〕可謂生前殊榮、身後哀榮。在有唐一代的名妓中，鮮有可與之相匹者，堪稱是中唐士妓關係密切的最佳註腳。

中唐士妓關係之另一特色為，士與妓之間往往彼此相互依存，尤其是對擅於以詩揚名的士人而言更是如此。名妓藉與士人詩文交酬或熟稔名士詩作而自抬身價，士人也靠女妓的巧舌妙喉將其詩作傳播四方，以期建立自己的社會聲譽，如《唐語林》卷二〈文學〉條中載：

> 白居易長慶二年，以中書舍人為杭州刺史，替嚴員外休復，休復有時名，居易喜為之代。時吳興守錢徽、吳郡守李穰，皆文學士，悉生平舊交，日以詩酒寄興，官妓高玲瓏（一作商玲瓏）、謝好好（一作謝好），巧於應對，善歌舞，從元稹鎮會稽，參其酬唱，每以竹筒盛詩來往。（頁43）

元、白二人在越、杭兩地以竹筒盛詩相唱酬，其竹虱雅頗為後世所稱羨。〔註42〕而促成此一詩壇佳話的過程中，名妓高玲瓏應屬功不可沒，宋代胡仔對此事有更詳細的記載：

> 高玲瓏，餘杭之歌者，白公守郡日與歌曰……元微之在越州，聞之，

---

〔註38〕據《唐才子傳校箋》第三冊卷六，頁102～113所作考證，薛濤約生於唐代宗大曆五年（西元770年），卒於文宗大和六年（西元832年），享年六十三歲。

〔註39〕見陳文華編《唐女詩人集三種之二：薛濤詩》中所附〈明萬曆三十七年洗墨池刻本薛濤小傳〉（頁90～91），另據王壽南《唐代藩鎮與中央關係之研究》附錄一「唐代藩鎮總表」所見，薛濤生前共歷事韋皋、袁滋、劉闢、高崇文、武元衡、李夷簡、王播、段文昌、杜元穎、郭釗、李德裕等十一位西川鎮帥。

〔註40〕參《鑒誡錄》卷十〈蜀才婦〉條。

〔註41〕參《唐女詩人集三種》之附文。

〔註42〕參見宋代張表臣《珊瑚鉤詩話》卷一云「前人作詩，未始和韻，自唐白樂天為杭州刺史，元微之為浙東觀察，往來置郵筒倡和，始依韻而多至千言，少或百數十言，篇章甚富，其自耀云：『曹公謂劉玄德曰「天下英雄唯使君與操耳」，予於微之亦云』。」

> 厚幣來邀，樂天即時遣去，到越州，住月餘，使盡歌所唱之曲，即
> 賞之。後遣之歸，作詩送行，兼寄樂天曰：「休遣玲瓏唱我辭，我詞
> 都是寄君詩……」〔註43〕

引文顯示，高玲瓏亦如楊瓊般，獲得元、白兩位當世名士相互薦引。玲瓏除
為兩人傳信使外，也善歌其所作之詩詞，這對元、白二人詩作能在社會上大
為流行，應不無助益。事實上，中唐時女妓與詩人間經常互補互利，如白居
易在一封寫給元稹的信中就提到：

> 聞有軍使高霞寓者，欲聘倡妓。妓大誇曰：「我誦得白學士〈長恨歌〉，
> 豈同他妓哉？由是增價。……又昨過漢南（按：即宜城）日，適遇
> 主人集眾樂，娛他賓，諸妓見僕來，指而相顧曰：「此是〈秦中吟〉、
> 〈長恨歌〉主耳！」〔註44〕

從此一案例中可以發現，白居易的某些名作，確是當時即極其流行，而其之
所以流行的原因，除詩作本身品質外，各地倡妓為其吟唱傳播，恐怕也有不
少功勞。妓女們之所以願意為此，正因這些名人詩作可提升其身價，換取較
高的服務報酬。妓館歌樓可算是唐代的大眾傳播媒體，猶如今日的電視、廣
播電臺一般，女妓們所扮演的角色，正如電子媒體中的歌手、演員。由於其
經常在各種社會公開場合唱演詩人的作品，傳播效果自然是比詩人自我推銷
來得快，白居易的詩作之所能在當時即大行其道，「自長安抵江西三四千里，
凡鄉校、佛寺、逆旅、行舟之中」，往往題其詩，「士庶、僧徒、孀婦、處女
之口」往往詠其詩，〔註45〕歌妓們所帶來加倍相乘的大眾傳播效果，應是主
要原因之一。清人趙翼曾調侃白居易說「才人未有不愛名，然莫有如香山之
甚者，所撰詩文，曾寫五本……今按李、杜集多有散落，所存不過十之二三，
而香山詩獨全部流傳，至今不缺，未必非廣為貯藏之力也。」〔註46〕趙翼只
見到白居易善營身後名的一面，由前面的討論來看，其實他也極善於經營當
世名。世人每稱白氏一生與女妓似有不解之緣，過從之女妓不可勝數，且毫
無忌憚地將與妓遊狎之事大量記入詩中，似不合於一般士人行事之常軌。若
逕以白氏天性率真、對人無所隱晦作解，吾恐難得其真。愚見以為，白居易

---

〔註43〕見《苕溪漁隱叢話·後集》卷十三頁97，注引自張唐英《搢紳脞說》。
〔註44〕見白居易〈與元九書〉，《白居易集》卷四十五，頁963。
〔註45〕參同上註。
〔註46〕參《甌北詩話》卷四〈白香山〉條。

好狎女妓之眞正原因，或未嘗不可自其好名而女妓恰可爲其揚名之助的微妙關係中求得一解。

　　女妓固然可藉名士而自抬身價，或者可協助士人成名，然其地位終屬卑微。在此相互倚存之關係中，士人到底還是居於主動的優勢地位，其對女妓的褒貶，有時甚至可左右其生計，如《雲溪友議》卷中〈辭雍氏〉條中載：

　　崔涯者，吳楚之狂士也，與張祜齊名，每題一詩於倡肆，無不誦之於衢路。譽之，則車馬繼來，毀之，則杯盤失錯，嘲曰（按：此處疑有脫文，漏所嘲妓女名，讀之甚怪）：「誰得蘇方木，猶貪玳瑁皮，懷胎十個月，生下崑崙兒。」又「布袍披襖火燒氈，紙補篷篛麻接弦，更著一雙皮屐子，紇梯紇榻出門前。」又嘲李端端曰：「黃昏不語不知行，鼻似煙窗耳似鐺，獨把象牙梳插鬢，崑崙山上月初生。」端端得此詩，憂心如病，使院飲迴，遙見二子躡屐而行，乃道旁再拜跪灼曰：「端端祇候三郎、六郎，伏望哀之。」又重贈一絕句粉飾之，於是大賈居（按：應爲巨）豪，競臻其戶，或戲之曰：「李家娘子，才出墨池，便登雪嶺，何期一日，黑白不均？」紅樓以爲倡樂，無不畏其嘲譙也。

嘲弄妓女本是中唐士人慣有的幽默，[註47]崔涯嘲弄中國妓女卻生下黝黑如崑崙奴般的嬰兒，此殆與當時揚州爲繁盛之國際商港，各國往來之商賈頗眾，其中自不乏妓館恩客有關。而由嘲李端端「鼻似煙窗耳似鐺」一語可知，她大概也是屬於其貌不揚型的妓女，這在唐時本非異事，然而經崔涯如此一嘲弄，可能全揚州城皆知其尊容欠佳，自然大大有損其風月名聲，危及營業生機，難怪她要可憐兮兮地向崔、張二士當街跪地求饒。不過，偶爾也有些女妓是不買士人帳的，如《雲溪友議》卷下〈溫裴黜〉條即載，名妓劉採春之女周德華，善歌〈楊柳枝〉詞。當時的郎中裴諴（名相裴度之子）、舉子溫歧（即溫庭筠），兩人均善爲「淫豔之歌」，想請周德華爲其所作之詞「一陳音韻」，德華卻認爲二人作品不足取而予以婉拒。裴、溫二士除「深有愧色」外，

---

〔註47〕例如《奩史選注》卷五十六引自《善謔集》之一段白居易軼事云：「妓阿軟產女，求名於樂天，樂天曰：『此兒甚白晰，可名皎皎。』有文士過之，見呼『皎皎』，即悟樂天之戲，概其種姓不明，取古詩云『皎皎河漢女』也。」（頁575）又如《雲溪友議》卷中〈澧陽讌〉條中，李宣古嘲弄瘦妓崔雲娘、杜牧嘲弄肥胖陝州妓，亦如崔涯嘲妓「懷胎十個月，生下崑崙兒」般，均屬謔而不虐之唐士幽默。

對她也莫可奈何。顯見在士妓相倚存的關係結構中，士人的詩名有時確是要靠女妓慨然相助的。

　　至於晚唐時的士妓關係，基本形式上承襲了中唐時期之流風餘韻，不過在實質內容上則稍有差異。一般而言，中唐士人狎妓，多重在與女妓交相唱酬、共結知己的精神層次上，因此女妓出現在士人的詩文中，形象均頗爲風雅，鮮見妓與士間有劇烈之衝突，更少見士人有涉及女體情色之露骨之作。晚唐時期，國家長年動亂不斷，衰危之象屢現，士人自知救國無望，因此更沉醉於酒色之鄉以求解脫。人處亂世，因缺乏足夠的道德機制可資約束，原始情慾往往更容易雀躍奔騰，晚唐士子狎妓之風尤甚於中唐。其中最稱代表之著作，應是孫棨的《北里志》，據其序文言及晚唐士人狎妓風氣謂：

> 自大中皇帝好儒術，特重科第，……進士自此尤盛，曠古無儔……
> 京中飲妓，籍屬教坊，凡朝士宴聚，須假諸曹署行牒，然後能致於
> 他處，惟新進士設筵，顧吏便可行牒，追其所贈之資，則倍於常數。
> 諸妓皆居平康里，舉子、新及第進士、三司府幕但未通朝籍，未直
> 館殿者，咸可就詣，如不吝所費，則下車水陸備矣！

據孫棨此段序文，似乎士人狎妓仍有受限，必須是「未通朝籍，未直館殿」者，方可爲此。但從其後文的敘述中來看，可能因欠缺有力的懲罰條款，而使這項規定形同具文，前往平康坊狎冶的士人，從舉子、及第進士到中央官員均不乏其人。〔註48〕若與中唐相較，晚唐士人與妓女的關係之密切顯然有過之而無不及，且隨著時代的演進，所狎女妓屬性也由過去以家妓、官妓爲主，一轉而爲狎冶民間私營的商業妓女。然而其狎妓行徑卻遠不如中唐士人之風雅，有些時候甚至還近乎荒誕，《北里志》中記載此類事例甚多，如〈牙娘〉條云：

> 牙娘居曲中，亦流輩翹舉者，性輕率，惟以傷人肌膚爲事。故硤州
> 夏侯表中澤，相國少子（原注略），及第中甲科，皆流品知聞者，宴
> 集尤盛，而表中性疏猛，不拘言語，或因醉戲之，爲牙娘批頰，傷
> 其面頗甚。翼（按：應爲翌）日期集於師門，同年多竊視之，表中
> 因厲聲曰：「昨日子女牙娘抓破澤顥！」同年皆駭然，裴公俛首而哂，
> 不能舉者久之（原注：裴公瓚，其年主司）。

一般女妓或以美貌著稱，或以才藝揚名，類似牙娘以性輕率又好傷人肌膚爲

---

能事，而竟可躍居妓中翹楚者尚屬少見。夏侯澤是懿宗朝宰相夏侯孜之後，雖被牙娘抓破臉，卻也無絲毫羞愧，還大言不慚地當眾承認，其他同年及第的進士也不以為意，座主裴瓚竟只是低頭竊笑，並不稍加指責。此一晚唐士風圖，委實令人啼笑皆非。甚至像孫棨的從妹婿趙為山，還格外地「偏眷牙娘」，不知是何等心態？然而並非每個妓女都能像牙娘如此為所欲為，若當真惹惱士人，有時還可能招來眾士圍毆：

> 光風亭夜宴，妓有醉毆者，溫飛卿曰：「若狀此，便可以痕面對捽胡」，
> （段）成式乃曰：「捽胡雲彩落，痕面月痕消……」，韋蟾云：「爭揮
> 鉤弋手，競聳踏搖身，傷頰詎關舞，捧心非效顰。」〔註49〕

按：「捽胡」者，揪住頭頸，「痕面」者，毆傷臉部也，堂堂名士卻在酒醉之餘，對侍酒女妓大打出手，毆打完後還分別吟詩嘲弄，予妓二度傷害，實非令人所敢恭維者。其風流情狀比起中唐名士如元、白之流者，實相去遠矣！如果只是遭毆尚屬幸運，有些士人甚至一怒之下手刃女妓以洩心中憤，如羅虯對紅兒：

> 羅虯辭藻富瞻，與宗人（羅）隱、（羅）鄴齊名，咸通、乾符中，
> 時號「三羅」。廣明庚子亂後，去從鄜州李孝恭，籍中有紅兒者，
> 善肉聲，常為貳車屬意。會貳車聘鄰道，虯請紅兒歌而贈之繒綵。
> 孝恭以副車所貯，不令受所貺。虯怒，拂衣而起，詰旦，手刃（紅
> 兒，既而思之，乃作）絕句百篇，號〈比紅（兒）詩〉，大行於時。
> 〔註50〕

這位善清唱的雕陰官妓紅兒，只為聽從節度使李孝恭之命，不願收受羅虯所贈繒綵，竟就慘遭毒手，成了政治角力下的犧牲品，委實冤枉之至。而羅虯身為人稱「三羅」之一的當世名士，竟亦草將人命作兒戲。雖然事後悔恨又矯情地寫了百首〈比紅兒詩〉，大力詠讚紅兒的優點，但對已死去的紅兒又有何補益？紅兒之死，可謂是晚唐士妓關係之一大憾事。

前面談的是晚唐士妓關係的緊張面，當然，士妓交往中自亦不乏溫馨、輕鬆的部份，例如《北里志·王團兒》條云：

> （妓）小潤，字子美，少時頗籍籍者。小天崔垂休（原注略），變化

---

〔註49〕見《唐詩紀事》卷五十七〈段成式〉條，頁875。

〔註50〕見《唐摭言》卷十〈海敘不遇〉條，頁113，括弧中文字乃筆者據《太平廣記》
卷二七三〈羅虯〉條（頁2156）所補入者。

年溺惑之，所費甚廣。嘗題記於小潤髀上，爲山（按：此疑有脫文）
所見（原注略），贈詩曰：「慈恩塔下親泥壁，滑膩光滑玉不知，何
事博陵崔四十，金陵腿上逞歐書？」

慈恩寺塔題名本是唐代進士及第後的大事，而崔垂休卻把女妓的大腿當成雁
塔題名之所。以其出身論，博陵崔氏本有唐清望貴族，禮教應屬嚴謹，然由
崔垂休的放浪行徑來看，似乎到了晚唐其子弟亦已漸流於輕薄浮華矣！另如
同書〈楊妙兒〉條述進士趙光遠與女妓楊萊兒之事云：

妓曰萊兒，字逢儇，貌不甚揚，齒不卑矣，但利口巧言，詼諧臻妙，
陳設居止處，如好事士流之家，由是見者多惑之。進士天水（趙）
光遠，故山北之子，年甚富，與萊兒殊相懸，而一見溺之，終不能
捨，萊兒亦以光遠聰悟俊少，尤詔附之，又以俱善章程，愈相知愛，
天水未應舉時，已相暱狎矣，及應舉，自以俊才，期於一戰而取，
萊兒亦謂之萬全，是歲冬大誇於賓客，指光遠爲「一鳴先輩」；及光
遠下第，京師小子弟……馬上念詩以譴之曰……萊兒尚未信，應聲
嘲答曰……

天水趙氏亦堪稱世家，但趙光遠卻在應舉之前即恣慾狎妓，竟日沉緬溫柔鄉
之餘，終於自食苦果，未能如願一舉中第。楊萊兒倒也頗能表現士妓交往溫
馨的一面，在京師小子弟輩戲譴趙光遠的同時，應聲嘲答爲光遠辯解，雖然
趙光遠自此場屋失意，終其一生均未能金榜題名而終，〔註51〕但能得到萊兒
這位紅粉佳人的知遇，亦可聊堪自慰矣！

　　另外，中唐人題詩於倡肆以褒貶女妓的風習，至晚唐仍不稍替，如《北
里志·劉泰娘》條云：

---

〔註51〕據《唐摭言》卷十〈韋莊奏請追贈不及第人近代者〉條中，有趙光遠事蹟，
云其「丞相隱弟子，幼而聰悟，咸通、乾符中，以爲氣焰溫、李，因之恃才
不拘小節，常將領子弟，恣遊俠（狹）斜。」所言與《北里志》相符，足見
其溺萊兒妓而致落第一事應非虛構。韋莊此一奏文，據《韋莊集校注·第三
部份·文》頁 592，其正式名稱爲〈乞追賜李賀、皇甫松等進士及第奏〉，内
文略云「詞人才子，時有遺賢，不霑一命於聖明，沒作千年之恨骨，據臣所
知，則有李賀、皇甫松……趙光遠……，俱無顯遇，皆有奇才，麗句清詞，
偏在詞人之口，銜冤報恨，竟爲冥路之塵，伏望追賜進士及第，各贈補闕、
拾遺。」另據宋人洪邁《容齋三筆》卷七〈唐昭宗恤錄儒士〉條云，此奏時
間在昭宗光化三年（西元 900 年）十二月，由奏文內容來看，其時光遠業已
物化，則知其一生終未一第，再看韋莊對其稱譽，足見楊萊兒讚其爲「一鳴
先輩」，實非詔媚之詞也。

> 劉泰娘，北曲內小家女也。彼曲素無高遠者，人不知之……予（按：
> 孫棨也）有事北去，因過其門，恰遇犢車返矣，遂題其舍曰：「尋常
> 凡木最輕樗，今日尋樗桂不如，漢高新破咸陽後，英俊奔波遂喫虛。」
> 同遊人聞知，詰朝詣之者，結駟於門矣！

劉泰娘本是一卑屑之妓，卻被孫棨稱許爲亂世中猶勝於桂木的樗樹，其實不無寓貶於褒之意，然而未解其深意者，卻因此對泰娘紛起好奇之心而趨之若鶩，委實可笑之至。不過，題詩於倡肆雖可爲文士與妓女雙雙帶來令名，但有時亦得視所題內容爲何而定，否則也不無因風流而惹禍上身的可能，如同書〈俞洛眞〉條云：

> 離亂前兩日，（孫棨）與進士李文遠……其年初舉，乘醉同詣之。文
> 遠一見（俞洛眞），不勝愛慕，時日已抵晚，新月初升，因戲文遠題
> 詩曰：「引君來訪洞中僊，新月如眉拂戶前，領取嫦娥攀取桂，便從
> 陵谷一時遷。」予（按：即孫棨）題於楣間訖，先回。間兩日，文
> 遠因同詣南院，文遠言：「前者醉中題姓氏於所詣，非宜也，回將撤
> 去之。」

李文遠題詩於妓館門楣的兩天後，正逢黃巢亂軍攻入長安，僖宗皇帝倉惶出奔，其所謂「便從陵谷一時遷」，似有一語成讖之意味在。此或是巧合，然亦可能當時戰事已緊，京師隨時有不保之虞，李文遠才會警覺到自己的風流題字，可能招來禍端，算是屬於個性較爲拘謹之士人。但其顧慮亦非全無道理，晚唐人中確是有因恣遊狹邪而罹禍者，如溫庭筠即其著例，據《玉泉子》載：

> 溫庭筠，有詞賦盛名，初從鄉里舉，客遊江淮間，揚子留後姚勗厚
> 遺之。庭筠少年，其所得錢帛，多爲狹邪所費，勗大怒，笞且逐之，
> 以故庭筠不中第。

非僅如此，有一次溫庭筠在揚州因「醉而犯夜，爲虞候所擊，敗面折齒」，遭受如此羞辱，在向揚州官府申訴時，卻因該虞候「極言庭筠狹邪醜跡，乃兩釋之。」〔註52〕未能獲得有利的處份。由溫庭筠的例子來看，狎妓雖屬無傷大雅的唐人風流，然而社會輿論亦非全無監督，果眞冶遊無度，自然不免要因此受累。溫庭筠的流連妓館是因爲人世坎坷，但晚唐卻也有人官運亨順而不免狎妓尋歡者，如在昭宗、哀帝時以忠節著稱的名臣韓偓，即因時代風尚所致，而有《香奩集》之作，來看看他的幾首「豔詩」：

---

〔註52〕其事請參《舊唐書》卷一九○下〈溫庭筠傳〉，頁5079。

　　眉山暗澹向殘燈，一半雲鬟墜枕稜，四體著人嬌欲泣，自家揉損研

　　綿綾。〔註53〕

　　矜嚴標格絕嫌猜，嗔怒難逢笑靨開，小雁斜侵眉柳去，媚霞橫接眼

　　波來，鬢垂香頸雲遮藕，粉著蘭胸雪壓梅，莫道風流無宋玉，好將

　　心力事妝臺。〔註54〕

　　酥凝背胛玉搓肩，輕薄紅綃覆白蓮，此夜分明來入夢，當時惆悵不

　　成眠，眼波向我無端豔，心火因君特地然，莫道人生難際會，秦樓

　　鸞鳳有神仙。〔註55〕

這些詩句對女體的露骨描述，無須太多解釋亦能瞭然。其敘述對象大概不外
是與韓偓相狎的女妓，而韓偓本人結識之女妓實亦不少，其中與其知交甚深
的也大有人在，如其〈別錦兒〉詩云：

　　一尺紅綃一尺詩，贈君相別兩相思，畫眉今日空留語，解佩他年更

　　可期，臨去莫論交頸意，清歌休著斷腸詞，出門何事休惆悵，曾夢

　　良人折桂枝。〔註56〕

韓偓在其詩題下自注云「及第後出京，別錦兒與蜀妓」，這位錦兒可能就是他
在京師應考及第前後認識的青樓佳人。由詩中思念甚濃的描寫來看，顯然彼
此交情匪淺，這也難怪在韓偓過世後，有人開其棺木檢查，竟發現棺內留有
「燒殘龍鳳燭、金縷紅巾百餘條，變淚尚新，巾香猶鬱。」〔註57〕這些東西
大概也都是韓偓的紅粉知己，在其死後送他陪葬之物。

　　整體說來，唐代初期，因承襲自六朝以來之淫逸風尚，皇室本身儒家倫
理觀念較爲淡薄，所以對社會上的兩性關係，自始便無嚴格之約束。唯因國
家初建，大亂方平，社會經濟尚未發達到足以成爲媒色溫床的程度，再加上
太宗君臣頗知節制，一般士人的狎冶行爲尚不致太過放誕。到了盛唐時期，
因國家長年無事，商業經濟得以蓬勃發展，玄宗君臣又耽於眼前逸樂，皇親
貴族蓄妓狎冶之事不斷，初唐以來的純樸士風爲之一變。唯因風氣初成，士
人與妓女的來往未稱親密，多係在酒宴中欣賞妓樂歌舞或與家妓冶遊，少見

〔註53〕〈半睡〉，《全唐詩》卷六八二，頁7828。

〔註54〕〈席上有贈〉，《全唐詩》卷六八三，頁7834。

〔註55〕〈偶見背面是夕兼夢〉，《全唐詩》卷六八三，頁7841。

〔註56〕見於《全唐詩》卷六八二，頁7825。

〔註57〕見〈南唐近事〉。

與官妓或民妓深入交往的感人情事。士妓間多止於遠觀而不近玩的表面接觸，故中唐以前可謂士妓關係的「建立期」。安史亂後，唐朝國力盛極而衰，政治雖漸走下坡，但城市經濟卻尤盛於前，也爲妓業發達提供堅實之物質基礎。復以文林士風日趨浮薄及朝廷官箴不嚴，使得狎妓幾乎成爲中唐名流士人的共同風尚。風流豔事屢有所聞，妓女成爲士人精神生活極其重要的一部份，無論在詩歌或傳奇中，均有頗多士妓交往的動人故事。中國歷史上的所謂「名妓」，也在此時大量湧現，名士與名妓間的唱酬，成爲千古風流佳話。相對於前後期而言，中唐稱得上是士妓關係的「昇華期」。時至晚唐，權閹、強藩之交逼較前尤烈，朝廷權威蕩然，李唐皇室已是名存實亡，士人在對現實政治備感失望之餘，轉而抱持末世心態，企圖藉美酒與女色來麻醉自己。希望藉與女妓的交往中，尋求在昏暗世道獲致解脫，與妓女的關係從前期著重心靈交流，轉爲注重肉體交合。少見動人心弦或感人肺腑的士妓愛情，反倒多是彼此相虐或荒誕不經的淫逸事蹟。士子們心中的苦悶藉由女妓的溫柔撫慰稍作宣洩，妓女們也成了爲大唐帝國高唱亡國之音的歌者，此可謂士妓關係的「墮落期」。此種由建立而昇華最後趨至墮落的士妓關係，也標示著唐代文林士風的轉變情形，且與政治興衰、社會安亂及經濟榮枯均不無關係。如此分期雖不一定完全準確，然亦有相當之史實爲之支持，倒也不妨作爲吾人觀察唐代社會變遷多元面貌的一個指標。

## 第二節　士妓關係類型

前節所論，主要是探討唐代士妓關係在時間縱向上的衍變，藉此呈現出不同時代氛圍下的士妓關係輪廓。本節則試圖在複雜多變的士妓交往過程中，打破時間的藩籬，摘取出士妓交往中的著稱個案，藉「類型分析」的方式，對士妓關係作不分時期的橫向綰合。所賴以討論的基本資料中，正史外的小傳統史料仍佔大宗，其中自有不少人、事、時、地等的謬誤，或以訛傳訛式的誇大不實，在能力所及範圍內，本文也將對這一部份史料略作考證，圖以還其史實本貌。至於分類的標準則是過程與結果兼重，並輔以士人的狎妓心態作參考，儘可能避免以偏概全或孤例爲說。不過歸納分析本非易事，再加上士妓間的交往，實難用簡單數字完全交待清楚，因此在類型定名上，必有不週全之處，尚祈讀者方家諒察。

## 一、遊戲人生型

士人狎妓，無論自稱是出於如何高尚之理由，其初始動機往往只是為了尋求在正常男女交往中無法獲致的靈肉之歡而已。當然，有人由此而衍生出真正的愛情，甚至互許生死，但那也只是一時靈肉之歡猶不足下的產物，縱使許多文人都把士妓間的愛情描繪得如夢似幻，似乎他們生來就註定要長相廝守一般。〔註58〕但不可否認一開始應該都只是抱著一種「人不風流枉少年」的遊戲心態，絕少有自始即對身份、地位均與自己絕不相配的女妓懷抱真心者。因此這種遊戲人生式的狎妓心態，可謂是士妓關係類型中的「基本型」，只是有些士人自始至終遊戲心態未變，有些士人則自遊戲而轉為認真投入，發展成感人至深的故事，不過那也只能算是此基本型的延伸或變例，討論唐代士妓關係仍須從此基本型出發。

前一節所提及青錢學士張鷟的自傳式妓館遊記〈遊仙窟〉，正是唐代士人以遊戲人生心態狎妓之典型代表。此篇後世少見的駢文體著作，運用了不少筆墨鋪陳男主角與十娘、五嫂等兩名自託出身高門的女妓間的調情過程。舉凡比興、雙關、暗喻、排偶等修辭手法，幾乎全派上用場，尤其當中穿插了很多巧謔慧點的唐人俗語與俏皮話，更使全文洋溢著頗具真實感的唐式風月情趣，先來看其中一段對話：

> （十娘）喚桂心（侍婢），下官曰：「向來眼飽，不覺身饑。」十娘笑曰：「莫相弄，且取雙六局來，共少府賭酒。」僕答曰：「下官不能賭酒，願共娘子賭宿。」十娘問曰：「若為賭宿？」余答曰：「十娘輸籌，則共下官臥一宿，下官輸籌，則共十娘臥一宿。」十娘笑曰：「漢騎驢則胡步行，胡步行則漢騎驢，總悉輸他便點。兒遞換作，少府公太能生。」五嫂曰：「新婦報娘子，不須賭來賭去，今夜定知娘子不免。」十娘曰：「五嫂時時漫語，浪與少府作消息。」……下官因詠局曰：「眼似星初轉，眉如月欲消，先須捺後腳，然後勒前腰。」
> 十娘則詠曰：「勒腰須巧快，捺腳更風流，但令細眼合，人自分輸籌。」

張鷟言不賭酒而賭宿，其所提的賭法，大概只存在於妓館狎冶的風流調笑中，很難想像是堂堂青錢學士對名門媳婦所說的話。而十娘和五嫂的回答，則幾

---

〔註58〕例如〈霍小玉傳〉中云，李益才聽鮑十一娘片面之詞介紹完小玉後，即拉著鮑氏的手謝道「一生作奴，死亦不憚！」小說家是為了使後文之劇情發展合理化，但從現實角度觀之，卻未免略嫌矯情。

乎可斷定其為風月場所中人，他們詠雙六局的詩句，所謂「捺腳」、「勒腰」等，更含有濃厚的性暗示意味在。另有詠其它物品的詩句，也莫不帶有此等意味，如詠刀與鞘：

> 下官詠刀子曰：「自憐膠漆重，相思意不窮，可憐尖頭物，終日在皮中。」十娘詠鞘曰：「數捺皮應緩，頻磨快轉多，渠今拔出後，空鞘欲如何？」

類似如此謔而不虐的性事隱藏比喻，在〈遊仙窟〉中可謂俯拾皆是。難得的是，雖云性事卻能不著一低俗露骨文字，留給讀者廣大而自由的遐思空間，此等幽默慧點也正是唐式風月情趣吸引人之處。不過，張鷟雖竭盡全力地述說他和女妓之間的風流情話，對十娘、五嫂二妓的聰慧敏捷與機鋒辯才，更是十分地愛慕，但他終究只是到此一遊，並無與女妓持續發展感情之意。一旦雞鳴天曉，懷著盡情一夜風流的滿足後，即行離去，雖然他在故事最後也故作多情歎道：「望神仙兮不可見，普天地兮知余心，思神仙兮不可得，覓十娘兮斷知聞，欲聞此兮腸亦亂，更見此兮惱余心。」口中興歎與美妓間恩愛不能長久，然並未採取任何行動以使之長久，仍按其原定計畫上路就職，其遊戲人生狎妓心態於此可見。與十娘的風流韻事，只如昨夜星辰般在腦海中留下美好回憶，卻未能真正進入其生命中。

遊戲人生狎妓心態的另一種典型是，一開始與女妓的交往還頗稱投入，態度似乎相當認真，可是一旦女妓提出想要託與終身的進一步請求時，就又退回至其原始心態。不僅不敢正面回應，甚至於還蓄意迴避，以防己身任途受損。《北里志》的作者孫棨即其例，據其在該書〈王團兒〉條中自述道：

> （王）福娘，字宜之，甚明白，豐約合度，談論風雅，且有體裁。
> 予在京師，與群從少年習業，或倦悶時，同詣此處……予嘗贈宜之
> 詩曰：……宜之每宴洽之際，常慘然鬱悲，如不勝任，合座為之改
> 容，久而不已，靜詢之，答曰：「此蹤跡安可迷而不返耶？又何計以
> 返？每思之，不能不悲也。」遂嗚咽久之。他日忽以紅箋授予，泣
> 且拜，視之，詩曰：「日日悲傷未有圖，懶將心事話凡夫，非同覆水
> 應收得，只問儂郎有意無？」余因謝之曰：「甚知幽旨，但非舉子所
> 宜，何如？」又泣曰：「某幸未係教籍，君子倘有意，一二百金之費
> 爾！」未及答，因授予筆，請和其詩，予題其箋後曰：「韶妙如何有
> 遠圖，未能相為信非夫，泥中蓮子雖無染，移入家園未得無。」覽

　　之因泣，不復言，自是情意頓薄，其夏，予東之洛，或釀飲於（其）

　　家，酒酣，其數相囑曰：「此歡不知可繼否？」因泣下，泊冬初還京，

　　果爲豪者主之，不復可見。

這則記事是孫棨本人之親身經歷，可信度自然要較虛構之小說故事爲高。孫棨所言「習業或倦悶時」前往妓館飲酒尋歡、一排心中鬱積，正是唐代士人最普遍的狎妓心態。也就是由遊戲人生、姑往一遊的角度入手，並非眞正對女妓有情。不過王福娘卻似乎錯覺了孫棨的本意，竟將其視爲可委以終身的從良對象，觀其自覺爲妓不可終世而深自悲泣的言行，當亦屬非普通資質之女妓。可惜孫棨對她的請求，回答卻是以「非舉子所宜」拒之，雖然福娘仍企圖挽回，趕忙向孫棨解釋自己從良所費非多，但還是遭到孫棨以泥中蓮未得移入家園爲由婉拒。至此福娘方知是自作多情、所託非人，孫棨平時來妓館狎遊、贈詩相頌等，也只不過跟一般士人逢場作戲的心態一樣。「自是情意頓薄」其實並不能以「婊子無情」之類刻薄言語來苛責福娘，因爲以狎客孫棨的言行來看，他又何嘗對福娘付出過眞情？福娘的轉變，只不過是失望後的以牙還牙罷了。事實上，對大多數的妓女而言，名份早已不重要，她們與狎客爲歡，基本目的是要謀取其金錢，以確保自身來日生活無虞。一旦床頭金盡，通常狎客間也就隨之恩斷義絕，只有少數像福娘這樣自覺性較高的女妓，才會想到在攢錢之餘，還要爲將來的歸宿預作安排。相對地，士人狎妓雖因素甚多，但基本上也多僅止於企望在妓女身上獲致精神和肉體上的紓解，會與妓女發展出狎歡以外戀情者，其實只是少數個案。而且從孫棨身上又再一次印證，狎妓雖是唐代士人無傷風雅的消遣，但也絕非毫無顧忌，爲免仕途蒙塵，謹愼的士人大概都會像孫棨一般，僅止於妓館逢場作戲，不輕易將泥中蓮移植回家中。

## 二、始愛終離型

　　此型之士妓關係乃自基本型所延伸出來者，其走勢是先向上再向下，原本交情親密，但在到達某一臨界點後即急轉直下，最後終於不得不歸於庇離，可稱作是士妓關係的「墮落型」。此類士妓關係，自然要以蔣防〈霍小玉傳〉中李益與妓女小玉的愛情最爲典型之代表。〔註 59〕〈霍小玉傳〉的本事其實

―――――――――――――――――――――――

〔註 59〕元稹的〈鶯鶯傳〉雖然也有類似的情節，但因鶯鶯是否爲女妓，至今猶爭議
　　　　不休，難有確論，故暫不將其列爲討論對象。

極爲簡單，即進士及第的李益，在京師寓居等待吏部銓試之前，結識了長安名妓小玉，從此兩人鍾情相愛，日夜相守達二年之久。後因李益以書判拔粹登科後，棄小玉而另娶高門盧氏女，致小玉幽怨而死，死後且時作鬼崇以報復之，李益因此終身婚姻不順。如此一個看似平凡的故事，卻在蔣防的生花妙筆下，成爲感人至深的士妓浪漫愛情，明代胡應麟即譽之曰：「唐人小說紀閨閣事，綽有情致，此篇尤爲唐人最精采動人之傳奇，故傳誦弗衰。」〔註60〕今人也稱「唐人傳奇當推此傳第一，情節委曲，性格鮮明，對話見其個性，細節見其心理，皆近於近代小說。」，〔註61〕均予其極高之評價。

小說一開頭，即以鮮活的筆調，點出男主角李益好求風流的少年本性：

> 本門族清華，少有才思，麗詞嘉句，時謂無雙，先達丈人，翕然推伏，每自矜風調，思得佳偶，博求名妓，久而未諧。

看得出李益是屬於名門世家出身的風流才子，其之所以博求名妓，當然是爲要排除在京師待考前的孤寂，非眞有意在此中追求愛情。他自己也坦白地對小玉說「小娘子愛才，鄙夫重色」，但在一夜風流之後，小玉卻似乎假戲眞作，對李益動了眞情：

> 中宵之夜，玉忽流涕觀生曰：「妾本倡家，自知非匹，今以色愛，托其仁賢。但慮一旦色衰，恩移情替，使女蘿無托，秋扇見捐，極歡之際，不覺悲至。」生聞之，不勝感歎。及引臂替枕，徐謂玉曰：「平生志願，今日獲從，粉身碎骨，誓不相捨，夫人何發此言，請以素縑，著之盟約。」……生素多才思，援筆成章，引諭山河，指誠日月，句句懇切，聞之動人……自爾婉孌相得，若翡翠之在雲路也。
>
> 如此二歲，日夜相從。

兩相比較下，小玉要比李益務實得多，她自一開始即意識到，與李益的愛情縱使不必是露水鴛鴦，也難望維持長久。唐人婚姻重門第早爲治唐史者熟知，其例無庸贅舉，莫說是士人與娼妓結婚，即使是與平人女結合，也難爲法律與社會輿論所允許，此可以中唐時的吳湘案作一說明：

> （武宗）會昌時……部人訟（吳）湘受贓狼籍，身娶民顏悅女。（李）紳使觀察判官魏鉶鞫湘，罪明白，論報殺之……宣宗立，（李）德裕去位，紳已卒……（湘兄）汝納使爲湘訟言……顏悅故士族，湘罪

〔註60〕見《少室山房筆叢》卷四十一。
〔註61〕參李劍國《唐五代志怪傳奇敍錄》上冊第二卷，頁454。

皆不當死，紳枉殺之。〔註62〕

士人吳湘只因娶民女爲妻即招來殺身之禍，此雖是牛李黨爭下的政治冤案，〔註63〕然亦可自此見出婚姻唐代社會中的閉鎖性。「當色爲婚」是至高原則，違反此一原則者，非僅法律有制裁，社會輿論亦無法容忍。小玉所擔心的，正是這股龐大的無形壓力。李益顯然涉世未深，不能體認到此中問題之複雜與嚴重性，直以「夫人」稱小玉，且又白紙黑字寫下永不變心的山盟海誓，似頗有將小玉迎娶入門之意，小玉也因此對他更加傾心信賴，希望眞能一圓自己的從良夢。

　　但是這眼前看似美好的一切，在李益通過吏部銓試，即將離開長安赴任鄭縣主簿時，終於起了巨大變化：

> 玉曰：「妾年始十八，君纔二十有二，迨君壯室之秋，猶有八歲，一生歡愛，願畢此期，然後妙選高門，以諧秦晉，亦未爲晚，妾便捨棄人事，剪髮披緇，夙昔之願，於此足矣！」生且愧且感，不覺涕流，因謂玉曰：「皎日之誓，死生以之，與卿偕老，猶恐未愜素志，豈敢輒有二三？……」

小玉沈痛的話語中，包含著她對現實社會的具體認知，她瞭解與李益結爲連理之難，退而求其次，只盼再有八年之歡愛，如或不能則生已無味，若是可行則宿願已足，即使遁入空門亦無怨無悔。反觀李益，雖然在小玉的面前信誓旦旦，可是一回到現實社會，就立刻被無情的世俗壓力所懾服，在太夫人的安排下，要與同爲名門的表妹盧氏女成親。李益對此安排不僅「逡巡不敢辭讓」，且因李家無百萬聘金，還「遠投親知，涉歷江淮，自秋及夏」，奔波勞碌地爲娶盧女作萬全的準備。在這段時間裏，他當然不是沒有機會叛逃回小玉身邊，但要求一個即將步入仕途的世家公子，放棄眼前努力掙來的一切，冒著欺親不孝的罪名與官宦生涯毀於旦夕的風險，去和現實壓力相抗衡，只純爲延續一段與女妓之間的情緣，這又是何等困難的抉擇？在愛情的世界裏，人人皆是平等，然而一旦回歸到現實社會中時，情況則又別當論。尤其對社會地位相去天壤的士人與妓女，若欲結合更須承受來自四面八方的無情壓力。年少輕狂的李益，終究抵不過週遭的壓力與現實利益之誘惑，選擇

---

〔註62〕見《新唐書》卷一八一，頁5349～5350。
〔註63〕若依《唐律疏議》卷十四〈戶婚律・雜戶不得娶良人〉條之規定，官戶娶良人女，罪止杖責一百，吳湘應罪不致死，此中當有政治報復之隱情。

了拋棄小玉這條對自己傷害最小的路徑。因自知負約，於是自分別後，「寂不知聞，欲斷其望，遙託親故，不遺漏言」，企圖使小玉就此死心。豈知痴情的小玉卻固執如故，對李益依舊「想望不移」，但是數訪音信後，所得的結果卻是「虛詞詭說，日日不同」的敷衍，終於使得小玉「懷憂抱恨，周歲有餘，羸臥空閨，遂成沈疾」。從同情小玉的觀點來看，李益的確可說是負心漢，但他的負心與其說是純粹有意欺騙小玉的眞情，倒不如說是時代背景與社會現實下的悲情產物。這樣說並非故意爲李益開脫，事實上他對小玉也不乏眞情，先前那些「引諭山河、指誠日月」的海誓山盟，縱使稍嫌浮誇，但當小玉死於其懷中，「生爲之縞素，且夕哭泣甚哀」，後雖與盧氏女結婚，卻仍因深感愧對小玉而「傷情感物，鬱鬱不樂」，更可見出他對小玉的舊情難忘。平心而論，在當時的社會環境與世俗觀念下，李益的負心是有幾分無奈的，他「門族清華」又年少及第登科，仕途前景一片大好。即使他本人捨得拋棄這既有的一切，專心與小玉廝守，但他那個已「素貧，事須求貸」、外強中乾的隴西家族，正指望因他而復興家道，他身上擔負著整個家族成員的殷切期盼，此等來自傳統世家的強大壓力，是任何人都很難抗拒的。小玉如果是一名良人女倒也罷，與其成親頂多受點處罰，但偏偏她卻是個身地卑賤的青樓女妓，李益若貿然與其私奔，非僅其個人美好前程將爲之斷送，連帶地整個李氏家族也將爲人所鄙視，永遠無法在社會上昂首立足。成全小玉則個人前程與家族清譽毀於一旦，若欲延續家族命脈，就必須選擇對小玉負心，誠如陳寅恪先生論唐人「……婚，則委棄寒女，締姻高門，雖繾綣故歡，形諸吟詠，然卒不能不始亂終棄者，社會環境實有以助成之。是亦人性與社會之衝突也。……蓋棄寒女婚高門，乃當時社會道德輿論之所容許，而視爲當然之事，遂不見其與人之衝突故也。」〔註64〕李益雖是作下負心的抉擇，然其內心所承受之痛苦煎熬實可想見，因此他才會在得知小玉千方百計尋找他時，「自以愆期負約，又知玉疾候沈綿，慚恥忍割，終不肯往。晨出暮歸，欲以迴避。」其內心之矛盾於此可見一斑。所以說起李益之忍情負心，其實頗值同情，充其量他只不過是當時不敢公然反抗社會現實的一條可憐蟲而已。李益值得同情卻不值得原諒，錯就錯在他太過於濫情，明知自己缺乏反抗社會現實與家族壓力的勇氣與決心，卻又對小玉許下信口開河式的偉大承諾，致使小玉對兩人的未來，抱持過度的期待與幻想，而最後也終因愛情美夢破碎而香消玉

〔註64〕見氏著《元白詩箋證稿》第四章〈豔詩及悼亡詩〉。

殞、一命嗚呼。小說末尾以李益婚後，小玉果如其死前所言，化作鬼屬使李益數次婚姻均不得安寧，雖涉虛妄，然以李益負心之過，受此懲罰也算罪有應得。

　　此一類型的士妓關係之另一著例，是中唐才子元稹與薛濤。元稹一生交往的女妓亦復不少，如前節提到的秋娘、楊瓊等人皆是，陳寅恪甚至懷疑〈鶯鶯傳〉中的故事，實即元稹年輕狎妓的風流往事，〔註65〕惜無確證。在這些與女妓的交往裏，其中最爲歷代所津津樂道者，當屬他和名妓薛濤間的才子佳人韻事，范攄在《雲溪友議》卷下〈豔陽詞〉條詳述其事云：

> 安人元相國，應制科之選，歷天祿畿尉，則聞西蜀樂籍有薛濤者，能篇詠、饒詞辯，常悄悒於懷抱也。及爲監察，求使劍門，以御史推鞠，難得見焉。及就除拾遺，府公嚴司空綬，知微之之欲，每遣薛氏往焉。臨途訣別，不敢挈行。洎登翰林，以詩寄曰：「錦江滑膩蛾眉秀，化出文君及薛濤，言語巧偷鸚鵡舌，文章分得鳳凰毛，紛紛詞客皆停筆，箇箇名侯欲夢刀，別後相思隔煙水，菖蒲花發五雲高。」元公既在中書，論與裴晉公度子弟謀及第，議出同州（原注略），乃廉問浙東，別濤已逾十載，方擬馳使往蜀取濤，乃有俳優周季南、季崇及妻劉採春，自淮甸而來，善弄陸參軍，歌聲徹雲，篇韻雖不及濤，容華莫比也。元公似忘薛濤，而贈採春詩曰……且以槁砧尚在，不可奪焉。元公求在浙河七年，因醉題東武亭，詩曰：「……因循未歸得，不是戀鱸魚。」盧侍御簡求戲曰：「丞相雖不戀鱸魚，乃戀誰耶？」

由這段詩話來看，元稹實亦一忍情之輩。先是鍾情於蜀妓薛濤，繼又迷戀劉採春的美貌，而將遠方的薛濤拋諸腦後，若非劉採春槁砧（即丈夫）尚在，甚至還想以爲妾。此段記事未言所出，但應是有關元、薛二人交往的最詳盡資料。據正史本傳載元稹在浙東八年間，「放意娛遊」、「不修邊幅」，〔註66〕其與劉採春之事，當非無根之談。然若揆諸史實，范攄這段記事卻有不少文人蓄意渲染之處，不能不作一番申辯：

　　第一，元稹於憲宗元和四年（西元 809 年）三月以監察御史身份使蜀，充劍南東川詳覆使，出使回京後，曾因嚴詞彈劾前劍南東川節度使嚴礪及東

---

〔註65〕參《元白詩箋證稿》第四章〈附：讀〈鶯鶯傳〉〉。
〔註66〕參《舊唐書》卷一六六〈元稹傳〉，頁 4336。

川七州刺史，〔註67〕而致朝中「執政有與礪厚者惡之」，〔註68〕種下他此後仕途不順的遠因。所謂「求使劍門」，所指應是劍南東川節度使府，其地在梓州，而薛濤乃是劍南西川節度使府成都的官妓，元稹若是有意求為使者以會薛濤，何須費此週折？更犯不著強力彈奏嚴礪等人而致開罪當道、樹立政敵。且元稹此行三月奉使，五月即使竟歸朝，以其所彈奏內容之詳實複雜觀之，必是曾作相當之實地考察，詳探民瘼後方有此成績，亦不似有空赴成都或在梓州與薛濤相狎，否則受其彈奏之人，何以在事後無對此事向上反應者？足見《雲溪友議》所言與實情甚難相符。

　　第二，據近人考證，薛濤約生於代宗大曆五年（西元 770 年），卒於文宗大和六年（西元 832 年），〔註69〕而元稹則是生於代宗大曆十四年（西元 779年）。如此算來則薛濤足足比元稹年長九歲，元稹出使東川時年三十一，薛濤年四十，穆宗長慶元年（西元 821 年）元稹登翰林、任中書舍人時年四十三，薛濤已五十二，兩年後元稹改授越州刺史兼御史大夫、浙東觀察使，此時薛濤年已五十四。我們不否認薛濤確是中唐時名震邇邇之成都名妓，其與元稹之來往亦非全無可能，然而卻不敢苟同相信元稹會在自己年近半百之時，動念派人遠赴成都迎取一名已年過半百的女妓薛濤，此誠屬極不合理之事，所謂「馳使往蜀取濤」，恐怕只是好事者子虛烏有的捏造！

　　第三，元稹自東川使歸後，即以監察御史分司東都，終其一生僅在元和元年（西元 806 年）四月，曾因應制舉才識兼茂明於體用科，以首選登第而除拜左拾遺，且為時甚短，不到半年即因老成宰相忌其年少氣盛、好為輿論，而在同年九月遭貶為河南尉。此後元稹即未再有出任拾遺之事，而《雲溪友議》卻繫其「及就除拾遺」於東川使歸之後，實為顛倒時空之無根之談！另外，元稹出使東川時（西元 809 年），當時的東川節度使是潘孟陽（嚴礪當時已死），西川節度使是武元衡，〔註70〕嚴綬則在德宗貞元十七年（西元 801 年）至憲宗元和四年（西元 809 年）間，出任河東節度使，在元和四年三月元稹出使東川時，嚴綬正好入拜尚書右僕射。〔註71〕雖然嚴綬為人「銳於勢力，

---

〔註67〕詳參元稹〈彈奏劍南東川節度使狀〉，《元稹集》卷三十七，頁 419。
〔註68〕參《舊唐書》卷一六六〈元稹傳〉，頁 4331。
〔註69〕參《唐才子傳校箋》第三冊卷六，頁 102～113。
〔註70〕參王壽南《唐代藩鎮與中央關係之研究》附錄一〈唐代藩鎮總表〉。
〔註71〕有關嚴綬任官時間，除可參同上註外，另可參《舊唐書》卷一四六頁 3959～3961 以及《新唐書》卷一二九頁 4485～4486 之嚴綬本傳。

不存名節，人士以此薄之」，〔註72〕但以元稹出使之時、地及官員間利害關係而言，嚴綬實無可能在當時薦薛濤於元稹以邀功。而且即使要如此奉承，其人也該是潘孟陽或武元衡而非嚴綬。或許因嚴綬平日為人不存名節，好對朝廷使者施行小惠，元稹之來又正值其升官入朝，好事者遂將諸多不相干之事縮合一處，認為嚴綬升官是由於元稹之助，而元稹之所以慨然相助，其因正在答其薦薛濤陪侍之功，穿鑿附會，不值一信。

　　《雲溪友議》的作者范攄，係唐懿宗咸通時人，〔註73〕上距元稹、薛濤之世僅約五十年，人稱此書「唐人說唐詩，耳目所接，終較後人為近」。〔註74〕未料卻仍有如此多的誤失，也就難怪晚唐五代以後記元稹與薛濤事者，因取材於此而致以訛傳訛。我們在解讀傳世的元、薛二人交往的詩文史料時，務必十分謹慎，以免誤蹈前人錯謬。〔註75〕不過，如果從元稹的性格和行事作風來推

---

〔註72〕參上註所引《舊唐書》嚴綬本傳，頁3960。
〔註73〕見《舊唐書》卷五十九〈藝文三〉，頁1542。
〔註74〕見《雲溪友議》書前所附四庫全書總目序文。
〔註75〕有關元稹出使東川而與薛濤才子會佳人之事，宋、元人的著作中，多有承《雲溪友議》之記載而穿鑿附會者，如宋人景煥《牧豎閒談》云：「元稹微之知有薛濤，未嘗識面，初授監察御史，出使西蜀，得與薛濤相見，元公赴京，薛濤歸。……」又計有功《唐詩紀事》卷三十七〈元稹〉條云：「稹聞西蜀薛濤有辭辯，及為監察使蜀，以御史推鞫，難得見焉，嚴司空潛知其意，每遣薛往，洎登翰林，以詩寄曰：……」，又元代辛文房《唐才子傳》卷六〈薛濤〉條云「元和中，元微之使蜀，密意求訪，府公嚴司空知之，遣濤往侍，微之登翰林，以詩寄之曰：……」，三書所述文字近似，想必同出一源，其謬誤處已如正文所辯，此不復贅。至於宋、元以後之著作，其承襲前誤者，則不值在此續辨。文士好奇，類如元稹、薛濤如此才子佳韻事，尤為眾所矚目之焦點，其傳聞訛謬者，尚不止於此一事。另如〈十離詩〉之作，究竟來由為何，亦有待釐清其史實真貌。五代人王定保《唐摭言》卷十二〈酒失〉條中記曰：「元相公在浙東時，賓府有薛書記，飲酒醉後，因爭令，擲注子，擊傷相公猶子，遂出幕。醒來乃作〈十離詩〉上獻府主：……（按：即《全唐詩》卷八○三所載〈十離詩〉），『馬上同攜今日杯，湖邊還折去年梅，年年止是人空老，處處何曾花不開，歌詠每添詩酒興，醉酣還命管絃來，樽前百事皆依舊，點檢唯無薛秀才。』（原注：元公詩）」（頁143～144），《唐詩紀事》卷四十九〈薛書記〉條，則在未作任何考據的情況下幾乎全文照錄。王定保去元、薛二人時代亦不甚遠，但此一記事仍不免謬誤，因其文中的「元公詩」，並不見於《元稹集》，而實為元稹至友白居易的詩作，詩題為〈與諸客攜酒尋去年梅花有感〉（見《白居易集》卷二十頁449），全詩與《唐摭言》所錄僅數字不同，而白居易在詩末注云：「去年與薛景文間賞，今年長逝」，足見詩中所稱薛秀才者，是當時已逝世之薛景文，而非另有一位薛書記，《唐摭言》之誤除在將該詩的作者張冠李載外，並未明言薛書記究係何人，但因世人相信遭渲染之元、薛故事，遂將此薛書記附會為蜀妓薛濤。例如清代御編《全唐詩》，於卷八○三〈十離詩〉下注云：「元微

斷，人們會願於相信遭到渲染的元、薛二人先愛後離的故事，也並非全然無跡可尋。元稹的個性實頗矯情，尤以狎妓一事而言，其態度即不如其摯友白居易般坦蕩磊落，白居易在回想他與元稹在貞元十九年（西元 803 年），同年登科後的風流快活時曾道：

> 憶在貞元歲，初登典校司，身名同日授，心事一言知（原注略），肺腑都無隔，形骸兩不羈，疏狂屬少年……徵伶皆絕藝，選伎悉名姬，粉黛凝春態，金鈿耀水嬉，風流誇墮髻，時世鬥啼眉（原注略），密坐隨歡促，華尊逐勝移，香飄歌袂動，翠落舞釵遺……〔註76〕

這一番年少登科、春風得意的士子佳妓間，酒宴狎歡的綺麗景象，經白居易如此一提，也勾起元稹本人的美好回憶，有和詩曰：

> 昔歲俱充賦，同年遇有司，八人稱迥拔，兩郡濫相知（原注略）……密攜長上樂，偷宿靜坊姬……逃席衝門出，歸倡借馬騎，狂歌繁節亂，亂舞半衫垂……〔註77〕

這是元稹二十五歲時初登科後的風流情態，他在稍後的官宦生涯中，也結識了不少女妓，尤其在越州刺史任上的八年期間，更與白居易在杭州的風流相詡為「各攜紅粉伎，俱伴紫垣人」。〔註78〕他在三十二歲被貶謫為江陵士曹參軍時，卻在一封寫給姪子的家書中大言不慚、道貌岸然地說道：

> 吾生長京城，朋從不少，然而未嘗識倡優之門，不曾於喧嘩縱觀，汝信之乎？〔註79〕

---

之使蜀，嚴司空遣濤往事，因事獲怒，遠之，濤作〈十離詩〉以獻，遂復善焉。」此注可謂揉合前代詩話謬誤於一爐，無一語是者，然因《全唐詩》流傳甚廣，遂使世人多有相信薛濤〈十離詩〉乃作以獻元稹者，實失真之至。〈十離詩〉確是薛濤之作，然並非寫以奉元稹，而是寫以獻當時的西川鎮帥韋皋，據五代何光遠《鑒誠錄》卷十〈蜀才婦〉條言：「薛濤者，容色豔麗，才調尤佳，……濤每承連帥寵念，或相唱和，出入車輿，詩達四方，唐銜命使臣每屆蜀，求見濤者甚眾，而濤性亦狂逸，遺金帛往往（不）上納，韋公既知且怒，於是不許從官，濤乃呈〈十離詩〉以獻，情意感人，遂復寵召。」因薛濤一生並未到過浙東元稹幕府，說〈十離詩〉之作乃為獻給蜀主韋皋，以求免罪，自屬較為可信。

〔註76〕見〈代書詩一百韻寄微之〉，《全唐詩》卷四三六，頁4824。
〔註77〕見《酬翰林白學士代書一百韻》，《全唐詩》卷四〇五，頁4520。
〔註78〕見元稹〈酬樂天早春閒遊西湖頗多野趣恨不得與微之同賞因思在越官重事殷鏡湖之遊或恐未暇因成十八韻見寄樂天前篇到時適會予亦宴鏡湖南亭因述目前所睹以成酬答末章亦云暇誠則勢使之然亦欲粗為恬養之贈耳〉，《全唐詩》卷四〇八，頁4536。
〔註79〕見〈誨姪等書〉，《元稹集》卷三十，頁356。

從前面所徵引的相關詩文來看，元稹一生其實也與女妓過從甚密，但卻對不知情的晚輩如此自命清高，其虛偽矯情委實令人不敢苟同。至於元稹的婚姻生活，姑且撇開〈鶯鶯傳〉是否為其本人自述的爭議不談，其與首任妻子韋叢結婚後，當時「官未達而貧苦」，夫妻感情人稱和睦。韋叢不幸早逝後，他還為她寫下「曾經滄海難為水，除卻巫山不是雲」的沉痛哀詩。〔註80〕如此貧賤夫妻的情深意濃，似乎頗有此生非君不再娶之意，豈知韋叢身故兩年後，元稹即再納妾安氏，〔註81〕安氏死後，又娶繼室裴淑。雖言唐代士人娶妾媵乃司空見慣且合於禮法之事，但比較起王維亡妻後即終身不娶，或其至友白居易一生未曾納妾等例，元稹對情愛之堅持總嫌略遜一籌。而其與韋叢成親之前，縱無與鶯鶯相戀之事，但先是迷戀雙文繼而又棄雙文另娶高門韋氏之事，早為陳寅恪抉其微。〔註82〕陳先生更進一步批評元稹投機取巧、見利忘義式之婚姻觀道：

> 微之因當時社會一部份尚沿襲北朝以來重門第婚姻之舊風，故亦利用之，而樂於去舊就新，名實兼得。然則微之乘此社會不同之道德標準及習俗並存雜用之時，自私自利。綜其一生行踪，巧宦固不待言，而巧婚尤為可惡也。豈其多情哉？實多詐而已矣！〔註83〕

由此可見，如其真曾與薛濤過從甚密，後又因迷戀劉採春，而將薛濤棄如敝屣，大概也並非全無可能。如果陳寅恪所論鶯鶯實一當時名妓之事可信，則元稹與女妓間之關係自當與李益同列為先愛後離型的士妓關係之代表人物，其與薛濤之事雖頗多虛無，然亦世人根據其生前對諸女子薄情行徑而衍生之戲謔，雖與史實有若干誤差，想必亦非全為無根之談也。

## 三、情義兼俱型

士人狎妓，抱持玩世心態乃人之常情，而能在逸樂之餘，對女妓持真心關懷者，實為少數士人方有之胸襟。相對地，多數妓女對狎客的要求，主要

---

〔註80〕參《雲溪友議》卷下〈艷陽詞〉條。
〔註81〕據《韓昌黎全集》卷二十四〈監察御史元君妻京兆韋氏夫人墓誌銘〉云，韋叢乃卒於元和四年七月九日（頁337），而據《元稹集》卷五十八〈祭安氏誌〉，云其娶安氏為妾乃在辛卯年（頁614），查董作賓《增訂二十史朔閏表》知為元和六年，則其距韋叢之逝，殆不過二年光景。
〔註82〕參《元白詩箋證稿》第四章〈艷詩及悼亡詩〉。
〔註83〕參同上註。

也是金錢利益，一旦狎客囊中金盡，女妓通常也就與之了斷、琵琶別抱。不過也有部份妓女會被狎客的真情感動，而願意為其付出一切，此種情義兼俱型的士妓關係，可謂是基本型的向上提升，其交往來去之間瀟灑自如，不對彼此造成傷害，可謂是唐式風流的最佳典範，堪稱作是士妓關係的「昇華型」。

此型的具體寫照，當首推有唐一代士人中與女妓過從最密、唱酬最繁的中唐名詩人白居易。一般而言，唐人對於自家蓄養的家妓，通常只將其以家中動產視之，拿家妓當禮物互贈或以之交換名駒之事時有所聞。〔註84〕但有一次晉公裴度想用好馬來換白居易的家妓，卻遭其婉拒道：

安石風流無奈何，欲將赤驥換青娥，不辭便送東山去，臨老何人與唱歌？〔註85〕

白居易在此詩詩題下自注云：「裴詩云『君若有心求逸足，我還留意在名姝』，蓋引妾換馬戲，意亦有所屬也。」裴度乃中唐中興名臣，權勢、地位均非白氏所能及，但白居易基於尊重與愛護家妓的原則，即使是裴度好意以馬換妓，仍舊不肯輕易答應。若是一般無行士人，可能趕忙將家妓親自送往裴府去巴結奉承都唯恐不及，哪能像白居易這樣瀟灑地予以拒絕？白氏對自身家妓情深義重，於此可見其端倪。而在白氏的諸多家妓中，最為其所寵愛，也帶給他生活最大快樂者，當屬樊、蠻二妓，據孟棨《本事詩‧事感第一》言：

白尚書姬人樊素，善歌，妓人小蠻，善舞，嘗為詩曰：「櫻桃樊素口，楊柳小蠻腰」，年既高邁，而小蠻方豐豔，因為楊柳之詞以託意，曰：「一樹春風萬萬枝，嫩於金色軟於絲，永豐坊裏東南角，盡日無人屬阿誰。」及宣宗朝，國樂唱是詞，上問：「誰詞？永豐在何處？」左右俱以對之，遂因東使，命取永豐柳兩枝，植於禁中，白感上知其名且好尚風雅，又為詩一章，其末句云「定知此後天文裏，柳宿光中添兩枝」。〔註86〕

---

〔註84〕 其中頗著稱者，乃是袁郊《甘澤謠‧韋鮑生妓》條，鮑生以家妓交換韋氏駿馬之事，「妾換馬」之戲本是六朝文士所為，而在唐代士人之間，也頗流行以妓妾換馬之非人道交易，見於詩作者，如盧殷有〈妾換馬〉詩（《全唐詩》卷四七〇頁5341）、張祜有〈愛妾換馬二首〉（《全唐詩》卷五一一頁5826）等。

〔註85〕 見〈酬裴令公贈馬相戲〉，《全唐詩》卷四五七，頁5185。

〔註86〕 「楊柳之詞」在《白居易集》卷三十七頁849中，題為〈楊柳枝詞〉，原詩與此處所引略異，「萬萬枝」作「千萬枝」，「永豐坊裏東南角」作「永豐西角荒園裏」，又所謂「又為詩一章」，其詩題為〈詔取永豐柳植禁苑感賦〉，原詩如下：「一樹衰殘委泥土，雙枝榮耀植天庭，定知玄象今春後，柳宿光中添兩星。」（出處同

永豐坊乃是洛陽長夏門東第一街自南第三坊，據盧貞〈和白尚書賦永豐柳〉詩序言：「永豐坊西南角有垂柳一株，柔條極茂，白尚書曾賦詩，傳入樂府，遍流京都，近有詔旨取兩株植於禁苑，乃知一顧增十倍之價，非虛言也。」〔註87〕這兩名白氏家妓的聲名，也就隨其歌舞才藝及白居易的生花妙筆而聲動洛下，尤其是善歌楊柳枝詞的樊素，更因唐代文士好爲楊柳枝詞而廣受喜愛，劉禹錫有〈贈小樊〉詩云：

> 花面丫頭十三四，春來綽約向人時，終須買取名春草，處處將行步
> 步隨。〔註88〕

除了稱讚樊素年輕貌美、風姿綽約之外，看見樊素寸步不離地隨侍白居易身旁，劉禹錫也不禁起了欣羨之意，直想買個家妓來陪伴自己。有時白居易還

〈楊柳枝詞〉），然孟棨此處所言頗有謬誤，因白居易卒於唐武宗會昌六年八月，根本不及宣宗之世，何以能見宣宗詔令植柳於禁苑又感而成賦？據陳振孫〈白文公年譜〉繫此事於會昌五年，且云會昌四年盧貞爲河南尹，好風雅，頗慕樂天，孟棨或是取正文中所引盧貞和白居易詩之序文爲本事，又因宣宗皇帝雅好樂天詩，相互穿鑿，遂成此誤。另外，白居易的兩名家妓，其中歌妓樊素者較無爭議，然而是否另有一名爲小蠻之舞妓，卻是眾說紛紜之歷史懸案。據《舊唐書》卷一六六白居易本傳云：「家妓樊素、蠻子者，能歌善舞，……（樂天）得風病，伏枕者累月，乃放諸妓女樊、蠻等。」（頁4354～4355）是以爲白居易確有樊、蠻二妓，可能也是承孟棨之說，而清代蔡立甫《紅蕉詩話》中，對此則有不同意見：「按《本事詩》云，白尚書姬人樊素善歌，小蠻善舞，嘗爲詩云『櫻桃樊素口，楊柳小蠻腰』，《香山詩集》並無此二句。〈小庭亦有月〉云：『菱角執笙簧，谷兒抹琵琶，紅綃信手舞，紫綃隨意歌。』〈對酒開懷寄十九郎〉云：『往年江外拋桃葉（自注：結之也），去歲樓中別柳枝（自注：樊素也）』〈不能忘情云・序〉云：『妓有樊素者，年二十餘，綽綽有歌舞態，善唱楊枝，人多以曲名之。』，詩云：『蠻駱馬兮放楊柳枝』，知楊枝即柳枝，樊蠻即樊素也，『十年貧健是樊蠻』、『春隨樊子一時歸』、『猶有樊家舊典型』，不見有小蠻名也，東坡曰：『我甚似樂天，但無素與蠻』，沿《本事詩》之誤也。」是從考察白居易的詩作中無小蠻之名，來判斷其實無家妓名小蠻者，雖似言之確鑿，卻也不無問題，因蔡氏所引「十年貧健是樊蠻」一句，實出自〈天寒晚起飲酌詠懷寄許州王尚書汝州李常侍〉詩（《全唐詩》卷四五七頁5194），原詩之對句爲「四海故交唯許汝，十年貧健是樊蠻」，以「許汝」對「樊蠻」，前者所指自是詩題中的兩位友人，後者所指自極可能是身邊的兩名家妓，再如〈別柳枝〉詩中云：「兩枝楊柳小樓中，嫋娜多年伴醉翁，明日放歸歸去後，世間應不要春風。」（《全唐詩》卷四五八頁5199）既言「兩枝楊柳」，所指當非一人，而在〈對酒有懷寄李十九郎中〉詩云「去歲樓中別柳枝」，句下自注曰：「樊蠻也」，樊素之外，蠻者當另有其人也。

〔註87〕見《全唐詩》卷四六三，頁5270。
〔註88〕見《全唐詩》卷三六五，頁4122。

會替家妓們向文士攀緣人際關係，這一方面除有獨樂樂不如眾樂樂之意外，
也是白居易意識到，萬一自己過世或無力扶養這些家妓時，會因相識相熟而
有其他士人願意收養她們，不致淪落江湖。如其〈九日代羅樊二妓招舒著作〉
詩，〔註89〕即以羅敷、樊素二妓的名義邀請舒元輿作重九之會，共聚飲酒賞
菊。又有一次因舒元輿往遊香山寺數日不歸，還來信向白居易誇稱香山寺之
勝，希望白居易同去遊賞，但當時白居易正「坐衙慮囚」無暇分身，為不拂
老友好意，於是特地派遣英、蓨二家妓前往伴遊。〔註90〕表面上似乎是為舒
元輿設想週到，其實白居易是不希望這些家妓在他逝後，像楊師皋死後家中
琵琶妓不知流落何方所做的預防措施。〔註91〕

　　正因為對自家家妓是如此真心關懷，因此當白居易老年中風，無力再蓄
養家妓時，想要將當時還在身邊的樊素外放，另一匹駱馬則要售與他人，樊
素非但未因能獲自由身而有喜色，反而猶如那匹戀主的駱馬般，對離開白氏
依依難捨，聲淚俱下地對白居易泣道：

> 主乘此駱五年，凡千有八百日，銜橛之下，不驚不逸，素事主十年，
> 凡三千有六百日，巾櫛之間，無違無失，今素貌雖陋，未至衰摧，
> 駱力猶壯，又無虺隤，即駱之力，尚可以代主一步，素之歌，亦可
> 以送主一杯，一旦雙去，有去無迴，故素將去，其辭也苦，駱將去，
> 其鳴也哀，此人之情也，馬之情也，豈主君獨無情哉？〔註92〕

這位善唱楊柳枝詞的樊素，推算當時年齡也不過二十四、五，以其才藝出外
謀生或再任他人家妓並非難事。但她卻願意像那匹臨行旋戀「反顧一鳴」的
駱馬般，繼續留下來侍俸已年近七十、又老又病的白居易。若非白氏平日對
其情義兼備，又如何能讓樊素對一垂死老主猶不能忘情至此？顯然白居易對
家妓並不純粹抱持玩樂心態，而是把她們當成自己的紅粉知己，飽含熱情地
欣賞並讚美其歌聲舞藝，又能適時傾聽其內心的聲音，滿懷同情地共體其悲

---

〔註89〕見《全唐詩》卷四四四，頁4980。

〔註90〕見〈舒員外遊香山寺數日不歸兼辱尺書大誇勝事時正值坐衙慮囚之際走筆題
　　　　長句以贈之〉詩，（《全唐詩》卷四四五頁4998）。此詩很可看以看出白居易悲
　　　　天憫人胸懷之一般，不只是對自己的家妓，即使是對待非親非故的囚犯，其
　　　　態度也是同樣嚴謹，足證其對女妓的情義乃出自真心，而非蓄意矯作。

〔註91〕參白居易〈哭師皋〉詩：「何日重開掃市歌，誰家收得琵琶伎？」其下自注曰：
　　　　「師皋醉後善歌掃市詞，又有小妓工琵琶，不知今落何處？」，《全唐詩》卷
　　　　四五三，頁5130。

〔註92〕見《不能忘情吟·序》，《全唐詩》卷四六一，頁5250。

歡欣戚，因此才能贏得家妓的衷心尊重與信賴。誠如宋人洪邁所言「陳鴻〈長恨歌傳・序〉云：『樂天深於詩、多於情者也』，故所遇必寄之吟詠，非有意於漁色也。」〔註93〕

　　白居易一生，幾乎自年少迄老，均與女妓聲色形影相伴，而且白氏也較不避諱地將其與女妓之間交往情事，表現於詩句中，稱其為有唐一代「風流教主」當不為過。隨著他遊宦生涯的轉移，在各地均不乏與妓相狎的紀錄。在長安，早年及第登科之時與阿軟、秋娘、態奴、得憐等妓女過從甚密，已如前言，被貶放江南為郡守後，更因地方事務清閒而得以縱情妓遊，如〈霓裳羽衣歌〉中即言及多名女妓：

　　　　玲瓏箜篌謝好箏，陳寵觱篥沈平笙，清弦脆管纖纖手，教得霓裳一
　　　　曲成（原注：自玲瓏以下，皆杭之名妓），妍媸優劣寧相遠，大都只
　　　　在人抬舉，李娟張態君莫嫌，亦擬隨宜且教取。〔註94〕

這些江南女妓的聲名隨著他與他士人的「抬舉」而名譟一時，而他所作的詩，也隨著妓女的歌舞才藝而名播四海，兩者可謂相得益彰。在自江南返回長安及晚年居洛陽時，他不僅自蓄家妓，也不時與人挾妓出遊，如在文宗開成二年與劉禹錫等名士攜妓舟遊洛水，即極其有名的一次（詳參本書第二章第二節）。他對一般女妓亦如對愛妓樊素般，充滿真情的關懷，且看他兩首寫給女妓的詩：

　　（1）〈代賣薪女贈諸妓〉：亂蓬為鬢布為巾，曉蹋寒出自負薪，一種
　　　　錢唐江畔女，著騎紅馬是何人？〔註95〕
　　（2）〈諭妓〉：獨淚葉黏桃葉袖，酒痕春污石榴裙，莫辭辛苦供歡宴，
　　　　老後思量悔煞君。〔註96〕

在第一首詩中，白居易代表一個貧苦的賣薪女，在心中自問為何自己要蓬頭垢面地挑柴沿街販賣，而錢塘江畔的妓館娼妓們卻可以打扮入時地騎馬閒遊？對登山負薪的貧女所寄與的深切同情，頗有〈秦中吟・買花〉詩的精神。但這並不代表身為妓女就真勝過貧苦的賣薪女，所以他在第二首詩中，就殷切勸誡妓女們，縱使今日在酒宴上，不辭辛苦賣力地同人狎歡作樂，但也只

<hr>

〔註93〕參《容齋三筆》卷六〈白公夜聞歌者〉條，頁390，此語乃王質夫對白居易所言。
〔註94〕見《全唐詩》卷四四四，頁4970。
〔註95〕見《全唐詩》卷四四三，頁4962。
〔註96〕見《全唐詩》卷四五一，頁5104。

能是年輕貌美時爲之，要早爲自己的將來作好打算，以免日後年老色衰時後悔莫及，所謂「以色事人者，能得幾時好」。〔註97〕白居易的勸告，正可以顯示出他內心對女妓們的深層關懷。

因白居易一生風流豔事頗多，其中自亦不免有渲染附會之記載，如宋代計有功《唐詩紀事》卷七十八〈張建封妓〉條云：

> 樂天有〈和燕子樓詩〉，其序云：「徐州故張尚書有愛妓盼盼，善歌舞，雅多風態，予爲校書郎時，游淮泗間，張尚書宴予，酒酣，出盼盼佐歡，予因贈詩，……一歡而去，爾後絕不復知，茲一紀矣。昨日，司勳員外郎張仲素繪之訪余，因吟新詩，有〈燕子樓詩〉三首，辭甚婉麗，詰其由，乃盼盼所作也。繪之從事武寧軍累年，頗知盼盼始末，云張尚書既沒，歸葬東洛，而彭城有張氏舊第，中有小樓名『燕子』，盼盼戀舊愛而不嫁，居是樓十餘年，于今尚在，盼盼詩云……余嘗愛其新作，乃和之曰……又贈之絕句：『黃金不惜買蛾眉，揀得如花四五枝，歌舞教成心力盡，一朝身去不相隨。』後仲素以余詩示盼盼，乃反覆讀之，泣曰：『自公薨背，妾非不能死，恐百載之後，人以我公重色，有從死之妾，是玷我公清範也，所以偷生爾。』乃和白公詩云：『自守空樓斂恨眉，形同春後牡丹枝，舍人不會人深意，訝道泉臺不去隨。』盼盼得詩後，旬日不食而卒，但吟詩云：『兒童不識沖天物，謾把青泥污雪毫！』」（原注：出《長慶集》。）

計有功這段記事，很明顯地指出關盼盼的死，主要是由於白居易以詩諷其未隨主人偕逝所致，且盼盼臨死前，猶以白居易不解其爲主人忍辱守節的眞情爲恨。宋代以後的詩人墨客，大多附和此說，紛紛以關盼盼爲張建封之妓，而其死乃因傷於白居易所和之詩。〔註98〕甚至連清代御編的《全唐詩》，在卷八〇二〈關盼盼〉條小傳中亦云「關盼盼，徐州妓也，張建封納之，張歿，獨居彭城故燕子樓，歷十餘年，白居易贈詩諷其死。」（頁 9023），似乎關盼盼之死全因白居易對其之誤解所致。

其實，計有功所記並非完全正確，其中許多謬誤早經朱金城、邱爕友諸前

---

〔註97〕 見李白〈妾薄命〉詩，《全唐詩》卷一六三，頁 1697。
〔註98〕 例如宋代張君房《麗情集・燕子樓集》條云：「盼盼，徐之名倡，張建封納之於燕子樓，張辛，盼盼思之，間者輒答以詩，僅三百篇，名《燕子樓集》。」

輩所揭。〔註99〕然至今學界猶有部份人士不明就裏地沿襲舊說，將盼盼之死歸罪於樂天，因此事大大關係著白居易與妓女交往之心態與形象，若其為真，則白氏實亦忍情之輩，不足以稱是情義兼俱型士妓關係之代表，而本章前述論點亦須全盤翻修。若其為偽，則非僅為補強本章論據，治史本應糾除謬誤以還史實原貌，更不使白居易蒙受不白之冤。總之，此樁風流公案不可不辯也。

　　首先，計有功自稱引自《白氏長慶集》的序文，其中不乏誤讀與穿鑿之處，為探其真，茲錄白居易原詩序於下以對照之：

> 徐州故張尚書有愛妓曰盼盼（即盼盼），善歌舞，雅多風態，予為校書郎時，游徐泗間，……（以下同《唐詩紀事》）昨日，司勳員外郎張仲素繪之（即繪之）訪余，因吟新詩，有〈燕子樓〉三首，詞甚婉麗，詰其由，為盼盼作也……予愛繪之新詠，感彭城舊遊，因同其趣，作三絕句……。

相對照之下，發現計有功在解讀白居易這段自序時，犯了幾個致命的錯誤。首先，關於〈燕子樓〉詩的作者，白居易原序中明言其乃張仲素「為盼盼作也」，作者當是張仲素，但計有功卻將其解讀為「乃盼盼作也」，誤其作者為關盼盼。因此白居易的和詩是和張仲素之作，與關盼盼實無關連。其次，白居易原序僅止於所和三絕句，《唐詩紀事》中自「又贈之絕句」後之文字全非白氏原序中所有。若非計有功自行添入，當即後世好事者所加，非出自白氏原文，此應有所區隔。

　　有關盼盼究係何人之妓，歷來頗有爭議，《全唐詩・關盼盼小傳》（卷八○二，頁 9023）中言其為張建封之妓，其實並不正確，此事早在宋代陳振孫所編〈白文公年譜・貞元二十年甲申〉條中即已提及：

> 燕子樓事，世傳為張建封，按建封死在貞元十六年，且其官為司空，非尚書也，尚書乃其子愔，《麗情集》誤以為建封爾。此事雖細，亦可以正千載傳聞之謬。

可惜後世好事文人多棄陳說於不顧，甚至連一向考訂精詳的《資治通鑑》，也不能免俗地犯下同樣錯誤。〔註100〕以致燕子樓之事愈演愈奇，最後竟被元人

---

〔註99〕詳參朱著《白居易年譜・貞元二十年》條之箋證，頁 28～32，及邱燮友〈白居易燕子樓詩〉，收於《第一屆國際唐代學術會議論文集》頁 77～86。

〔註100〕參《資治通鑑》卷二五九〈昭宗景福二年四月乙亥〉條，頁 8442 胡三省注文：「張建封之鎮徐也，有愛妓盼盼，建封既沒，張氏舊第有小樓，名燕子，盼盼念舊愛而不嫁，居是樓十餘年，幽獨悵然，出《白樂天集》。」

編成〈關盼盼春風燕子樓〉雜劇來演出。〔註101〕直到清代汪立名重編《白香山年譜》時，始將陳振孫之說納於其中，並略有考證，張尚書究係誰指問題方見明朗。然據正史張建封本傳所言，陳振孫所述似亦不免微誤。一則張建封死後乃贈司徒非司空，二則張建封在貞元七年（西元 791 年）曾進位檢校禮部尚書，而於貞元十二年（西元 796 年）再加檢校右僕射，〔註102〕稱其張尚書實亦不誤。誤傳盼盼乃建封妓之最大荒謬處在於，張建封逝於貞元十六年（西元 800 年），而白居易於貞元十九年（西元 803 年）應吏部試中拔粹甲科，與元稹同授校書郎，次年（西元 804 年）南遊徐泗，當時張建封已過世四年之久，何能受其妓宴招待？說關盼盼爲張建封妓顯然矛盾。張愔在貞元十九年（西元 803 年）時，正授武寧軍節度使兼檢校工部尚書，元和元年（西元 806 年）被疾後又受詔爲兵部尚書，不旋踵即逝於赴京途中，死後詔贈右僕射，故白居易稱其爲故張尚書或故張僕射均屬合理，豈可因其官稱與張建封相同而張冠李戴？關盼盼究爲何人之妓至此應有定論。清代考據名家何其多，然編《全唐詩》時未曾措意於此細微處，誤植張愔爲張建封，而《全唐詩》又流傳其廣，致以訛傳訛之說至今不息，實令人深以爲憾也。

另外，《唐詩紀實》所記「黃金不惜買蛾眉」一詩，在今本《白居易集》卷十三中題爲〈感故張僕射諸妓〉（按：四五枝作三四枝）。既名爲感諸妓之作當非獨贈關盼盼一人，且詩中言「歌舞教成心力盡，一朝身去不相隨」，事實上也不見責備之意，只不過是爲張愔的死後孤寂略有感歎而已。觀之前言白居易對家妓樊素不能忘情的態度，他當然不致於會苛責張愔的家妓未能隨其偕逝，此等極端不人道的想法，只可能是好事者用以誣衊白居易的子虛烏有之辭，此事前人早有申辯，不煩在此續贅。〔註103〕再看由此延伸而來的所謂關盼盼〈和白公詩〉及〈句〉，也莫不疑雲重重。白居易眞除中書舍人是在穆宗長慶元年（西元 821 年），而作燕子樓詩約在元和十至十一年（西

〔註101〕參南宮搏《燕子樓人事考述》文。
〔註102〕參《舊唐書》卷一四○頁 3828～3832 及《新唐書》卷一五八頁 4939～4941 之張建封本傳。
〔註103〕參朱金城《白居易研究》頁 328，引清代張宗泰《質疑刪存》云：「樂天所贈之詩，即『黃金不惜買蛾眉，揀得如花三四枝，歌舞教成心力盡，一朝身去不相隨。』一絕，而此詩在《長慶集》中次〈燕子樓〉詩後，其題云〈感故張僕射諸妓〉，或樂天和〈燕子樓〉詩時，僕射諸妓有不得其所者，並感而賦之，故有名花三四之句。味其語意，乃是惜張公不於心力未盡時早爲遣散之，而致身後不能相隨，只爲蓄妓者感慨，非以責諸妓也。」

元 815 年～816 年）之間。〔註104〕據《唐詩紀事》言，張仲素返回徐州後將白詩示盼盼，其時間亦應在元和十一年前後，此時距白居易出任中書舍人至少還有五、六年，若盼盼果眞閱白詩後不旬日而死，試問其何以能在死前預知身後之事，而直稱「舍人不會人深意」？故此詩必乃後世好事者僞作而非關盼盼詩可知。又白居易遊徐泗時年約三十三歲，當時盼盼正以舞妓佐歡，依一般狀況，年紀應該不過十六、七，甚至更小，當然不太可能年長於白居易，但她最後臨死前，竟會對白居易發出「兒童不識沖天物」之怨句，委實令人費解。若非別有所指，則稱呼較其年長近二十歲的白居易爲兒童，實在太不合情理，可以見出所謂盼盼怨白居易之詩句，恐怕也是後人僞託，而非盼盼之作！

由此觀之，此段白居易與女妓關盼盼間的風流公案，案情可說完全明朗，白居易與關盼盼確是舊識，只因和張仲素的〈燕子樓詩〉，和詩後不久恰巧關盼盼過世，好事者便將這兩件原無直接關連的事，串聯成哀怨動人的故事。說是白居易的誤解導致盼盼冤死，並爲盼盼捏造出一些埋怨白居易的詩句，以使故事結局更加悽涼感人。然而經與史實一一對照考證之結果，發現全屬無風起浪之詞，自宋至清，歷代文人沿誤成訛，遂使關盼盼由一無名小妓躍升爲傳奇主角，而白居易卻千餘年來蒙受不白之冤，其謬亦可謂鉅矣！

人心雖難測，然以至誠待人者，他人自當回報以至誠。即使是像士人與妓女這兩等尊卑截然的人際關係亦不例外，白居易眞情對待女妓而能盡得冶遊之樂又深爲女妓感懷，其弟白行簡所撰〈李娃傳〉中的滎陽鄭生與女妓李娃間的情愛傳奇，亦可作如是觀。

該文中的男主角鄭生，一出場就肩負著「吾家千里駒」的重任，爲其已屆衰微的家族赴京趕考，期能「一戰而霸」重振家聲。豈知造化弄人，在等待應考期間，鄭生卻因一次出遊偶遇李娃而觸動愛意，墜入情網之餘，也連帶掉入鴇母與娃所設圈套中。較之於小玉對李益自始即「不邀財貨，但慕風流」，李娃顯然比較媚俗，「與通之者多貴戚豪族，所得甚廣，非累百萬，不

---

〔註104〕因白居易於德宗貞元十九年（西元 803 年）應吏部試中拔粹甲科，次年（西元 804 年）往遊徐泗，受張愔的妓筵招待，其〈燕子樓詩・序〉云「茲今僅一紀」，以一紀十二年計，則其詩當作在憲宗元和十年（西元 815 年）或十一年左右。

能動其志」。就因爲媚俗，所以才會參與鴇母坑害鄭生的詭謀，雖然後來對鄭生之情由虛轉眞，但總是不如小玉始終如一來得感人。不過鄭生對李娃的痴情倒是令人動容，先是以「雖百萬何惜」的豪語，來表明自意在李娃的決心，在一夜風流之後，更「盡徙其囊橐，因家於李之第」。鄭生也自知如此放蕩行徑，必難爲親友所接受，於是更進一步「屛跡戢身，不復與親知相聞」，甚至連應科考之事也完全抛諸腦後。如此徹底的眞情付出，雖然最後弄得自己一貧如洗、「資財僕馬蕩然」，在被鴇母與李娃共同設局詐騙後，更是一無所有，落得必須在凶肆中爲人唱曲維生。他雖曾「怨懑，絶食三日」，卻依舊不相信李娃會絲毫不爲自己的眞情所動，對李娃始終未曾懷恨或思伺機報復。即使在被家僕認出自凶肆帶回，又遭父親以其污辱家門而「以馬鞭鞭之數百」，幾乎一命嗚呼哀哉時，他對與李娃間的一段情，也依舊是無怨無悔。這般深情，終於使李娃再次與他相逢時，爲之心軟動情，在一次大風雪中見鄭生登門乞討，「口不能言」，只能點頭示意，連忙抱住鄭生「失聲長慟道：『令子一朝及此，我之罪也！』」話語之中，充滿悔恨與良心覺醒後的自責，顯見其對鄭生其實並非無情。可能是迫於受鴇母控制的無奈，或可能是自知「良賤非匹」，明白不太可能與鄭生善終，不如早作了斷，並非她自始即有意爲此。總之如今她見到鄭生因她而變得「枯瘠疥癘，殆非人狀」，再也不忍心棄他而去，一種融合著贖罪心情的愛意油然而生，由她與鴇母間有關是否要留下鄭生的一段對話，可以見出她對鄭生是有相當情義的：

> 姥遽曰：「當逐之，奈何令至此？」娃斂容卻睇曰：「不然！此良家子也，當昔驅高車，持金裝，至某之室，不踰期而蕩盡。且互設詭計，捨而逐之，殆非人。令其失志，不得齒於人倫，父子之道，天性也，使其情絶，殺而棄之，又困躓若此，天下之人盡知爲某也，生親戚滿朝，一旦當權者熟查其本末，禍將及矣！況欺天負人，鬼神不祐，無自貽其殃也。某爲姥子，殆今有二十歲矣，計其資，不啻值千金，今姥年六十餘，願計二十年衣食之用以贖身，當與此子別卜所詣……」姥度其志不可奪，因許之。

雖然一開始李娃對鄭生稍有虧欠，但觀其所言，顯見在分手這段時日中，其內心每思及自己所爲的「非人」之過，總感到極度不安。所謂「禍將及矣」之說，只是用來提醒鴇母，若不收容鄭生可能導致禍害，應非李娃之所以接納鄭生的本意。事實上，在面對落魄已極的鄭生，李娃已經無法再掩飾隱藏

在她心靈深處的眞情眞義，因此才會作出令人幾乎難以置信的決定，不僅用畢生積蓄爲自己贖身，更要伴鄭生重新站起！

　　此後李娃對鄭生即溫柔體貼、無微不至地加以服侍，待其身心康復，又替他出資購書，鼓舞他再向科考進發。此處吾人當注意者爲，鄭生對李娃之情意始終未變，是李娃能幫他而他能再重新出發的重要關鍵。如果他對李娃心懷恨意，自不可能再相信或接受李娃的好意，足見其愛李娃之眞切，確非出於一時之歡愛。鄭生果眞不負眾望，連中進士甲科與制舉直言極諫科，終得授成都府參軍，其幕後功臣自非李娃莫屬。她眞正是以一娼妓之身，做到了名門世族所殷殷企盼卻又無能爲力的大事。於此，她對鄭家可謂有恩，而她也深知助鄭生成功後，自己先前所擔心的「良賤非匹」的問題，勢將隨之而來，贖完罪後自該功成身退，因此她連小玉那種在李益三十歲之前再有八年恩愛的懇求都不敢提出。且看她與鄭生臨行前的話別：

> 娃謂生曰：「今之復子之軀，某不相負也。……君當結媛鼎族，以奉蒸嘗，中外婚媾，無自瀆也，勉思自愛，某從此去矣！」生泣曰：「子若棄我，當自刎以就死。」娃固辭不從，生勤請彌懇。

可見先前李娃之所以忍情欺鄭生而去，當有其囿於現實不得已之苦衷，如今鄭生即將鴻圖大展，她卻主動求去，也足證她對鄭生的幫助乃出於眞心，絕非有意利用鄭生以爲自身圖謀利益。更令人敬佩的是鄭生，即使已不再需要李娃扶持，他對李娃的眞情卻仍一如往昔，還央求李娃切莫離他而去，否則將相殉以報之。士子對妓用情至此，誠可謂情義至極，較之李益之無情，不啻有天壤之別乎？

　　原本士妓之戀，其結局往往很難圓滿，此乃唐代社會環境下極其自然之事。〈霍小玉傳〉的悲劇收場，雖嫌悽涼卻頗符合世情，〈李娃傳〉若至鄭生與李娃無言分手以告終，亦堪稱寫實佳作。可惜白行簡卻唯恐爲德不卒，便要給故事添一個大團圓式的結局，反而予人不符實際的虛僞感：

> 月餘，（生）到劍門，未及發而除書至，生父由常州詔入，拜成都尹兼劍南節度使，浹辰，父到，生因投刺，謁於郵亭，父不敢認，見其祖、父官諱，方大驚，命登階，撫背痛哭移時，曰：「吾與爾父子如初。」因詰其由，具陳其本末，大奇之，詰娃安在，曰：「送某至此，當令復還。」父曰：「不可！」翌日，命駕與生先至成都，留娃於劍門，築別館以處之。明日，命媒氏通二姓之好，備六禮以迎之，

遂如秦晉之偶。

寫滎陽公先是把那個因狎妓荒蕩而淪落凶肆唱哀歌的兒子鞭打幾死、繼而見兒子及第登科就又與其父子如初的士族現實嘴臉，可說相當貼切動人。惟令人不解者為，當鄭生主動要將李娃送回時，滎陽公卻斷然道出「不可」二字，第二天還立即央人作媒迎娶李娃進門。像滎陽公這樣一個把門第族望、士子前途看得比兒子性命還重要的老頑固，如何會突然因鄭生陳述李娃相救之始末後就觀念大變，竟要兒子娶一名妓女為妻？實不合情理之至。更何況鄭生與李娃之事，早已傳遍京城士林及其家族成員之間，兩人一旦結婚，對仕途剛起步的鄭生，難道不會造成不良影響？又如何能對寄望鄭生重振門風的鄭氏宗族交待？年輕的鄭生或許感於李娃之恩及對李娃一往情深，未及顧慮到這些問題，但老於世故的滎陽公，怎麼可能不知此個中利害，竟應允鄭生將李娃明媒正娶入門？

白行簡本人大概也意識到如此結局甚難為世人接受，因此緊接在李娃與鄭生成親之後，就又編出一堆頌揚李娃如何持謹治家、克盡孝道而致祥瑞屢現甚至皇帝寵錫的話，以強強化結局的合理性，藉以淡化李娃曾是長安娼妓的卑賤形象。〔註105〕但無論如何，總是很難令人信服這樣的婚姻會在當時社會中安然存在，若此，則前言李紳判吳湘娶民女當死一事豈不公然殺人？士賤不得為婚，本法有明文禁文，而白行簡昧於現實，故意捏造這麼一個不合情理的結局，企圖給世人一點溫暖和安慰，其實是無此必要的。倒是他最後對鄭生與李娃之事的感歎，頗能點出這段士妓戀情的要義所在：

嗟乎！倡蕩之姬，節行如是，雖古先烈女，不能踰也，焉得不為之歎息哉？

綜觀白氏此傳，旨在褒美李娃節行，娃始棄終留，督勵鄭生苦學有成，而自己卻不敢居功，想就此功成身退以免妨其仕途發展，此所謂節行也。而鄭生甘冒違父母命、反社會情之大不韙，始終不渝地鍾情於李娃，其情意較之一般純求色慾滿足之登徒子，自屬難能可貴。至於李娃對鄭生先前之誆欺，有人或以此非之，認為其對鄭生情義不夠真切。然筆者以為，好財輕義本娼妓

---

〔註105〕唐代筆記小說中，若述及士妓戀情最後終得善果者，似乎都免不了要為嫁為士人妻妾的女妓嘉言美化一番，除白行簡美化李娃外，另如趙璘《因話錄》卷一〈宮部〉條中，述及玄宗朝時睦州刺史柳齊物，以「錦帳三十重」之高昂代價娶入長安名倡嬌陳後，也說其「入柳氏之家，執僕媵之禮，為中表所推。」

常習，李娃為求保護自身，欺騙自屬難免，但這並非其純真個性所允。因此後來在鄭生困躓垂死之際，才會慨然伸出援手，不顧鴇母反對，毅然加以收留。足見其善良本性未變，先前行徑或因一時之蔽，實非可苛責者。人性本非十全十美，其複雜多變往往人類自己都難以捉摸，若以此責娃，則豈非要求一名娼妓而人品道德盡完美乎？雖然故事結局說教意味略嫌濃厚，然就整體表現而言，無論是鄭生對李娃或李娃對鄭生，都足堪稱是唐代情義兼俱型士妓關係的又一代表。

## 四、死生相許型

　　愛情是人世間極奇妙的產物，始初萌芽常在偶然之間，一旦長成則一切世俗的成見陋習，均可能為其所衝破，甚至性命相與亦在所不惜。有謂「情不知所起，一往而深，生者可以死，死可以生，生而不可與死，死而不可復生者，皆非情之至也。」又說「問世間，情為何物？直教死生相許。」〔註106〕愛情常是社會僵化規範最巨大的破壞力量，卻也是人類精神最大的穩定力量，正因其具有如此妙不可言的複雜性格，當愛情發生在一個階級森嚴的社會結構中的兩種卑賤不同等級的人身上時，若是當事者堅持相愛到底，便常會留下一些不同於凡俗情愛的感人事蹟。唐代士人與妓女，通常因才色的互相慕悅而產生感情的投契，其投契程度也有深淺之分。淺的可能只是像孫棨對王福娘那般，風流一番卻絕無與妓女長相廝守之意。至於投入深的，則可能完全不顧現實的拘囿，執意相愛至死方休，士妓關係昇華至此，實已達人類真情真義的最高點。此種不惜以死生相許的士妓關係，可謂是唐代士妓關係的「終極型」。

　　唐代士人與妓女死生相許的最動人典型，大概莫過於歐陽詹與太原妓的交往。據《太平廣記》卷二七四〈歐陽詹〉條引唐人黃璞《閩川名士傳》述其事云：

> 歐陽詹字行周，泉州晉江人，弱冠能屬文，天縱浩汗，貞元年，登進士第，畢關試，薄遊太原，於樂籍中，因有所悅，情甚相得，及歸，乃與之盟曰：「至都，當相迎耳。」即灑泣而別，仍贈之詩曰：「驅馬漸覺遠，迴頭長路塵，高城已不見，況復城中人，去意既未

甘，居情諒多辛，五原東北晉，千里西南秦，一屨不出門，一車無停輪，流萍與繫瓠，早晚期相親。」尋除國子四門助教，住京，籍中者思之不已，經年得疾且甚，乃危粧引鬟，刃而匣之，顧謂女弟曰：「吾其死矣，苟歐陽生使至，可以是爲信。」又遺之詩曰：「自從別後減容光，半是思郎半恨郎，欲識舊時雲鬟樣，爲奴開取縷金箱。」絕筆而逝，及詹使至，女弟如言，徑持歸京，具白其事，詹啟函閱之，又見其詩，一慟而卒。

歐陽詹是中唐時閩川海荒之地少見的青年才俊，曾與韓愈、李絳等人同列進士「龍虎榜」，甚爲時人所重。〔註107〕其究竟是否爲閩人進士及第的第一人，還曾引來後世的聚訟紛紜，〔註108〕寫歐陽詹生平較著者，當推其至友韓愈所撰的〈歐陽生哀辭〉，在這篇哀悼文中韓愈稱誦歐陽詹的道德人品曰：

> 詹事父母盡孝道，仁於妻子，於朋友義以誠，氣醇以方，容貌嶷嶷然，其燕私善謔以和，其文章切深喜往復，善自道，讀其書，知其於慈孝最隆也……其名聲流於人人，其德行信於朋友，雖詹與其父母，皆可無憾也。〔註109〕

遺憾的是，韓愈在哀辭中對歐陽詹過世的原因並未著墨，亦無隻字片語提及太原妓之事，而他筆下「事父母盡孝道、仁於妻子」的歐陽詹，似乎也很難令人相信竟會有愛戀女妓並爲之一慟而卒的風流韻事，不禁要懷疑此是否又是一樁好事文人編造的士妓戀情？如宋代陳振孫在《直齋書錄解題》卷十六中即質疑道：

> 詹亦韓愈同年進士，……詹之爲人，有哀辭可信矣！黃璞何人？斯乃有太原函鬟之謗，好事者喜得之，不信愈而信璞，異哉！

陳氏顯係完全相信韓愈的片面之詞，認爲太原妓之事根本就是好事者憑空捏造的傳奇故事。但韓愈爲人撰哀辭墓誌本頗多諛人之詞，爲死者虛頌揚、隱穢蹟者亦所在多是，實未可全信其說。因此也有人認爲太原函鬟之事非謗，而是確有其事，如宋代葛立方在《韻語陽秋》卷十九中言：

---

〔註107〕參《新唐書》卷二○三〈歐陽詹傳〉，頁 5786～5787。

〔註108〕《新唐書》歐陽詹本傳中，據韓愈〈歐陽生哀辭〉稱「閩人第進士自詹始」，而吳曾《能改齋漫錄》卷四〈林藻歐陽詹相繼登第〉條及〈閩人登第不自林藻〉條則又辯稱，閩人第進士當始於薛令之，因其非關本文主旨，故不在此多論，總之，歐陽詹乃是中唐時期的南方精英，當屬不誤。

〔註109〕見《韓昌黎全集》卷二十二，頁 310。

韓退之作〈歐陽生哀辭〉，言其事父母至孝，又曰讀其書知其於慈孝
最濃，又曰詹捨朝夕父母之養而來京師，其心將以有得歸為父母榮
也，及觀《國（按：應為閩）川名士傳》，載詹溺太原之妓，未及迎
歸而有京師之行，既慮期妓病革，將死割髻，付女奴以授詹，詹一見，
大慟，亦卒。集中載〈初發太原寄所思〉詩，所謂「高城已不見，況
復城中人」者，乃其人也！豈退之以同牓之故，而固護其短，飾詞以
解人之疑歟？嗚呼，詹能義何蕃之不從亂，而不能割愛於一婦人，能
薦韓愈之賢而不能以貽親憂為念，殆有所蔽而然也。如〈樂津北樓絕
句〉與〈聞唱涼州〉詩，皆賦情不薄，有以知其享年之不長也。

葛立方的批評，可謂純從傳統道德觀點著眼，雖信有太原妓之事，卻未能深
刻體會其中所蘊含的士妓愛情真諦與唐式風流本質，一味以宋儒道學口氣，
訓斥歐陽詹溺妓之不是，實難令人接受。不過他認為韓愈在撰〈歐陽生哀辭〉
時之所以不提此事，乃基於為賢者諱的動機，應該是可以相信的。因詹與太
原妓的生死戀，的確還有其他史料可資參照，非韓愈一手可以遮天。例如唐
代孟簡就有〈詠歐陽行周事〉長篇敘事詩，〔註110〕其詩前有序，所言與前引
黃璞《閩川名士傳》內容幾無二致，可見其事在當時已有流傳，應非全屬子
虛烏有者。而孟簡為人「性俊拔尚義，早歲交友先歿者，視其孤，每厚於周
卹，議者以為有前輩風」，〔註111〕其生存年代與韓愈、歐陽詹等人同時，彼此
並無重大過節，當時人言當時事可信度較高，按理應不致蓄意編派歐陽詹狎
妓之事。可見此事應確曾發生，只是結局是否真是如此悲涼，則因史文隱晦，
也只能就現知史料姑且信之。不過，孟簡雖是著詩以詠歐陽詹與太原妓之事，
卻仍如葛立方般，未脫其士人的儒教包袱，在序文中歎道「嗚呼！鍾愛於男
女，素期效死，夫亦不蔽也，大凡以斷割，不為麗色所汩，豈若是乎？」愴
歎之中，又充份流露出對歐陽詹為妓女殉情的不以為然，甚至在詩的結尾還
殷殷告誡世人道：

　　丈夫早通脫，巧笑安能干？防身本苦節，一去何由還？後生莫沈迷，
　　沈迷喪其真。

這樣的評語，用來勸人莫沈迷於聲色之娛倒也還算合理，但若據以論歐陽詹
與太原妓死生相許之真性至愛，就未免稍嫌不夠厚道。倒是明代的郎瑛對此

---

〔註110〕見《全唐詩》卷四七三，頁5369～5972。
〔註111〕參《舊唐書》卷一○三〈孟簡傳〉，頁4257～4258。

事有較爲中肯持平的意見：

> 《韻語陽秋》曰……（按：見前引文），斷（詹一見妓髻大慟而死）
> 爲不孝，而《續談》亦以爲未孝，余讀其文集，詩有〈發太原寄所
> 思〉，正其妓矣！至於〈樂津店絕句〉、〈有所恨二章〉，是男女之色，
> 皆好之者。念其爲人，素必如韓（愈）之言，殆一時之偏蔽使之然
> 也。韓非同榜相好之故，故亦曰今其死矣，而非若他人之辭，死於
> 何症何所也。孟簡又有惜之之說，明矣。苟讀其書，求其爲人，倨
> 於情義之篤者，故韓公之言亦不誣。〔註112〕

痴情若歐陽詹者，於男子而言實屬罕見，何況其所愛爲樂籍女妓，其猶能爲
之以死相殉，正可見其愛之眞與情之切。此等愛情即使在今日人人平等之民
主社會，恐怕也並不多見，又何況其身處一個階級婚姻森嚴的時代中，更屬
難能可貴。歐陽詹與太原妓之殉情，與實際雖可能有些許誤差，但其至少具
有對抗當時社會偏見、闡揚愛情自主意識的偉大意義在。尤其在表現人類眞
情至性的善良與光輝方面，更有其跨越時空、無可抹滅的永恆價值！

名士歐陽詹見所愛太原妓函髻一慟而卒，同樣在中唐時期，卻有另外一
位青州女妓，爲其所愛士人一慟而卒，情節也相當感人：

> 薛宜僚，會昌中爲左庶子，充新羅冊贈使，由青州泛海，船頭阻惡
> 風雨，至登州卻漂，迴泊青州，郵傳一年，節使烏漢眞尤加待遇。
> 籍中飲妓段東美者，薛頗屬情，連帥置於驛中，是春薛發日，祖筵
> 嗚咽流涕，東美亦然，乃於席上留詩曰：「阿母桃花方似錦，王孫草
> 色正如煙，不須更向滄溟望，惆悵歡情恰一年。」薛到外國，未行
> 冊禮，旌旗曉夕有聲，旋染疾，謂判官苗甲曰：「東美何故頻見夢中
> 乎？」數日而卒。苗攝大使行禮，薛旋櫬（按：應做旋薛櫬），迴及
> 青州，東美乃請告至驛，素服執奠，哀號撫柩，一慟而卒！情緣相
> 感，頗爲奇事。〔註113〕

---

〔註112〕 參郎瑛《七修類稿》卷二十八〈辯證類・歐陽詹〉條。〈發太原寄所思〉詩《全
唐詩》作〈初發太原途中寄太原所思〉，〈樂津店絕句〉作〈樂津店北陂〉，除
此之外，歐陽詹另有幾首可能與妓有關之詩歌，如〈銅雀妓〉、〈聞鄰舍唱涼
州有所思〉等，可能是寫給所識之歌妓，〈小苑春望宮池柳色〉可能是爲宮中
舞妓所寫，而〈韋晤宅聽歌〉則應是聽歌妓歌後有感而成詩者，其皆唐士風
流之作，無傷大雅，實無須以此責歐陽詹溺於妓也。

〔註113〕 見《太平廣記》卷二七四〈薛宜僚〉條，頁 2163，注引自《抒情集》，另可
參錢易《南部新書・庚》以及尤袤《全唐詩話》卷三〈薛宜僚〉條，所記略

薛宜僚其人其事未見史傳，此事真偽已難稽考，然傳中所言烏漢真者確有其人，曾於武宗會昌元年至二年間擔任青州節度使，〔註114〕可知薛宜僚之出使新羅當在此際。會昌共得六年，故所謂「會昌中」實應作「會昌初」為宜。又據《舊唐書・新羅傳》言，會昌元年七月，曾敕令歸國新羅官、前入新羅宣慰副使、前充袞州督都府司馬、賜緋魚袋者金雲卿，接任緇州長史（頁5339），薛宜僚的出使極可能與冊封新羅人金雲卿為緇州長史有關。可惜史文晦昧，如今也頂多只能瞭解至此，至於其更深入的內容，只得疑則存疑，以俟來日再考。另外《全唐詩》卷五四七中收有薛宜僚〈別青州妓段東美〉詩二首，其中一首作於餞別酒宴上，已如前引，另一首可能是作於前往新羅的航海途中，因《太平廣記》未收，姑且錄出以見其對段東美的相思之情：

> 經年郵驛許安棲，一會他鄉別恨迷，今日海帆飄萬里，不堪腸斷對含啼。

情真意切，聲聲入耳，尤其「腸斷對含啼」一語，更是道盡他與東美兩人的相知相許與依依離情。此正何以宜僚臨死前頻夢東美而東美見其柩一慟而卒的真正原因，蓋因情深入骨，故有心魂相契之感應也。

在分析過唐代士妓關係的幾種主要類型後，我們約略可以得到幾點認識：

第一，唐代士人與妓女的交往，在當時以男性為主宰又普遍盛行門第婚姻的社會中，往往表現出一種超越理性與現實的自由意志。一方面士人不顧世俗的反對與鄙視，將在一般婦女身上無法完成的愛情夢想，求之於風姿綽約、才藝出眾的女妓。另一方面身份卑賤的妓女，也在牟利之餘尋覓理想伴侶，且一旦認定對方可以倚靠終身，即無怨無悔地全面付出，其用情之深，鐵石心腸也要為之感動。如李益與小玉之事，雖可解作無傷大雅的唐式風流，但當李益有意遺棄而小玉因之病危之際，「長安中稍有知（其事）者，風流之士，共感玉之多情，豪俠之倫，皆怒生之薄行」，人們早已忘卻小玉的妓女身份，直把她當作是一名遇人不淑的純情少女，世人所感動的正是其真情至性

---

同。

〔註114〕參王壽南《唐代藩鎮與中央關係之研究》，頁651，不過王書於此頁「碑傳」欄注曰：「附見舊（唐書卷）一○五（愚按：應為一○三）張守珪傳、舊（唐書卷）二○○史思明傳」，甚令人不解，因烏漢真其人正史無傳，而王先生所指引之《舊唐書》相關列傳，內文所述為玄宗開元、天寶年間之蕃將烏知義，史文並未明言其與烏漢真有何關係，而其時代距烏漢真之會昌年間已近百年，實未可混為一談也。

散發出的攝人光芒。同樣地，名姓俱無的太原妓，雖然因相思過度病歿以終，其事跡卻得以傳誦千古，所謂「短生雖別離，長夜無阻難」。〔註115〕死後得以在地下與歐陽詹長相廝守，也算了其平生宿志。這都充份證明眞正的愛情無分身份畛域，亦不受時空環境所阻隔，此正士妓愛情能成爲千古佳話，爲人們傳誦不絕的主要原因。

第二，然而我們也不能因史文上所見的士妓愛情感人，就遽認爲唐人對愛情全是不分階級、自由自在追求的。通常文人所撰詩文，其挑定之題材必然是特殊且感人、值得爲之著墨者，至於稀鬆平常、人人習見的歷史現象，則不容易獲其青睞。可是平凡無奇的事蹟，卻往往才是歷史的眞實面貌，我們切不能因少數幾段士妓愛戀，而過份渲染誇大唐代的士妓關係。平心而論，自古迄今，人們對妓女此一階層女性的觀感並無太大改變，即使時而會有「笑分不笑娼」的社會異象，但那也只是在經濟消費上的情形如此，並不代表妓女的社會地位已提升至與一般婦女無異的程度。論起妓女，恐怕還都是貶鄙居多。在唐代，士人對妓女的愛，一開始即使不純爲玩樂，也不太可能是想在其中求得眞正的愛情，充其量只是出於審美的動機，追求精神的解放而已。至於妓女對士人也是如此，縱使不將其視作一般的無行嫖客，但感情付出卻很難排除謀名積財的功利目的。對稍有自覺之女妓而言，名利可能均非其主要目的，能藉士人之助脫籍從良，才是她們的渴望。一旦這種願望落空時，原本親密的關係往往立即趨於疏離，如孫棨與王福娘的事跡，應屬風月場所中士妓之戀的典型實錄。也正因爲如此，再加上整個社會大環境對妓女仍存相當歧視，所以妓女與士人的愛情縱使在開頭與過程中，表現得十分熱烈感人，但最後的結局卻經常是不歡而散或悲劇收場。歷史上多的是李益與小玉之類的不幸遭遇，像李娃那樣「麻雀變鳳凰」的故事，大概只能是小說家自編自導的偶然情節。我們切不可在受其文筆感動之餘，忘了士妓之愛情其實基礎十分脆弱，只要外力稍有阻撓或雙方立場不夠堅定，再轟轟烈烈的士妓情戀，也可能在旦夕間化爲烏有，而這也正是士妓愛情的本質。

第三，唐代進士在登科之前，狎遊妓館狂放冶蕩，既是當時風尚，自然少受世人責難。一旦任官後若仍舊如此，卻不免就要遭到後世保守士子的批評，其中尤以狎妓最盛而坦然訴之於詩文又最多的白居易，最受後人議論，清代趙翼曾在述評白居易的妓遊生涯時說：

〔註115〕見孟簡〈詠歐陽行周事〉詩，《全唐詩》卷四七三，頁5370。

繾綣江州，遇李、馬二妓，即贈與詩，盧侍御席上小妓乞詩，輒比
之雨中神女、月中仙，迨歷守杭、蘇，無處不挾妓出遊，李娟、張
態、商玲瓏、謝好、陳寵、沈平、心奴、胡容等，見於吟詠者不一
而足，遊虎邱則云「搖曳雙紅旗，娉婷十翠娥」……其家樂直可與
宰相（按：指牛僧孺）、留守（按：指裴度）比賽，精麗而見之詩篇，
津津有味，適自形其小家氣象，所謂「不得當年有，猶勝到老無者，
固暮年消遣之一事耶？」〔註116〕

在趙翼的看法中，白居易以一介儒士而不能有堂堂儒風，卻在得意、失意時
均以狎妓冶遊是尚，實不脫其窮酸書生的措大本色。宋人更多從有違官箴的
觀點來批評他的狎妓行徑：

白樂天為郡時，嘗攜容、滿、嬋、態等十妓，夜遊西武邱寺，嘗賦
紀遊詩，其末云：「領郡時將久，遊山數幾何？一年十二度，非少亦
非多。」可見當時郡政多狎而吏議甚寬，使在今日，必以罪去矣！
〔註117〕

似乎白居易狎妓之不得罪於當時，只是運氣較好而已。對白居易喜將其與妓
女之狎歡，表現於詩歌中，時代稍後的杜牧，更藉為李戡撰墓誌銘的機會，
假李戡之口對白居易大力抨擊道：

（李戡）嘗曰，詩者可以歌，可以流於竹、鼓於詩，婦人小兒，皆
欲諷誦，國俗薄厚，扇之於詩，如風之疾速，嘗痛自元和已來有元、
白詩者，纖豔不逞，非莊士雅人，多為其所破壞，流於民間，書於
屏壁，子父女母，交口教授，淫言媟語，冬寒夏熱，入人肌骨，不
可除去，吾無位，不得用法以治之！〔註118〕

杜牧之所以對元白二人如此不滿，據傳是源於與元白之間的私人恩怨。〔註119〕

---

〔註116〕見《甌北詩話》卷四〈白香山條〉。

〔註117〕見《中吳紀聞》卷一〈白樂天〉條。

〔註118〕見杜牧〈唐故平盧軍節度使巡官隴西李府君墓誌銘〉，《樊川文集》卷九，頁
136。

〔註119〕有關杜牧與元、白之間的恩怨，前人多據《唐摭言》卷十一〈薦舉不捷〉條
及《雲溪友議》卷中〈錢塘論〉條所言，認為元白薦徐凝而貶張祜，杜牧曾
與白居易有「輦下較文」之爭而結下恩怨，然小說家之言，未可盡信。程千
帆於〈李白和徐凝的廬山瀑布詩〉一文附注六之考證中，已辨杜、白輦下較
文一事純出捏造。不過，杜牧與元白之間確實有些官場人事及詩文主張差異
上之糾葛，因此才使得杜牧對元白的批評因夾雜有個人恩怨，而顯得格外激

挾怨相報，所言未免有過激之處，但後世卻不乏法杜牧之說而聲援之者，如清初大儒王夫之即謂：

> 豔詩有述歡好者，有述怨情者……唐人則「閨中少婦不知愁」、「西宮夜靜百花香」，婉孌中自矜風軌。迨元、白起而後將身化作妖冶女子，備述衾禍中醜態，杜牧之惡其蠱人心、敗風俗，欲施以典利，非已甚也。〔註120〕

類似杜、王之類對白居易的批評，還有很多，恕不在此一一贅舉。〔註121〕前面筆者曾經舉白居易爲唐代士妓關係中情義兼俱型之代表人物，又尊其爲唐代「風流教主」，所言均有所根據，非平白添其虛號。當然，若事實眞如杜牧等人所言，筆者自無必要爲白居易多作辯解。然而這些嚴厲的批評，不僅有礙筆者之觀點，也頗有損白居易所代表的「唐式風流」之品味與格調，因此不能不針對批評有所論述。

首先就有損官箴一點而言，其實是後世人以較嚴苛之法律與道德標準來衡量唐人的行爲。須知在一個官妓被視爲合法且興盛的時代裏，爲官者狎妓本就是家常便飯，除非狎遊過度到傷及身心或嚴重耽誤本身職務，否則人們是不會擅加責難的。中、晚唐官員狎妓者比比皆是，然而我們卻極少在詩文中發現有人對此作大肆抨擊者，可以看出當時人對此類風流雅事的基本態度爲何。白居易雖然如趙翼所言般，狎妓冶遊之次數與人數均居唐士之冠，但這還要檢視其爲官之績效如何，方可判定其行爲是否不當，而不應純以一己之道德觀遽爾否定。以白居易狎妓冶遊最盛的杭、蘇刺史任內來說，縱使郡政多暇，但他到任之後，在杭州「築堤捍江，分殺水孔道，用肥見田，發故鄞侯（李）泌五井，渟儲甘清，以變飲食，循錢塘上下民，迎禱祠神，伴侶歌舞」，〔註122〕諸多水利建設，有效地增進當地百姓福利。另外他爲祈求杭州能免受虎患、乾旱及水

---

烈，關乎此，可詳參吳在慶《杜牧論稿》頁 255～284〈杜牧與元白的公案〉一文。

〔註120〕見《薑齋詩話箋注》卷二〈夕堂永日緒論內編〉第 46 條，頁 149。

〔註121〕例如明代王世懋在《藝圃擷餘》中，更言其自身「生平閉目搖首，不道《長慶集》」。

〔註122〕參李商隱〈刑部尚書致仕贈尚書右僕射太原白公墓碑銘并序〉（見《樊南文集》卷八頁 467）。白居易在杭州修築湖堤，擴大農業灌漑面積，增加農民收入，最爲杭人津津樂道，白居易爲此有〈錢唐湖石記〉一文之作（見《白居易集》卷六十八頁 1431～1433），詳述築堤的動機、過程與其利弊得失，顯見本人對此一重大工程之重視與投入，並不輸給任何循良之地方官員。

災等天然災害之苦，還分別爲文祭禱以求州泰民安，〔註123〕其爲杭人所盡心力實不下於韓愈之於潮州百姓。所以在他要離任時，才能贏得「耆老遮歸路，壺漿滿別宴」〔註124〕的隆重歡送。試想如果他眞是一個鎮日只知狎妓宴遊、不理州民疾苦的放蕩官員，豈會替百姓做這麼多事，又如何能獲得州民之愛戴？他蘇州刺史任的期雖短，其間也經常「攜觴領妓處處行」，〔註125〕但在他離任時，官民相送的情景卻是「青紫臨將吏，班白列黎甿，一時臨水拜，十里隨舟行」，〔註126〕如非任內政績斐然，相信無以致此。顯見白居易並未因閒暇風流而荒意職務，明代何良俊即爲白氏申辯道：

> ……白太傅（按：樂天未曾爲太傅，此當係少傅之誤書）可謂無隱
> 情矣（按指白氏詩中坦言挾妓狎遊之事），雖由當時法網疏闊，亦足
> 以見白傅之誠心直道，故白公所至皆有惠政，蘇、杭二郡至今尸而
> 祝之。〔註127〕

清代舒夢蘭更直指以狎妓冶遊而詬詈白居易者，爲欲使風流絕種的庸俗之人：

> 諸君子行樂之事，亦豈有外乎性情文字、山水朋友、以及美人香草、
> 吟風弄月者乎？彼諸庸人，必且不屑行如此之樂，不暇行如此之樂，
> 不肯行如此之樂，不敢行如此之樂，猶必輕笑鄙薄古之人行此樂者
> 也。〔註128〕

何、舒二人所論，可謂說盡白居易所代表之唐式風流的實質內含，此誠不可不向世人道者也。至於說白居易的詩句「淫言媟語」，本是杜牧的挾怨之語，自可不必深加理會，而且杜牧此語頗有自取其辱之危，清代尤侗即曾反譏杜牧道：

> 杜牧之……此直以門戶相軋耳，揚州夢，眞浪子行徑，杜書記平善
> 又誰治耶？文人不自反如此。元（稹）或有〈會眞記〉之累，若樂
> 天，學道人也，而以淫媟目之，冤矣！〔註129〕

明代詩評家楊愼也稱「牧之詩淫媟者，與元白等耳，豈所謂『睫在眼前猶不

---

〔註123〕白居易爲杭民除虎患而作〈禱仇王神文〉、求除旱災而作〈祈皋亭神文〉、〈祭龍文〉，求除水患而作〈祭浙江文〉，分見《白居易集》卷四十，頁900～902。

〔註124〕見〈別州民〉，《全唐詩》卷四四六，頁5007。

〔註125〕見〈題靈巖寺〉，《全唐詩》卷四四四，頁4972。

〔註126〕見〈別蘇州〉，《全唐詩》卷四四四，頁4975。

〔註127〕見《四友齋叢說》卷十八〈雜記〉條。

〔註128〕見《天香隨筆》卷八〈丁丑日〉條。

〔註129〕見《艮齋雜說》卷二，轉引自《白居易詩評述彙編》頁239。

見乎』？」〔註130〕歷代為白居易向杜牧作不平之鳴者亦所在多是，〔註131〕無端為個人私怨而對白居易作謾罵式攻擊，此實杜牧人格之一大敗筆。白居易本人固無緣自地下起而反擊，歷朝文人之仗義直言亦可見公道之所在。像王夫之所謂「備述衽禍中醜態」之語，因其並未舉例說明，吾人實無法自讀白居易詩中鰲出何謂備述衽中醜態之例證。不過，由其是杜牧而非元白這一點來看，顯見王夫之雖然博學，卻未能深入品讀唐人詩作，才會在匆匆一閱杜牧對白居易之褊狹見解後，即不明究裏地加油添醋，誣指白居易之詩「蠱人心、敗風俗」。此舉實無損白居易詩界「廣大教化主」及唐士「風流教主」之歷史地位，只不過更突顯王夫之本人思想觀念之迂腐冬烘而已，正是舒夢蘭所稱不解風流情味之「庸人」也！

# 結　語

　　欲求瞭解一時代之文化現象，務必設身處地將自己投入該時代，作詳細且多角度之觀察，方不致產生一隅之偏見。尤其忌諱站在自己所處的時代，以本身所受教育、文化及道德標準，強行加在情況全然迥異之歷史背景上，如此所得出之結論，方不致過度主觀而難符史實。唐代士人與妓女之交往，雖有部份狂放無行者，但多數情況所展現的，則是一種類似現代人茶藝館談心、咖啡廳閒聊的閒情雅致，期於與才色俱佳的女妓交酬唱和的過程中，讓學業或事業上的煩惱與壓力暫獲舒緩。精神放鬆外加酒興女樂之助，自然容易激發創作靈感，寫出平淡生活中無法產生的佳作。而這些詩歌作品又隨著女妓優美的歌喉傳遍四方，使士人的心血得以在社會上獲得迴響。如此一則延長作品生命，二則提高了詩人的成就感，使詩在唐代得以獲致空前之發展。當然，女妓們也藉詩人之助而名利雙收，我們今日能夠欣賞到為數眾多的唐人詩歌，其中部份還可能是拜當時女妓傳唱所致。從此一士人與女妓「相得益彰」的角度切入，吾人自然容易理解到，所謂「唐式風流」是有其深刻內涵的。這種內涵隨著時代環境的變遷與士人性格而有差異，從中唐以前的士

〔註130〕見《升菴詩話》卷九〈崔道融讀杜紫微集〉條。
〔註131〕如晚唐黃滔在〈答陳磻隱論詩書〉中云「自李飛（按：即李戡）數賢，多以粉黛為樂天之罪，殊不知三百五篇多乎女子，蓋在所指說如何耳。」（見《全唐文》卷八二三，頁10928欄下），明代王世貞也在《藝苑巵言》卷四中說道：「杜紫微掊擊元白，不減霜臺之筆，至賦〈秋娘詩〉，乃全法其遺響，何也？」

妓關係「建立期」到中唐的「昇華期」迄晚唐的「墮落期」，顯見士妓之間並非單純的男歡女愛而已，其關係之演變，也同時受社會、政治、經濟等因素的影響。交錯於這三個不同時期的士妓關係類型，最普遍的是露水鴛鴦式的「遊戲人生型」，這是士妓關係的「基本型」，看似無情但最能為社會所接受，當事人雙方所須承受的壓力也最小，更不致因此衍生出難解的情愛困擾，最不為士人所喜談（因其平凡無味），卻是最正常普遍的士妓關係。一社會之士妓交往當以此為主調，方不致造成嚴重的社會問題。由基本型延伸而出的，向上發展者為「情義兼俱」的「昇華型」，向下發展則為「始愛終離」的「墮落型」，而士妓關係最稱淒美的則是「死生相許」的「終極型」。白居易與女妓的交往可算是昇華型的代表，也是唐式風流的最佳詮釋，李益與小玉的悲劇則是墮落型中感人至深的一幕戲，不過卻也是唐代社會士妓關係的真實寫照，歐陽詹與太原妓的死生相許，則為唐代士妓關係畫下完美的休止符。

　　人間有真愛，士妓之交亦不例外。與其戴著有色眼鏡妄加淫媒之罪於有唐士人，倒不如設身處地，深入唐代社會去瞭解士人與妓女交往之實質意義，如此，庶幾可免被譏為庸人、俗人、亦本章之所由作也。